# 스토리를 알면
# 성경이 **보인다**

Story thru the Bible



스토리를 알면 성경이 보인다

**1쇄 인쇄** 2013년 2월 12일
**2쇄 발행** 2014년 12월 13일

**지은이** 크리스 티그린
**옮긴이** 마영례
**펴낸곳** 주) 도서출판 디모데 〈파이디온 선교회 출판 사역 기관〉

**등록** 2005년 6월 16일 제 319 – 2005 – 24호
**주소** 서울특별시 서초구 서초대로 141–25(방배동, 세일빌딩)
**전화** 마케팅실 070) 4018–4141
**팩스** 마케팅실 031) 902–7795
**홈페이지** www.timothybook.com

값 20,000원
ISBN 978–89–388–1554–5 03230

Story thru the Bible

성경을 파노라마로 그려주는 52가지 이야기

# 스토리를 알면 성경이 **보인다**

크리스 티그린 지음
마영례 옮김

디모데

"WTB 사역을 통해 사람들을 하나님의 말씀 속으로 인도하는 것보다 더 좋은 사역이 있을지 모르겠다. 이 책은 진리를 가르치기 위해서 뿐 아니라 성경의 저자이신 하나님을 알 수 있도록 사람들을 돕기 위한 실제적이고 흥미로운 도구다."

토니 에반스(Tony Evans)
목사, 『하나님 나라 비전을 품고 사는 길』, 『아무것도 걱정하지 않는 믿음』(이상 도서출판 디모데) 저자

"이 책은 성경이 말하는 세계관을 찾아내고 성경의 사건들을 이야기로 들려주어 가족과 공동체를 하나로 묶어주는 일에 사용할 수 있는 대단히 쉽고 스마트한 자료이다."

사무엘 E. 치앵(Samuel E. Chiang)
국제 구전 네트워크 행정이사

"하나님이 행하신 놀라운 일과 일상 속에서 우리가 경험하는 일들을 이 책보다 더 잘 연결시킬 수는 없을 것이다. 이 책은 우리 생활 속에 나타나는 그러한 관련성을 실제로 경험하게 해줄 뿐 아니라 다른 사람들이 하나님을 향해 나아가도록 격려할 수 있는 단순한 방법을 잘 보여준다!"

리치 릴런드(Rich Leland)
매사추세츠 주 낸터컷의 썸머 스트리트 교회 담임 목사

"이 책은 흥미롭고 주목할 만하다. 어느 나라나 어느 문화에서나 적용할 수 있다. 이 책에 나오는 이야기는 사람들의 마음을 사로잡고 가족을 하나로 이어 주며 감동을 주고 삶을 변화시킨다. 그 이야기들은 간단하고 이해하기

쉬워서 어느 시대든지 실제로 적용할 수 있다. 이 책은 많은 사람의 삶 속에서 아름답게 울릴 것이다."

**유리 셀레스천**(Yuri Shelestun)

우크라이나 키예프의 월드티치(WorldTeach) 지역 대표

"나는 여러 해 동안 다양한 형태의 소그룹을 여러 곳에서 인도했다. 그러나 성경 속 이야기를 우리 방식으로 풀어 이야기하고, 그 이야기를 우리 삶 속에 어떻게 적용해야 하는지를 토의하는 것에 흥미를 보이거나 그러한 대화에 적극적으로 참여하는 사람을 거의 보지 못했다. 그런데 이 책은 사람들이 아주 좋아했다. 우리는 이 책을 통해 성경 속에서 하나님의 사랑을 보여 주는 이야기에 초점을 맞추었고, 그 결과 끈끈한 유대 관계가 형성되었다."

**테리 시몬**(Terry Seamon)

노스캐롤라이나 주 콩코드의 웨스트 카바뤼스 교회 부목사

"이 책은 잊지 못할 모험과도 같다. 이 책은 사람들이 종종 소홀히 다루는 성경의 연대순을 따르고 있다. 우리는 이 책 속에서 하나님의 음성을 듣고 그분을 만나고 그분이 하시는 일을 체험한 사람들의 실제 경험을 볼 수 있다. 이 책은 연속으로 구성되어 있어서 삶을 변화시키는 결과로 이어지도록 흥미를 불러일으킨다."

**발랍 사스야발**(Vallab Sathyabal)

인도 하이데라바드의 월드티치 아시아 남부 지역 대표

"이 책을 사용하면서 우리 소그룹이 감동하는 모습을 보게 될 것 같다. 부모들은 그 자녀를 훈련하고 제자화하는 데 가정에서 이 책을 사용할 수 있을 것이다. 이 책은 모두에게 아주 훌륭한 도구가 될 것이다!"

**스티브 키예스**(Steve Keyes)

사우스캐롤라이나 주 심슨빌의 크로스로드 커뮤니티 교회 설립 목사

에버리 T. 윌리스(Avery T. Willis Jr, 1934-2010)

말로 배움을 추구하는 사람들에게 다가가고자 했고,
그 비전을 발판 삼아 이 책을 만들도록 영감을 준
당신에게 바칩니다.

## 발행인의 글

에버리 윌리스는 이십 년이 넘는 오랜 세월 동안 내 친구요 멘토였다. 나는 개인적으로 그를 통해 그리스도를 따르는 사람들이 어떻게 살아가야 하는지를 알도록 돕는 일에 도전을 받았다. 내브프레스(NavPress)는 이 책을 출간하는 데 기여한 에버리의 동역에 무한한 감사를 표한다. 그는 비록 천국에 있지만 여전히 이 책을 통해 이야기하고 있다. 이 책은 분명히 하나님의 인도하심을 따라 온 교회에 큰 축복이 될 것이다.

**내브프레스 대표** 마이클 D. 밀러(Michael D. Miller)

Story thru the Bible

# 차례

우리는 이 책이 나올 수 있도록 도와준 모든 사람에게 깊이 감사한다. 에버리 윌리스(Avery Willis)는 개인 또는 가족이 하나님 중심의 세계관을 갖는 데 도움을 주었다. 그는 52가지 성경 이야기로 만들 수 있는 소그룹 교재에 대한 아이디어를 우리에게 제공해 주었다. 필 터틀(Phil Tuttle), 존 허천스(John Houchens), 리치 릴런드(Rich Leland), 스티브 키예스(Steve Keyes), 데이비드 하지(David Hodge), 이들은 팀을 이루어 각 이야기의 중요한 주제를 개발하고 선정하는 일을 했다. 그리고 존 밴 다이스트(John Van Deist)는 그 과정을 함께하며 귀한 도움을 주었다.

마이크 밀러(Mike Miller), 배리 스니드(Barry Sneed), 마이크 린더(Mike Linder), 클리스 월렌(Kris Wallen), 제이미 차베스(Jamie Chavez)를 포함해 내브프레스(NavPress)에서 사역하는 지도자로 구성된 팀과 함께한 작업은 즐거웠다. 또한 내비게이터(The Navigators)와 계속 동역하게 된 것을 기쁘게 생각한다. 우리는 사람들이 하나님의 말씀대로 살아갈 수 있도록 격려하는 사역을 함께하며 밀접한 관계를 맺고 있다.

'Walk Thru the Bible'의 편집장이자 이 책을 쓴 크리스 티그린(Chris Tiegreen)에게 특별한 감사의 마음을 전한다. 크리스는 전 세계 수많은 그리스도인의 삶에 깊이를 더해 주는 책들을 십 년 이상 집필해 왔다. 그는 'Walk Thru the Bible'에서 일하는 우리에게 주님의 자비와 겸손을 끊임없이 보여주는 친구이자 동료이다.

성경은 이야기이다. 하나님은 우리에게 안내 책자나 신앙 교과서를 주실 수도 있지만, 그렇게 하지 않으셨다. 대신 하나님의 음성을 들었거나 하나님을 직접 만났거나 그분이 하시는 일을 목격한 사람들의 실제 경험을 모아 엮은 이야기책을 주셨다. 예를 들어 성경은 "하나님은 구원자이시다"라고 말하지 않는다. 그저 하나님이 이스라엘 백성을 애굽에서 기적적으로 구출하신 이야기를 들려주며 그분이 구원자라는 사실을 드러낸다. 또 "하나님은 치유자이시다"라고 진술하는 대신 하나님이 치유하신 사람들과 그들이 치유받은 상황을 생생하게 묘사한다. 그 말씀을 통해 우리는 사람들이 어떻게 하나님을 만나고 따랐는지를 알게 된다. 그들이 쓴 시와 노래와 편지를 읽고 또 그들의 삶을 들여다보면서 심오한 진리를 배우게 된다.

하나님이 이런 이야기책을 주신 이유는 무엇인가? 그것은 사람이 이야기를 통해 가장 자연스럽게 배우는 존재이기 때문이다. 우리는 이해하고 기억할 수 있는 그림이 말로 묘사될 때 그림의 이면에 있는 진리를 마음에 새기고 잊지 않게 된다. 예수님이 여러 가지 비유로 말씀하신 것도 바로 이 때문이다. 이야기는 장황하게 설명하는 것보다 훨씬 더 효과적으로 중요한 진리를 전달한다. 그리고 그 사실은 성경 이야기가 지금까지 우리에게 미치는 영향을 생각해 보면 확실히 알 수 있다.

성경 속 52개의 이야기로 구성된 이 책은 사람들이 이야기를 통해 잘 배운다는 생각에 바탕을 두고 있다. 우리는 이야기를 듣고 기억하고 또 다른 사람에게 전달할 수 있는 이들을 위해 이 책을 만들었다. 이 과정은 제자화의 중요한 요소이다. 하나님은 다른 사람들이 열매를 맺을 수 있도록 돕는 일에 우리를 사용하신다. 스토리텔링 방식은 하나님이 진리를 널리 알리고 다음 세대로 전달하는 데 사용하시는 중요한 방법 중의 하나이다.

성경을 이야기로 만드는 것은 중요한 사실과 개념과 가치관을 전달하는 데 매우 효과적이고 자연스러운 방식이다. 그리고 그것은 실제적이며 문화적으로 활용 가능할 뿐 아니라 모든 세대에 통한다. 전 세계 인구의 3분의 2 정도는 구두로 의사를 전달하는 학습 방법을 선호한다. 그 이유는 문맹률이 높은 지역이 많기 때문이다. 또한 포스트모던 시대가 이러한 학습 방식으로 되돌아가고 있기 때문이기도 하다. 문자를 활용하는 것보다 말로 전달하고 시각적인 교육 방식을 선호하는 것이다. 성경의 진리를 이야기로 전달하는 방식은 사람들의 마음을 끌 뿐 아니라 영적 재생산 과정을 촉진한다. 그 이유는 이야기를 듣는 사람이 그 진리를 다른 사람들에게 전달할 수 있기 때문이다. 이는 구두 학습이 중요한 배움의 수단이 되는 문화나 연령층의 사람들에게 특히 중요하지만 결국은 모든 사람에게 맞는 강력한 학습 방법이다.

이 책에 나오는 52가지 이야기는 성경적인 세계관을 제시한다. 사람들은 대부분 성경적인 시각으로 세상을 바라보지 않는다. 심지어 전통적으로 기독교 문화 가운데 살아온 이들도 마찬가지다. 이혼과 포르노 및 윤리적 행동 등 도덕적 지표에 관한 통계 자료가 그리스도인과 비그리스도인 사이에 별 차이가 없음을 보여준다. 그 주된 이유는 세속적인 세계관 때문이다. 그런 우리의 세계관을 변화시키려면 정기적이고 반복적으로 성경의 진리에 몰입해야 한다. 이 책에 실린 이야기들이 그 일에 도움을 줄 것이다. 그리고 이 이야기들이 우리 마음에 새겨질 때 우리의 세계관은 새롭게 정립될 것이다.

성경은 사건 순서가 분명하게 드러나지 않는 사복음서를 제외하고는 거의 대부분 이야기가 시대순으로 이어진다. 그래서 일반적으로 각 이야기를 통해 하나님의 백성을 위한 그분의 전반적인 계획을 점차 알게 되고 그 속에서 성경의 흐름을 파악할 수 있다.

## 이 책의 활용

이 책은 사람들이 성경 속 이야기를 효과적으로 전달할 수 있도록 돕기 위해 쓰였다. 이 책 속 이야기는 성경에 있는 그대로 정확하게 의미를 전달하고 이야기를 듣는 사람들이 그 속에 함축된 의미를 분별할 수 있도록 도와준다. 이 책에는 성경 속 이야기를 전달하는 데 도움이 되는 지침이 있다. 그리고 그 지침은 유연성 있게 사용할 수 있도록 설계되었다. 따라서 책의 구성을 그룹의 필요와 시람에 따라 적절하게 바꾸어 활용할 수 있다. 중요한 목적은 성경 속 이야기를 충실하게 전달하고 그 속에 함축된 의미를 서로 이야기하는 것이다. 그때 하나님의 말씀에 따라 사람들의 삶이 변화될 수 있다.

스토리텔링 방식은 진리를 배우고 세계관을 형성하는 자연스럽고 보편적인 방법이다. 따라서 다양한 문화와 상황 속에서 사용할 수 있다. 또한 이 책은 개인적인 성장을 위해 사용할 수도 있지만 가족이나 그룹 안에서 더 효과적으로 사용할 수 있도록 구체적으로 설계되었다. 그룹은 두세 명이어도 좋고 그 수가 좀 더 많아도 괜찮다. 의미 있는 토론이 이루어질 수 있다면 인원수는 상관없다. 교육 수준이나 성경 지식도 그리 중요하지 않다. 이 방식은 이야기를 전통으로 강조하는 문화나 문자가 없는 사람들뿐 아니라 교육 수준이 높은 사람들에게도 유용하게 활용할 수 있다. 다만 이야기를 읽거나 듣고 잘 배울 수 있는 리더가 그룹에 적어도 한 사람은 꼭 필요하다.

가능하다면 그룹에서는 매주 또는 주기적으로 돌아가면서 리더를 맡아보라. 처음에는 리더의 경험이 있거나 그 역할을 편안하게 할 수 있는 사람부터 시작하는 게 좋다. 이러한 방식은 새로운 리더가 나올 수 있도록 사람들을 격려하고 배출하는 데 좋은 기회가 된다. 성경 이야기는 누구든지 할 수 있다. 누구나 이야기하는 사람이 될 수 있는 잠재력이 있다고 생각하라. 그리고 돌아가면서 이야기하라. 제자를 세우는 데는 그저 정보를 전달하거나 진리를 가르치는 것 그 이상이 필요하다. 실제로 참여할 수 있는 기회를 만들어 주고 영적인 은사를 계발할 수 있게 해주어야 한다. 그때 비로소 하나님의 백성이 배가 된다. 다시 말해서 다른 사람들을 열매 맺게 할 수 있는 사람들을 배출하는 과정이 계속 이어지는 것이다. 이야기 접근 방식은 그렇게 할 수 있는 좋은 기회와 상황을 만들어 준다.

각 장에는 특히 가족에 적합한 내용이 포함되어 있다. 그 이유는 하나님의 말씀을 다음 세대에 전하는 것이 굉장히 중요한 하나님 계획의 한 부분이고 또한 성경이 강조하는 바이기 때문이다. 하나님은 자녀의 마음속에 진리와 올바른 세계관을 심어주는 일을 중요하게 여기시는데, 이것은 제자를 삼는 데도 반드시 필요한 요소이다. 이러한 면에서도 이야기 접근 방식은 큰 장점이 된다. 이야기는 어린아이도 쉽게 받아들일 수 있는 방법이기 때문이다. 이 방식은 구체적으로 설명하지 않고도 가치 기준을 설득력 있게 전달한다. 우리 자녀를 위해 할 수 있는 가장 중요한 일은 그들이 하나님을 만나고 그분과 교제할 수 있도록 인도하는 일이다. 더불어 우리는 삶을 변화시키는 진리를 우리가 사랑하는 모든 사람과 함께 나누어야 한다.

## 이 책의 구성

이 책을 이루는 각 장의 구조는 다음과 같다.

- 주제
- 성경 본문
- 배경 설명
- 들어가는 말
- 이야기 속으로
- 생각할 질문
- 가족이 함께 생각할 질문
- 마음에 새기는 말씀(선택 사항)
- 묵상

각 장은 한 문장으로 요약한 주제와 이야기를 이끌어낸 성경 말씀으로 시작된다. 그리고 이야기를 이해하는 데 필요한 배경 설명(역사적, 문화적, 사회적 자료 등)이 그 뒤에 나온다. 소그룹에서 이 배경 설명을 활용할 경우, 리더는 모임 전에 성경에 나오는 이야기를 읽고 그 배경을 간단하게 설명하는 부분을 미리 숙지해야 한다.

리더는 각 장에 있는 들어가는 말로 이야기를 시작하면 된다. 이 부분은 간단한 도입부로, 이야기를 살피면서 고려해야 할 중요한 질문이나 주의 깊게 살펴야 할 내용을 포함하고 있다. 여기에 나오는 질문은 그룹의 특성이나 필요에 따라 자유롭게 활용하기 바란다. 이야기 자체가 중심이 될 수 있도록 이 부분에서 대화는 가급적 짧게 하는 것이 좋다. 이 부분의 가장 중요한 역할은 이야기에 집중할 수 있도록 준비하는 것이다. 말하자면 예수님이 종종 말씀하셨듯이 '들을 귀'를 갖는 것이다.

이제 리더는 본격적인 이야기를 들려준다. 이때 이야기를 글자 그대로 다 읽는 것이 목표가 아님을 기억하라. 또 세세한 부분을 다 기억해야 하는 것도 아니다. 준비하는 동안 성경에 기록된 이야기를 읽거나 듣고 또 이 책에 풀어서 요약된 내용을 읽어야 한다. 그러나 이 책에 나온 요약 내용은 하나의 지침일 뿐이라는 사실을 기억하라. 사람들의 마음을 끄는 방법으로 중요한 핵심을 다룰 수 있도록 이야기를 잘 알고 싶을 것이다. 그러나 중요한 것은 그 이야기의 내용을 자신만의 방식으로 표현할 수 있어야 한다는 것이다. 그리고 이야기를 듣는 사람들에 대해서도 잘 알아야 한다. 어린아이들에게 이야기할 때는 어른들에게 할 때와는 달라야 한다. 또 기독교인이 아닌 사람들에게 이야기할 때는 오랫동안 교회에 다닌 사람들에게 이야기할 때와 달라야 한다. 이야기를 외워서 그대로 말하는 것이 아니라 진리를 전달하는 것이 중요하다. 예수님은 이야기에 집중할 수 있도록 줄거리와 인물들, 흥미로운 세부 묘사를 적절하게 활용하셨다.

이야기를 나누고 난 후 생각할 질문이 이어진다. 질문 중에는 짧게 대답할 수 있는 것으로, 이야기 내용을 기억하는 데 도움을 주기 위한 것이 있고 반면 좀 더 깊은 생각을 요하는 것들도 있다. 다른 질문에 비해 시간이 더 오래 걸리는 질문도 있지만 대화가 이야기의 핵심을 벗어나지만 않는다면 시간이 걸린다 해도 별 문제가 되지는 않는다. 그룹에 따라 질문을 모두 다룰 수도 있고 아니면 질문 몇 개에 더 많은 시간을 할애하면서 그 문제를 더 깊이 다룰 수도 있다. 그 선택은 그룹의 필요와 선호도에 따라 달라질 수 있다.

가족이 함께 생각할 질문은 가정이나 아이들을 가르치는 곳에서 이 책을 사용할 수 있게 도우려는 의도에서 따로 만든 것이다. 소그룹의 구성원은 가정에서 이 질문을 활용할 수 있다. 그렇게 하면 매주 성경의 진리를 중심으로 가족이 하나가 될 수 있을 뿐 아니라 어른들은 소그룹에서 배운 내용을 더 확실하게 할 수 있다. 자녀의 나이와 그들의 필요에 따라 질문을 자유롭게 활용하라.

선택 사항인 마음에 새기는 말씀은 각 장의 끝부분에 넣었다. 처음에는 말씀 암송이 그저 하나의 암기 훈련처럼 보일 수도 있다. 그러나 실제로는 하나님의 진리를 우리 마음속에 새길 수 있는 매우 효과적인 방법이다. 이렇게 암송한 성경 구절은 우리 마음속에 남아, 우리가 살아가면서 마주치는 중대한 상황에서 떠오를 것이다.

마지막으로 각 장에는 묵상이라는 부분을 넣었는데 그 내용은 이야기를 듣거나 읽은 사람들이 그 가운데 이끌어내야 할 핵심을 의미한다.

또한 이 책 끝부분에는 리더를 위한 지침이 각 장별로 실려 있다. 이 부록에는 각 장의 이야기 및 이야기 전후에 나누는 질문의 핵심 내용이 나와 있다. 그래서 리더는 각 장의 요약된 내용을 참고할 수 있다. 또한 이 부분에는 추가 정보, 이야기에 관한 흥미로운 사실이나 이야기의 핵심을 보강해 주는 성경 구절도 포함되어 있다. 이 부분에 실린 정보와 통찰력 있는 내용은 모든 모임에서 유용하게 사용할 수 있다. 그러나 리더가 원하지 않을 경우 반드시 포함시킬 필요는 없다.

### 이 책의 적용

소그룹에서 이 책을 사용할 때는 매주 각 이야기가 효과적으로 삶에 영향을 미칠 수 있고, 모임에 참여하는 사람들이 주중에 각자 실천하도록 그들을 격려해 주어야 한다. 메시지의 효과를 높이는 가장 좋은 방법은 가족이나 친구 또는 생각나는 지인 등 다른 사람들에게 이야기를 들려주는 것이다. 이야기에 별 관심이 없는 사람들도 그들 앞에서 '연습'하는 것은 기꺼이 허락해 주는 편이다. 이런 연습은 하나님의 진리를 마음에 새기는 데 도움이 될 뿐 아니라 다른 사람들의 마음도 열게 할 수 있다.

친구나 가족과 함께 이야기를 연극으로 만들거나 암송 말씀과 이야기의 주제를 바탕으로 노래를 만들거나 시각적으로 오래 기억할 수 있도록 이야기의 한 장면을 그림으로 그리거나 이야기와 관련된 여러 활동을 할 수 있다. 자유롭게 창의력을 발휘해 보라. 하나님은 우리에게 오감과 다양한 습득 방법을 갖게 해주셨고 우리는 그것을 더 많이 활용하면 할수록 더 많이 배울 수 있다. 소그룹 안에서 이런 활동을 다 함께 할 수 있다. 또는 다음 모임 때까지 준비해 오도록 과제로 내주거나 참여한 사람들이 원하는 대로 활용할 것을 간단하게 제안할 수도 있다.

암송하기로 한 말씀은 주중에 연습하는 것이 좋다. 카드에 성경 구절을 쓰거나 손에 들고 다닐 수 있는 휴대용 기기 같은 것에 저장해서 항상 몸에 지니고 다닐 수 있게 하라. 그렇게 하면 줄을 서 있거나 약속 장소에서 기다리는 동안 낭비할 수 있는 시간을 잘 활용할 수 있다. 가능한 한 자주 성경 구절을 읽어 보라. 짧은 시간이라도 성경 구절을 암기하는 데 도움이 될 것이다.

성경 속 이야기에 몰입할 수 있는 또 다른 방법은 다양한 각도에서 그 이야기를 살펴보는 것이다. 같은 이야기를 매일 다른 '렌즈'를 통해 살펴보라. 그렇게 할 때 굉장히 많은 통찰력과 적용할 내용이 드러나는 것을 보게 될 것이다. 그것을 실천하는 데 이후에 나올 방식을 따라도 되고 또는 자신에게 맞는 다른 방법을 사용해도 된다.

## ◆ 다양한 묵상 방법 ◆

다음 주에 다시 모일 때까지 이번 주에 듣고 토의한 내용을 깊이 생각해 보라. 그렇게 하는데 도움이 되는 방법은 매일 다른 각도에서 이야기를 두루 살펴보는 것이다. 다양한 렌즈를 통해 이야기의 주제를 바라보는 데 도움이 되는 다음 다섯 가지 방법을 따라해 보라. 이야기에 따라 적용하기 어려운 질문이 있을 수 있다. 질문에 대한 대답이 똑같은 날도 있을 수 있다. 그러나 이 방법에 따라 이야기를 충분히 생각해 보는 것은 이해의 폭을 넓히고 삶 속에서 하나님의 말씀을 적용하는 데 도움을 줄 것이다.

### ▶ 위를 바라보라

- 이 이야기를 하나님과 나의 관계에 어떻게 적용할 것인가?
- 이 이야기는 하나님의 마음과 뜻에 대해 어떻게 말하고 있는가?
- 이 이야기를 통해 하나님은 내가 그분의 어떤 성품을 알고 경험하기를 원하시는가?
- 이 이야기 속에 담긴 진리를 하나님과 나의 관계에 적용할 때 나는 어떤 유익을 얻게 되는가? 또 하나님께는 어떤 유익이 있는가?
- 이 진리를 하나님과 나의 관계에서 실천하기 위해 실제로 내가 할 수 있는 일은 무엇인가?

### ▶ 내면을 들여다보라

- 이 이야기를 내 마음과 영적 성장에 어떻게 적용할 것인가?
- 이 이야기는 나 자신, 나의 필요나 내 인생의 목표에 대해 어떻게

말하고 있는가?

- 이 이야기를 바탕으로 하나님은 내 삶의 어떤 부분이 성장하기를 원하시는가?
- 이 이야기 속에 담긴 진리를 나의 내면에 적용할 때 나는 어떤 유익을 얻게 되는가? 또 내 주위에 있는 사람들에게는 어떤 유익이 있는가?
- 이 진리를 영적 성장에 적용하기 위해 실제로 내가 할 수 있는 일은 무엇인가?

▶ 주위를 돌아보라

- 이 이야기를 내가 다른 사람들과 맺고 있는 관계에 어떻게 적용할 것인가?
- 이 이야기는 다른 사람들을 어떻게 바라보고 또 그들을 어떻게 대해야 한다고 말하고 있는가?
- 이 이야기에 비추어볼 때 하나님은 내가 사람들을 대할 때 어떻게 달라지기를 원하시는가?
- 이 이야기 속에 담긴 진리를 내가 사람들과 맺고 있는 관계에 적용할 때 나는 어떤 유익을 얻게 되는가? 또 다른 사람들에게는 어떤 유익이 있는가?
- 내가 사람들과 맺고 있는 관계 속에서 이 진리를 실천하기 위해 실제로 내가 할 수 있는 일은 무엇인가?

▶ 밖을 내다보라

- 내가 하는 일과 사역, 다시 말해서 하나님의 나라와 이 세상에서

내가 맡고 있는 역할에 이 이야기를 어떻게 적용할 것인가?

- 이 이야기는 이 세상을 향한 하나님의 목적에 대해 어떻게 말하고 있는가?
- 이 이야기에 비추어볼 때 하나님은 그분이 사역하시는 어떤 부분에 내가 참여하기를 원하시는가?
- 이 이야기 속에 담긴 진리를 내가 맡고 있는 역할이나 사역에 적용할 때 나는 어떤 유익을 얻게 되는가? 또 이 세상에는 어떤 유익이 있는가?
- 세상 속에서 이 진리를 실천하기 위해 실제로 내가 할 수 있는 일은 무엇인가?

▶ 앞을 바라보라

- 이 땅과 내세에서 맞이할 나의 미래에 이 이야기를 어떻게 적용할 것인가?
- 이 이야기는 현재와 미래의 영원한 내 삶을 향한 하나님의 계획에 대해 어떻게 말하고 있는가?
- 이 이야기에 비추어볼 때 하나님은 내가 영원한 가치를 지닌 어떤 일에 참여하기를 원하시는가?
- 이 이야기 속에 담긴 진리를 적용할 때 나는 미래에 어떤 유익을 얻게 되는가? 또 하나님의 나라에는 어떤 유익이 있는가?
- 이 진리가 미래의 영원한 삶에 영향을 미칠 수 있도록 실제로 내가 할 수 있는 일은 무엇인가?

# 창조

## 태초에

*Story Thru the Bible*

**주제** 하나님이 만물을 창조하셨다.
그분이 지으신 모든 것은 좋았다.

**성경 본문** 창세기 1-2장

**배경 설명** ❖ ❖ 태초부터 지금까지 사람들은 늘 이런 질문을 해왔다. 이 세상은 어떻게 시작되었는가? 삶의 의미는 무엇인가? 우리는 무엇을 향해 가고 있는 것인가? 나는 왜 여기 있는 것인가? 과학자와 철학자 및 호기심을 품었던 많은 사람이 이 질문에 대해 다양한 대답을 해왔다. 하지만 사람들은 대부분 이런 질문을

답하기 어려운 신비한 것으로 여긴다.

**들어가는 말** ✣ ✣ 오늘 우리는 태초부터 계셨던 분이 주시는 이 질문에 대한 답을 알아볼 것이다. 창조, 다시 말해 모든 것이 어디서 왔고 이 세상이 어떻게 시작되었는지에 대해 이야기할 것이다. 이야기를 시작하기 전에 사람들이 중요한 다음 질문에 어떻게 대답해 왔는지를 생각해 보라. 이 세상은 어떻게 시작되었는가? 삶의 의미는 무엇인가? 이런 문제를 다룰 수 있는 전문가는 누구인가?

그리고 이야기를 살피면서 다음 질문을 생각해 보라. 태초에 있었던 것은 무엇인가? 이 세상에 있는 모든 만물은 어디서 온 것인가? 창조 이야기 가운데 인간은 어떤 위치에 있는가?

**이야기 속으로** ✣ ✣ 태초에 하나님이 하늘과 땅을 창조하셨습니다. 그때 땅은 어둡고 텅 비어 있었으며 형체도 없었습니다. 그러나 하나님의 영이 수면 위에서 움직이고 계셨습니다. 하나님이 "빛이 있으라" 하고 말씀하시자 빛이 생겼습니다. 하나님은 이렇게 말씀으로 만물을 지으셨습니다. 그분이 "(무엇)이 있으라" 하고 말씀하시면 그 무엇이 생겼습니다. 하나님은 먼저 빛과 어둠을 나누셨습니다. 그리고 빛을 '낮'이라 하시고 어둠을 '밤'이라 부르셨습니다. 그것이 창조의 첫째 날이었습니다. 둘째 날에 하나님은 물 위에 궁창을 펴시고 그것을 '하늘'이라 부르셨습니다. 셋째 날에는 뭍을 만드시고 물과 뭍을 구별하셨습니다. 그리고 뭍을 '땅'이라 하시고 물을 '바다'라고 부르셨습니다. 하나님은 지으신 모든 것을 보시고 보시기에 좋다고 말씀하셨습니다.

하나님이 "땅은 식물들을 내라"고 말씀하셨습니다. 그러자 풀과 나무와 씨 맺는 온갖 종류의 채소가 스스로 자라기 시작했습니다. 넷째 날에는 낮과 밤에 빛을 비추게 하시려고 해와 달과 별을 만드셨습니다. 해와 달을 하늘에 두시고 우리에게 날과 달과 해를 정해 주시고자 때와 철을 정하셨습니다. 다섯째 날에는 그때까지 말씀으로 모든 것을 만드셨듯이 동일한 방법으로 동물을 만드셨습니다. 먼저 바다에 사는 생물들과 하늘을 나는 새들과 땅에 사는 동물들을 종류별로 만드셨습니다. 그리고 그들에게 복을 주시며 “생육하고 번성하라”고 말씀하셨습니다. 그들은 모두 종류대로 번식했습니다.

마지막 여섯째 날에 하나님은 그분의 형상대로 사람을 만드셨습니다. 하나님을 닮게 만드신 것입니다. 남자와 여자를 만드시고, 동물들에게 복을 주셨던 것처럼 그들에게도 복을 주셨습니다. 그리고 “생육하고 번성하라”고 말씀하셨습니다. 다른 피조물과는 달리, 하나님은 사람을 흙으로 만드셨습니다. 그러나 그가 혼자 있는 것을 보시고 그의 살과 뼈로 여자를 만드셨습니다. 그리고 두 사람을 결합하게 하시고 ‘한몸’이라고 말씀하셨습니다. 하나님은 사람에게 땅과 그 위에 있는 모든 피조물을 다스리게 하셨습니다. 그리고 그들에게 “땅에 충만하고 땅을 정복하라”고 명하셨습니다. 또한 그들이 살 수 있는 아름다운 곳, 그들이 돌보며 일해야 할 낙원을 그들에게 주셨습니다.

하나님은 매번 지으신 것을 보고 보시기에 좋다고 말씀하셨습니다. 그리고 사람을 만드신 후와 천지와 만물이 다 이루어졌을 때는 그 모든 것을 보고 보시기에 “심히 좋다”고 말씀하셨습니다. 일곱째 날 하나님은 안식하셨고, 그 일곱째 날에 복을 주사 그날을 따로 구분하여 쉬게 하셨습니다.

## 생각할 질문

- '태초에' 무엇이 있었는가?
- 이 이야기에 따르면 세상은 그저 우연히 생겨난 것인가? 아니면 원대한 계획한 가운데 만들어진 것인가? 이야기 속에서 당신의 대답을 뒷받침해 줄 수 있는 증거는 무엇인가?
- 왜 하나님의 영이 수면 위에서 움직이고 있었다고 생각하는가? 하나님의 영은 무엇을 하고 있었는가?
- 하나님이 만드신 세계가 지금도 여전히 좋다고 생각하는가? 지금은 하나님이 처음 만드신 그때와 어떻게 다른가?
- 사람은 어떻게 하나님의 형상대로 지어졌는가? 그렇다면 우리는 하나님이 지으신 다른 만물과 어떻게 다른가? 왜 하나님이 우리를 그분의 형상대로 지으셨다고 생각하는가? 이는 우리가 그분에게 어떤 존재라는 것을 의미하는가? 당신은 이 사실에 대해 어떻게 느끼는가?
- 사람이 땅을 정복하고 지배한다는 것은 어떤 의미인가? 사람은 이 사명을 어떻게 남용할 수 있는가? 어떻게 하면 이 사명을 책임지고 확실하게 수행할 수 있는가?
- 이 이야기는 결혼에 대한 하나님의 목적을 무엇이라고 말하고 있는가?
- 이 이야기는 하나님에 대해 어떻게 말하고 있는가? 하나님은 어떤 분인가? 그분은 얼마나 전능하신 분인가? 그분에게 소중한 것은 무엇인가? 이 이야기를 통해 우리는 하나님의 어떤 성품을 발견할 수 있는가?
- 우리가 볼 수 있는 모든 것을 하나님이 만드셨다고 믿는다면, 그 믿음은 우리 삶에 어떤 영향을 주겠는가?

## 가족이 함께 생각할 질문

- 이 세상 모든 것을 지으신 분은 누구인가?
- 하나님은 이 세상을 잘 만드셨는가? 그것을 어떻게 알 수 있는가? 하나님은 그분이 얼마나 창조적인 분이신지를 어떻게 보여주셨는가?
- 하나님이 만드신 세상을 우리는 어떻게 대해야 하는가?
- 하나님은 우리와 동물을 어떻게 다르게 만드셨는가?
- 하나님은 왜 우리 각 사람이 그분을 알고 그분과 이야기할 수 있도록 만드셨는가?
- 이 이야기는 우리 각 사람이 하나님께 굉장히 소중한 존재라는 사실을 어떻게 보여주는가?
- 이 이야기를 통해 하나님에 대해 알게 된 것은 무엇인가? 또 우리 자신에 대해 알게 된 것은 무엇인가?

**마음에 새기는 말씀**

"하나님이 자기 형상 곧 하나님의 형상대로 사람을 창조하시되 남자와 여자를 창조하시고"(창 1:27).

"하나님이 지으신 그 모든 것을 보시니 보시기에 심히 좋았더라"(창 1:31).

**묵상**

하나님이 만드신 모든 사람과 피조물을 소중히 여겨야 한다.

# 타락

## 쫓겨난 낙원

*Story Thru the Bible*

**주제** 하나님은 그분이 만드신 사람들이 죄를 범하고 심지어 그분을 저버리는 것을 보셨다.

**성경 본문** 창세기 12장 1-8절

**배경 설명** ❖ ❖ 하나님은 남자와 여자를 에덴동산에 살게 하시고, 동산 중앙에 두 그루 나무를 놓아두셨다. 그중 하나는 생명나무, 다른 하나는 선악을 알게 하는 나무였다. 그리고 하나님은 아담과 하와에게 동산에 있는 모든 나무의 열매는 다 먹되 선악을 알게 하는 나무의 열매는 먹지 말라고 분명하게 말씀하셨다. 그

나무의 열매를 먹으면 죽게 될 것이라고 경고하셨다.

**들어가는 말** ❖ ❖

앞 장에서 우리는 하나님이 참 좋은 세상을 지으시고 남자와 여자를 아름다운 동산에 두시며 그분이 그들에게 기대하시는 바를 분명하게 지시하신 것을 보았다. 그들은 하나님과 교제하는 것을 포함해 그들에게 필요한 모든 것을 다 갖고 있었다. 이제 이야기를 들으면서 사람들이 그 동산에서 어떤 삶을 살았는지 그리고 어떻게 결정을 내렸는지 생각해 보라. 그들은 어떤 특권을 누리고 있었는가? 아담과 하와가 하나님을 거역하게 된 이유는 무엇인가? 그들이 불순종한 후 그들에겐 무슨 일이 일어났는가?

**이야기 속으로** ❖ ❖

하나님이 아담과 하와를 에덴동산에서 살게 하셨습니다. 그리고 그들에게 선악을 알게 하는 나무 열매를 제외하고 다른 모든 나무의 열매는 먹어도 된다고 말씀하셨습니다. 또한 선악을 알게 하는 나무의 열매를 먹으면 죽게 될 거라고 분명하게 경고하셨습니다. 그런데 어느 날 뱀이 하와를 찾아와 하나님이 정말로 동산에 있는 모든 나무의 열매를 먹지 말라고 말씀하셨느냐고 물었습니다. 하와는 모든 나무의 열매는 먹을 수 있지만 동산 중앙에 있는 나무의 열매는 먹어서도 안 되고 만져서도 안 된다고 답했습니다. 그러자 뱀은 하나님이 그 나무의 열매를 먹지 못하게 하신 것은 그 열매를 먹으면 눈이 밝아져서 하나님처럼 된다는 사실을 알고 계시기 때문이라고 주장했습니다. 그리고 그 열매를 먹어도 죽지 않을 거라고 말했습니다.

하와는 그 금지된 열매를 바라보았습니다. 열매가 아주 탐스럽게 보였습니다. 그래서 결국 그 열매를 따 먹었습니다. 그리고 아담에게도 주었고 그 또한 그 열매를 먹었습니다. 열매를 먹자 그들의 눈이 밝아졌습니다. 자신들이 옷을 벗고 있다는 사실을 깨닫게 되어 몸을 가리려고 했습니다. 그때 동산에서 하나님의 음성이 들렸고, 그들은 두려움을 느꼈습니다. 그래서 그분을 피해 숨으려고 했습니다.

하나님이 그들에게 "내가 먹지 말라고 한 나무의 열매를 먹었느냐?"라고 물으셨습니다. 아담은 잘못을 시인했습니다. 그러나 자신에게 그 열매를 준 하와를 탓했습니다. 하와도 자백했습니다. 하지만 자신을 속인 뱀에게 그 탓을 돌렸습니다. 하나님은 뱀이 저주를 받아 배로 땅을 기어 다니게 될 것이라고 말씀하셨습니다. 그리고 사람과 뱀이 영원토록 서로 적대시하게 될 것이라고 선언하셨습니다. 또한 여자의 후손이 뱀의 머리를 상하게 하고, 뱀이 그의 발꿈치를 상하게 할 날이 올 것이라고 예언하셨습니다.

그러고 나서 죄를 범한 결과, 여자는 해산하는 고통이 더해지고 남편의 다스림을 받게 될 것이라고 말씀하셨습니다. 또한 아담도 아내의 말을 듣고 하나님께 불순종했기 때문에, 남자는 수고를 통해서만 땅의 소산을 얻게 될 것이라고 선언하셨습니다. 그리고 하나님이 경고하신 대로 그들은 후에 죽게 될 것이라고 말씀하셨습니다. 즉 흙에서 나온 아담이 다시 흙으로 돌아가게 될 것이라는 말씀이었습니다. 하지만 그 후 하나님은 아담과 하와를 위해 동물의 가죽으로 옷을 지어 주셨습니다. 그리고 에덴동산에서 그들을 쫓아내시고 사람들이 생명나무의 열매를 먹지 못하도록 천사들을 두어 지키게 하셨습니다.

## 생각할 질문

- 아담과 하와는 에덴동산에서 어떻게 살았는가?
- 아담과 하와는 금지된 열매에 대해 누구의 말을 따르기로 선택했는가? 하나님인가 아니면 뱀인가?
- 뱀은 하와에게 금지된 열매를 먹이려고 그를 어떻게 유혹했는가? 어떤 방법으로 하와를 속였는가?
- 하와가 하나님의 말씀 대신 뱀의 말을 믿은 이유는 무엇인가? 아담이 하나님의 말씀 대신 하와의 말을 믿은 이유는 무엇인가?
- 아담과 하와는 금지된 열매를 먹는 것을 중요한 문제로 여겼는가? 그렇게 생각한 이유는 무엇인가?
- 아담과 하와가 내린 결정의 결과는 어떠했는가? 그 결정이 하나님과 그들의 관계에 어떤 영향을 주었는가? 그리고 두 사람의 관계에 어떤 영향을 주었는가? 또 그들의 삶에는 어떤 영향을 주었는가?
- 하나님이 아담과 하와에게 옷을 지어 주신 이유는 무엇인가? 그분이 그렇게 하신 일에서 우리는 하나님의 어떠한 성품을 느낄 수 있는가?
- 하나님이 아담과 하와를 에덴동산에 돌아오지 못하게 하신 이유는 무엇인가? 그들이 타락한 상태에서 생명나무의 열매를 먹었다면 어떤 일이 일어났겠는가?
- 오늘날 우리는 하나님을 믿지 못하도록 어떻게 유혹받고 있는가?
- 우리가 하나님을 불신할 때 어떤 결과가 나타나는가? 불순종은 하나님과 우리의 관계에 어떤 영향을 주는가? 또 우리가 사람들과 맺고 있는 관계에 어떤 영향을 주는가?

## 가족이 함께 생각할 질문

- 에덴동산은 어떤 곳이었는가? 아담과 하와는 그들에게 필요한 모든 것을 갖고 있었는가?
- 하나님은 아담과 하와에게 무엇을 명령하셨는가?
- 아담과 하와가 하나님의 명령을 따르지 않은 이유는 무엇인가?
- 뱀은 하와가 선악을 알게 하는 열매를 먹도록 어떻게 유혹했는가? 하와는 어떻게 아담이 그 열매를 먹게 했는가?
- 아담과 하와가 하나님에게 불순종했을 때 어떤 일이 일어났는가?
- 우리가 하나님의 명령을 따르는 것은 왜 중요한가?

**마음에 새기는 말씀**

"내가 너로 여자와 원수가 되게 하고 네 후손도 여자의 후손과 원수가 되게 하리니 여자의 후손은 네 머리를 상하게 할 것이요 너는 그의 발꿈치를 상하게 할 것이니라 하시고"(창 3:15).

**묵상**

우리의 죄가 하나님과 우리 사이를 멀어지게 한다.

# 홍수

## 후회와 구원

*Story Thru the Bible*

**주제** 하나님은 세상의 악한 사람들을
공의롭게 심판하신다.

**성경 본문** 창세기 6장 5절–9장 17절
(중심 구절: 창 6:11–8:21, 9:11–13)

**배경 설명** ❖ ❖ 아담과 하와는 에덴동산에서 쫓겨난 후 두 아들을 키웠다. 그런데 두 아들 중 형이 동생을 죽였다. 그 후 아담과 하와는 또 다른 자녀를 낳았지만 인간의 본성은 나아지지 않았다. 오히려 더 나빠졌다. 의롭게 하나님을 섬기며 사는 사람들도 있긴 했지만 악한 사람이 점점 더 많아졌다. 그렇게 하나님이 창조하신 아름다운 세상이 점점 더 타락했다.

**들어가는 말** ✧ ✧ 앞의 이야기에서 우리는 에덴동산에서 아담과 하와가 쫓겨난 이유를 알았다. 아담과 하와의 아들 중에는 셋이라는 아들이 있었다. 오늘 이야기는 셋의 후손 중 한 사람에 대한 내용이다. 그는 하나님이 인간에게 노하시고 인간의 부도덕과 불순종에 심히 실망하셨던 시대에 의로운 삶을 살았던 노아이다. 그의 이야기를 들으면서 다음 질문을 잘 생각해 보라. 하나님이 인간의 타락을 몹시 슬퍼하신 이유는 무엇인가? 하나님이 인간을 이 땅에서 쓸어버리거나 멸망시키지 않으신 이유는 무엇인가?

**이야기 속으로** ✧ ✧ 인간은 극도로 타락했고 세상에는 폭력이 난무했습니다. 그래서 하나님은 인간을 지으신 것을 한탄하시며, 땅에서 그들을 쓸어버리고 새롭게 시작하려고 하셨습니다. 그러나 노아는 하나님의 사랑을 받았습니다. 하나님은 그에게 자비를 베푸셔서 그의 가정을 통해 인류를 보존하고자 하셨습니다. 그래서 노아에게 커다란 방주를 지으라고 지시하시며 정확한 치수를 분명하게 알려주셨습니다. 그리고 땅 위에 사는 모든 생물을 멸망시키려고 홍수를 내리겠다고 경고하셨습니다. 또한 각 동물을 종류별로 암수 한 쌍씩 방주로 끌어들이고 많은 식량을 방주에 실으라고 말씀하셨습니다. 노아는 하나님의 말씀대로 방주를 짓기 시작했고 그분이 지시하신 모든 것을 다 수행했습니다.

마침내 방주가 완성되었습니다. 노아와 그의 아내, 세 아들과 그 아내들은 하나님이 말씀하신 대로 모든 동물을 이끌고 방주 안으로 들어갔습니다. 그 후 비가 오기 시작했고 바다와 호수에서 물이 솟아올랐습니다. 홍수는 사십 일 동안 계속되었습니다. 물이 차오르자 방주는 물 위로 떠다녔고 땅 위에 있던 모든 생물은 죽었습니다. 물이 백오십 일 동안 땅을 뒤덮었고 방주는 산 위에 머물렀습니다. 그 물은 홍수가 시작되고 열 달에 걸쳐 조금씩 줄어들었습니다.

노아는 물이 얼마나 줄었는지 알아보려고 까마귀를 내보냈으나 돌아오지 않았습니다. 그래서 노아는 비둘기를 내보냈고 그 비둘기는 앉을 자리를 찾지 못한 채 방주로 돌아왔습니다. 노아는 한 주를 더 기다렸다가 다시 비둘기를 내보냈습니다. 그러자 이번에는 비둘기가 감람나무의 새 잎사귀를 부리에 물고 돌아왔습니다. 이로써 노아는 물이 줄어든 것을 알게 되었습니다. 하나님이 노아에게 방주에서 나가라고 말씀하셨고, 노아는 가족들과 방주 안에 있던 모든 생물을 데리고 방주에서 나왔습니다. 그리고 나오자마자 그는 제단을 쌓고 하나님께 제사를 드렸습니다. 하나님은 그에게 다시는 홍수로 땅을 저주하거나 멸망시키는 일이 없을 거라고 말씀하셨습니다. 그리고 그 약속의 의미로 무지개를 보여주셨습니다.

## 생각할 질문

- 하나님은 세상을 보시고 왜 그토록 슬퍼하셨는가? 이것을 통해 우리는 어떠한 하나님의 성품을 알 수 있는가?
- 하나님이 노아와 그의 가족에게 자비를 베푸신 이유는 무엇인가?
- 노아의 홍수 이야기는 심판의 이야기인가 아니면 구원의 이야기인가? 그렇게 생각하는 이유는 무엇인가?

- 노아는 구원받기 위해 어떻게 믿음을 증명했는가?
- 인간의 죄에 대한 하나님의 심판은 죄를 대하시는 하나님의 마음에 대해 무엇을 말해 주는가? 노아를 구원하시려는 하나님의 열망은 그분을 섬기는 사람들을 향한 하나님의 마음에 대해 무엇을 말해 주는가?
- 홍수 후 하나님은 노아와 그의 가족이 무엇을 하기를 바라셨는가? 그들이 어떻게 살기를 원하셨는가?
- 하나님이 노아와 언약을 맺으신 이유는 무엇인가? 하나님은 어떤 약속을 하셨는가? 오늘날 그 약속은 우리에게 어떤 위로가 되는가?

## 가족이 함께 생각할 질문

- 하나님이 세상을 보시고 슬퍼하신 이유는 무엇인가? 사람들은 어떻게 그분을 슬프게 했는가?
- 하나님은 노아에게 뭐라고 말씀하셨는가? 노아가 하나님의 명령을 따르는 것은 어려웠겠는가? 그렇게 생각하는 이유는 무엇인가?
- 하나님이 노아를 구원하기로 하신 이유는 무엇인가?
- 오늘날도 하나님은 우리가 순종하기를 원하시는가? 그렇다면 반대로 하나님은 불순종하는 사람들을 벌하시는가?
- 오늘날 우리는 무지개를 보면서 어떤 생각을 해야 하는가? 우리가 무지개를 통해 하나님을 떠올리는 이유는 무엇인가?

**마음에 새길 말씀**

"여호와께서 그 향기를 받으시고 그 중심에 이르시되 내가 다시는 사람으로 말미암아 땅을 저주하지 아니하리니 이는 사람의 마음이 계획하는 바가 어려서부터 악함이라 내가 전에 행한 것 같이 모든 생물을 다시 멸하지 아니하리니"(창 8:21).

**묵상**

하나님은 세상 죄를 심판하시고, 자녀 된 우리를 훈육하신다.

# 민족들

## 바벨탑

*Story Thru the Bible*

**주제** 하나님은 인류의 구별을 명하셨다.

**성경 본문** 창세기 11장 1-9절

**배경 설명** ❖ ❖ 인류 종교의 역사는 인간이 신성에 이르고자 하는 이야기이다. 인간은 자신의 노력이나 초자연적인 능력을 끌어들여서라도 거룩하거나 의로워지려고 한다. 하지만 하나님은 성경을 통해 그분을 알 수 있는 유일한 길을 보여주셨다. 그것은 하나님이 스스로 우리에게 계시하시는 방법을 통해서라는 사실이다.

그러나 인간은 바벨탑을 쌓았다. 이는 그들이 스스로 높아지고자 했던 하나의 시도였다. 바벨탑 사건은 고대 메소포타미아 지역에 있던 '시날 평지'에서 일어났고(창 11:2), 후에 바벨론은 그곳에서 강력한 제국을 이루게 된다.

**들어가는 말** ❖ ❖

오래전 하나님은 아담과 하와에게 "땅에 충만하라 땅을 정복하라"(창 1:28)는 사명을 주셨다. 그리고 홍수 후에도 노아의 가족에게 "생육하고 번성하여 땅에 충만하라"(창 9:1)고 말씀하셨다. 노아의 아들에게는 많은 아들이 있었고, 그들은 열국의 조상이 되었다. 그들은 온 지면에 흩어졌다. 그러나 늘 그랬던 것은 아니었다. 이야기를 들으면서 다음 질문을 생각해 보라. 사람들은 어떻게 하나님의 명령과 반대되는 일을 했는가? 하나님은 그들이 불순종하며 이뤄놓은 일을 어떻게 뒤엎으셨는가?

**이야기 속으로** ❖ ❖

사람들이 온 지면에 흩어지기 시작할 때 그들은 모두 한 언어를 사용했습니다. 그래서 모든 사람이 서로 소통하고 이해할 수 있었습니다. 이주하던 중 그들은 시날 평지에 이르렀고 그곳에 정착했습니다. 그들은 벽돌과 역청을 고안해냈고 성읍을 쌓기로 했습니다. 그리고 성읍 안에 하늘까지 닿을 수 있는 아주 높은 탑을 쌓기로 했습니다. 그들은 자기 이름을 떨치고 싶었고, 단결하여 흩어지지 않기를 바랐습니다.

한편 하나님은 성읍과 탑을 쌓는 사람들을 보셨습니다. 그 일은 같은 언어를 사용하는 그들이 힘을 모아 하려는 일들의 시작에 불과했습니다. 하나님도 이 사실을 분명히 알고 계셨습니다. 그래서 "이후로는 하고자 하는 일을 막을 수 없으리로다"라고 말씀하시며, 그들의 언어를 섞어 서로 알아들을 수 없게 하셨습니다. 그리고 그들을 온 지면에 흩으셨습니다. 결국 그들은 건설을 중단했고, 하나님이 언어를 혼잡하게 하신 그곳은 '바벨'이라고 불리게 되었습니다(바벨이라는 말은 '혼란'을 뜻하는 히브리 단어와 발음이 비슷함).

## 생각할 질문

- 하나님은 아담과 하와에게 어떤 사명을 주셨는가? 또 노아와 그의 아들들에게는 어떤 명령을 하셨는가?
- 성읍과 탑을 건설했던 사람들은 하나님이 주신 사명에 어떻게 불순종했는가?
- 그들이 정말로 이루고 싶어 했던 것은 무엇인가?
- 하나님이 그들이 하고 있던 일을 막아야 한다고 생각하신 이유는 무엇인가?
- 그들의 언어가 혼잡해진 것이 어떻게 그들이 하던 일을 중단하게 만드는 이유가 되었는가?
- 오늘날 우리는 다양한 언어 때문에 어떤 어려움을 겪고 있는가? 다양한 언어는 이 세상에 어떤 유익이 된다고 생각하는가?
- 하나님이 성읍을 건설하는 것을 반대하셨다고 생각하는가? 그 이유는 무엇인가? 그렇다면 하나님은 왜 특정한 성읍과 하늘까지 닿을 만큼 높은 탑을 쌓고 싶어 하는 그들을 보며 불쾌해하셨는가?
- 하나님은 그들과 어떤 관계를 맺기 원하셨는가?

## 가족이 함께 생각할 질문

- 노아의 홍수 후 사람들은 몇 가지 언어를 썼는가?
- 하나님은 지면에 흩어지는 것에 대해 어떻게 말씀하셨는가? 그런데 사람들은 어떻게 했는가?
- 사람들은 왜 높은 탑을 쌓고 싶어 했는가?
- 하나님은 왜 그들이 하던 일을 중단시키고 싶어 하셨는가? 그분은 어떻게 그 일을 중단시키셨는가?
- 그들이 서로 다른 언어로 말하기 시작했을 때 무슨 일이 일어났는가?

**마음에 새기는 말씀**

"여호와께서 이르시되 이 무리가 한 족속이요 언어도 하나이므로 이같이 시작하였으니 이 후로는 그 하고자 하는 일을 막을 수 없으리로다 자, 우리가 내려가서 거기서 그들의 언어를 혼잡하게 하여 그들이 서로 알아듣지 못하게 하자 하시고"(창 11:6-7).

**묵상**

우리가 하나님이 만드신 사람들의 차이를 인정할 때, 그분은 영광 받으신다.

# 아브라함

## 약속된 축복

*Story Thru the Bible*

**주제** 하나님은 아브라함을 믿음의 본으로 삼으셨다.

**성경 본문** 창세기 12장 1-8절

**배경 설명** ❖ ❖ 바벨탑 사건 이후 오랜 세월이 지나고, 하나님은 메소포타미아 지역의 우르라는 성읍에 살고 있던 한 가정을 부르셨다. 그리고 그들을 가나안 땅으로 인도하셨다. 그때까지 하나님은 모든 사람을 동일하게 대하셨다. 그러나 우르에서 데라의 가정을 부르시면서 상황은 달라졌다. 특정한 한 무리와 특별한 관계를 맺기 시작하셨다. 그러나 데라의 가정은 가나안에서 북쪽으로 멀리 떨어진 하란에 정착했고 부르심을 완성하지 못했다.

**들어가는 말** ❖ ❖ 인류는 하나님의 목적에서 여러 가지로 벗어났다. 하지만 하나님은 그분이 할 일을 잊지 않으셨다. 우리는 이 이야기에서 하나님이 특정한 목적을 이루시고자 그 통로가 될 한 민족을 따로 구별하신 내용, 특히 아브람(후에 '아브라함'이라고 불림)이라는 사람을 통해 어떻게 일하셨는지를 보게 될 것이다. 이야기를 통해 아브라함이 했던 일을 당신이 해야 한다면 어떠할지, 그의 입장에서 생각해 보라. 그리고 다음 질문에 답해 보라. 하나님이 아브라함에게 그와 같이 명하신 이유는 무엇인가? 하나님이 아브라함에게 명하신 일에 그는 어떻게 반응했는가?

**이야기 속으로** ❖ ❖ 데라의 가정이 하란에 머물 때, 하나님은 데라의 아들 아브람에게 "너는 너의 고향과 친척과 아버지의 집을 떠나 내가 네게 보여 줄 땅으로 가라"고 말씀하셨습니다. 그리고 아브람에게 큰 민족을 이루게 될 것을 약속하셨습니다. 또한 그에게 복을 주셔서 그의 이름을 창대하게 하실 것이며, 그를 축복하는 사람에게는 복을 주고 그를 저주하는 사람은 저주하셔서 땅의 모든 족속이 그로 말미암아 복을 얻게 될 것이라는 놀라운 약속을 해주셨습니다. 그래서 아브람은 일흔 다섯 살의 나이에 하나님이 그에게 말씀하신 대로 아내 사래와 조카 롯을 데리고 집을 떠났습니다. 아브람이 가나안에 도착했을 때 그 땅에는 이미 많은 가나안 족속이 살고 있었습니다. 그러나 하나님은 그 땅을 아브람과 그의 자손에게 주실 거라고 말씀하셨습니다. 그래서 아브람은 그곳에 제단을 쌓고 하나님을 예배했습니다. 그리고 벧엘 동쪽에 있는 가나안의 한 지역으로 이동했습니다. 거기서도 그는 제단을 쌓고 하나님을 경배했습니다.

## 생각할 질문

- 하나님이 아브람에게 하신 명령은 무엇인가? 왜 그렇게 말씀하셨다고 생각하는가?
- 아브람은 하나님의 명령에 어떻게 반응했는가? 그가 그 명령을 따르는 것은 어려웠겠는가? 그렇게 생각하는 이유는 무엇인가?
- 하나님은 아브람에게 고향 집을 떠나라고 말씀하시면서 그의 미래에 대해 뭐라고 말씀하셨는가? 아브람은 하나님의 말씀에 순종하려고 어떤 위험을 감수했는가? 그는 얼마나 많은 것을 잃어야 했는가? 그가 포기한 것은 무엇인가?
- 하나님이 아브람에게 하신 약속은 무엇인가? 하나님의 그 약속은 세상을 향한 그분의 목적에 어떻게 들어맞는가? 또 그 약속은 하나님이 아담과 하와에게 말씀하신 내용과 어떤 관련이 있는가?
- 하나님이 그 약속을 말씀하실 때 아브람의 나이는 몇 살이었는가? 아브람이 그 약속을 믿기가 얼마나 어려웠을 거라고 생각하는가? 그렇게 생각하는 이유는 무엇인가?
- 아브람이 가나안에 도착해서 한 일은 무엇이었는가?
- 하나님이 우리를 인도하시는 방법은 그분이 아브람을 인도하신 것과 무엇이 비슷한가? 아브람의 순종과 믿음은 어떤 면에서 우리에게 본보기가 되는가?

## 가족이 생각할 질문

- 하나님이 아브람에게 말씀하실 때 그의 나이는 몇 살이었는가?
- 하나님은 아브람에게 무엇을 명령하셨는가?
- 어디로 가야 할지 모르는 상황에서 집을 떠나야 한다면 어떻겠는가? 두렵겠는가? 그렇게 생각하는 이유는 무엇인가?
- 하나님은 우리가 아브람처럼 그분을 믿기 원하시는가? 우리는 하나님을 믿고 의지하는 것을 그분께 어떻게 보여줄 수 있는가?
- 아브람이 새로운 곳에 도착해서 하나님을 예배한 것은 왜 중요한가? 우리가 아브람처럼 하나님을 예배하려면 어떻게 해야 하는가?

**마음에 새기는 말씀**

"내가 너로 큰 민족을 이루고 네게 복을 주어 네 이름을 창대하게 하리니 너는 복이 될지라 너를 축복하는 자에게는 내가 복을 내리고 너를 저주하는 자에게는 내가 저주하리니 땅의 모든 족속이 너로 말미암아 복을 얻을 것이라 하신지라"(창 12:2-3).

**묵상**

하나님은 그분을 따르고 다른 사람들의 믿음의 본보기가 되도록 우리를 부르셨다.

STORY 6

# 이삭

## 성취된 약속

*Story Thru the Bible*

**주제** 하나님은 대체할 제물을 주신다.

**성경 본문** 창세기 15-22장

(중심 구절: 창 18:1-15, 21:1-7, 22:1-18)

**배경 설명** ❖ ❖ 아브람은 하나님의 약속이 자신의 후손에게 달려 있다는 사실을 알고 있었다. 그러나 정작 그에게는 자식이 없었다. 그래서 하나님께 이 사실에 대해 물어보았고, 그분은 약속을 재확인시켜 주셨다(창 15:1-6). 그는 하나님을 믿었다. 하지만 아브람은 사래의 여종과 동침해서 얻은 아들을 통해 그분의 약속을 이뤄보려고 했고(창 16장), 그 결과 이스마엘을 아들로 얻었다. 그러나 이스마엘은 하나님이 아브람에게 주시고자 한 후손이 아니었다. 하나님은 또다시 그분의 약속을 재확인시켜 주셨다. 그리고 아브람과 사래가 열국의 조상이 될 것이라는 사실을 분명히 알려 주시고자 두 사람의 이름을 아브라함(많은 무리의 아버지)과 사라(왕비)로 바꿔주셨다.

**들어가는 말** ✧ ✧

아브라함은 불가능해 보이는 상황에 있었다. 하나님은 그가 열국의 조상이 될 것이라고 말씀하셨지만 그에게는 자녀가 없었다. 도무지 이해할 수 없는 일이었다. 이처럼 아브라함의 이야기는 그가 불가능한 일로 고민했던 내용이 대부분이다. 그러나 이야기를 통해 알게 되겠지만 하나님에겐 능치 못한 일이 없다. 아브라함의 이야기를 들으면서 다음 질문을 잘 생각해 보라. 하나님은 아브라함에게 하신 그 약속을 이루실 때까지 왜 그렇게 오랫동안 기다리셨는가? 그분은 아브라함과 사라에게 보통 자녀를 가질 수 있을 때 자녀를 주시는 대신 불가능한 상황을 통해 일하셨다. 그 이유는 무엇인가? 이 이야기는 하나님과 그분의 방법에 대해 무엇을 말해주는가?

**이야기 속으로** ✧ ✧

어느 날 하나님은 아브라함에게 세 사람으로 나타나셨습니다. 아브라함은 그들에게 절하고 물과 먹을 것을 대접했습니다. 그리고 급히 사라에게 가서 음식을 준비하게 했습니다. 세 사람은 음식을 먹으면서 아브라함에게 사라가 어디 있는지를 물었고, 그는 장막 안에 있다고 대답했습니다. 하나님은 아브라함에게 일 년 안에 사라가 아들을 낳을 것이라고 말씀하셨습니다.

하지만 그때 아브라함과 사라는 늙고 나이가 아주 많았습니다. 그래서 사라는 장막 안에서 그 이야기를 듣고 웃음을 터뜨리고 말았습니다.

하나님은 아브라함에게 사라가 왜 웃느냐고 하시며, "여호와께 능치 못한 일이 있겠느냐"라고 말씀하셨습니다. 사라는 웃지 않았다고 부인했지만 하나님은 사실을 알고 계셨습니다.

하나님이 약속하신 대로 사라는 아기를 갖게 되었습니다. 아기가 태어났을 때 아브라함과 사라는 하나님이 말씀하신 대로 아기에게 이삭이라는 이름을 지어주었습니다. 이삭은 '그가 웃다'라는 뜻입니다. 또한 그들은 하나님이 명하신 대로 이삭에게 할례를 행했습니다. 그가 태어났을 때 아브라함의 나이는 백 살이었고 사라의 나이는 구십 살이었습니다. 사라는 "하나님이 나를 웃게 하시니 듣는 자가 다 나와 함께 웃으리로다"라고 말했습니다. 두 사람은 노년에 아들을 얻게 하신 하나님의 기적에 감탄했습니다.

세월이 지나고 하나님은 아브라함에게 이삭을 제물로 바치라고 하며 그를 시험하셨습니다. 아브라함은 명령에 순종하여 제단을 쌓고 이삭을 제물로 드릴 모리아 산으로 갔습니다. 산에 가까이 이르자 아브라함은 하인들에게 "내가 아이와 함께 저기 가서 예배하고 우리가 너희에게로 돌아오리라"고 말한 후 이삭과 함께 산 위로 올라갔습니다. 이삭은 불과 장작은 있는데 제물로 드릴 어린 양은 없느냐고 아버지에게 물었습니다. 아브라함은 그에게 "번제할 어린 양은 하나님이 자기를 위하여 친히 준비하시리라"고 대답했습니다. 산 위에 오르자 아브라함은 제단을 쌓고 이삭을 그 제단 위에 올린 다음 자기 아들을 잡으려고 칼을 집어 들었습니다. 그러나 그때 천사가 나타나 그를 말렸습니다. 하나님은 아브라함에게 "그 아이에게 네 손을 대지 말라 그에게 아무 일도 하지 말라 네가 네 아들 네 독자까지도 내게 아끼지 아니하였으니 내가 이제야 네가 하나님을 경외하는 줄을 아노라"고 말씀하셨습니다. 아브라함은 눈을 들어 살펴보았고 수풀에 뿔이 걸린 양을 보았습니다. 그래서 그 양을 가져와 하나님에게 제물로 드렸습니다. 그리고 그곳을 “여호와 이레(여호와께서 준비하심)”라고 불렀습니다. 아브라함이 자기 아들도 아끼지 않고 하나님에게 드렸기 때문에, 그분은 또다시 그에게 복을 주겠다고 약속하셨습니다. 또한 많은 자손을 얻을 것이며 그 자손을 통해 모든 열국에 복을 주겠다고 말씀하셨습니다.

## 생각할 질문

- 하나님은 아브라함에게 어떻게 나타나셨는가? 아브라함은 그를 찾아온 손님을 어떻게 대했는가?
- 하나님이 아브라함에게 약속하신 것은 무엇인가? 인간적으로 볼 때 하나님이 아브라함에게 하신 약속은 왜 불가능한 것인가? 하나님이 당신에게 불가능할 것 같은 일을 약속하신다면 당신은 어떻게 반응하겠는가?
- 당신의 삶에서 불가능한 일은 무엇인가? 하나님이 그 일을 다루고 싶어 하실 수도 있다는 사실에 대해 어떻게 생각하는가? 하나님이 그분의 약속을 성취하시는 것을 기다리는 것은 당신에게 얼마나 힘든 일인가?
- 하나님이 다시 아브라함에게 그분의 약속을 말씀하셨을 때, 그 이야기를 들은 사라는 왜 웃었는가? 또한 이삭이 태어났을 때 사라는 왜 웃었는가?
- 하나님이 아브라함과 사라에게 약속하신 아들을 주시기까지 오랫동안 그들을 기다리게 하신 이유는 무엇인가? 성경에서 그분은 우리에게 “하나님을 기다리라”고 자주 말씀하신다. 그 이유는 무엇인가?

- 이삭이 성장했을 때 하나님은 아브라함에게 어떤 명령을 하셨는가? 하나님은 왜 그렇게 힘든 일을 아브라함에게 요구하셨는가?
- 아브라함은 하나님의 명령에 어떻게 반응했는가? 아브라함은 그 말씀을 어떻게 받아들였겠는가?
- 이 이야기는 우리에게 하나님에 대한 어떤 면을 보여주는가? 아브라함의 순종과 믿음에 대해 무엇을 보여주는가?
- 아브라함이 이삭을 제물로 드린 이 이야기는 예수님과 십자가의 모습을 어떻게 보여주는가?
- 하나님은 어떤 면에서 아브라함에게 하셨듯이 우리를 대하시는가?
- 하나님의 약속을 믿는 것과 그분의 명령에 순종하는 것 중 어느 것이 더 쉬운가? 하나님과 우리의 관계에서 이 두 가지가 모두 중요한 이유는 무엇인가?

## 가족이 함께 생각할 질문

- 하나님이 아브라함에게 하신 약속은 무엇인가? 아브라함과 사라가 그 약속을 불가능하다고 생각한 이유는 무엇인가?
- 하나님이 당신의 삶에서 놀라운 기적을 행하신다면 기분이 어떨 것 같은가? 하나님은 우리가 그분이 무엇이든지 하실 수 있다고 믿기를 원하시는가?
- 하나님은 아브라함과 사라에게 하신 약속을 이루시기까지 그들을 오랫동안 기다리게 하셨다. 우리도 그분의 복을 받기까지 그렇게 오랫동안 기다려야 하는가? 우리가 오래 참고 기다리는 것이 중요한 이유는 무엇인가?

- 하나님은 아브라함에게 아주 어려운 일을 명령하셨다. 이처럼 그분은 당신에게도 하기 힘든 어떤 일을 기대하시는가? 힘든 일이라도 하나님에게 순종할 수 있을 만큼 그분을 신뢰하는 것이 중요한 이유는 무엇인가?

**마음에 새기는 말씀**

"여호와께 능하지 못한 일이 있겠느냐"(창 18:14).

"이삭이 그 아버지 아브라함에게 말하여 이르되 내 아버지여 하니 그가 이르되 내 아들아 내가 여기 있노라 이삭이 이르되 불과 나무는 있거니와 번제할 어린 양은 어디 있나이까 아브라함이 이르되 내 아들아 번제할 어린 양은 하나님이 자기를 위하여 친히 준비하시리라"(창 22:7-8).

**적용**

하나님은 그리스도를 우리의 흠 없는 제물로 주셨다.

# 야곱

## 하나님을 만남

*Story Thru the Bible*

**주제** 하나님은 그분을 따르기를
주저하는 사람과 씨름하신다.

**성경 본문** 창세기 25장 21절-33장 20절
(중심 구절: 창 28:10-22, 32:3-30, 33:1-11)

**배경 설명** ❖ ❖ 이삭은 아브라함의 고향에서 태어나고 자란 리브가라는 여인과 결혼했다. 그리고 부부에게는 에서와 야곱이라는 쌍둥이 형제가 있었다. 그중 에서가 야곱보다 약간 먼저 태어난 아들이었다. 그러나 세월이 흐른 후 동생인 야곱은 에서에게 장자의 권리를 사고, 아버지를 속여 장자에게 주는 복을 받았다. 그러자 에서는 야곱에게 크게 화가 났고, 이를 피해 야곱은 고향 친척들이 사는 곳으로 도망을 쳤다. 그곳에서 그는 자신이 일을 해주고 지내던 친척의 두 딸인 라헬과 레아와 결혼을 했다. 그리고 두 아내와 그들의 여종을 통해 열두 아들을 얻었다. 이로써 야곱은 이스라엘 열두 지파의 조상이 되었다.

**들어가는 말** ❖ ❖

야곱은 에서를 피해 도망을 쳤고 자기 친족의 본래 고향을 향해 갔다. 도중에 꿈을 꾸었는데 그 꿈속에서 천사들을 보았고 하나님의 음성을 들었다. 그리고 여러 해가 지난 후 야곱은 하나님이 아브라함의 자손에게 약속하신 땅으로 돌아가던 중에 다시 하나님과 마주쳤다. 이 이야기는 그가 두 차례에 걸쳐 우연히 하나님을 만난 사건을 다루고 있다. 이야기를 살펴보면서 다음 질문을 잘 생각해 보라. 이 두 사건이 야곱의 삶에서 중요한 이유는 무엇인가? 또한 이 사건이 하나님의 큰 계획을 이루어가는 과정 가운데 중요한 이유는 무엇인가?

**이야기 속으로** ❖ ❖

야곱은 고향을 떠나 아브라함이 살았던 하란을 향해 갔습니다. 길을 가던 중 밤이 되었고 돌을 베개 삼아 잤습니다. 꿈속에서 하늘까지 닿는 사다리와 그 사다리 위를 오르락내리락하는 천사들을 보았습니다. 하나님이 그 사다리 위에 계셨습니다. 하나님은 야곱이 누워 있는 땅과 수많은 자손을 그에게 줄 것이며 그와 그의 자손을 통해 모든 사람에게 복을 주실 것이라고 약속하셨습니다. 그리고 "내가 너와 함께 있어 네가 어디로 가든지 너를 지키며 너를 이끌어 이 땅으로 돌아오게 할지라 내가 네게 허락한 것을 다 이루기까지 너를 떠나지 아니하리라"고 말씀하셨습니다.

잠을 깬 야곱은 하나님이 그곳에 계신다는 사실을 깨닫고 두려움을 느끼며, 그곳을 '하나님의 집'이요 '하늘의 문'이라 불렀습니다. 그리고 아침에 일찍 일어나 자신이 베고 누웠던 돌을 기념비로 세우고 그 위에 기름을 부은 다음 그곳을 벧엘(하나님의 집)이라 불렀습니다. 그리고 하나님이 그와 함께하시며 그를 지키시고 그에게 필요한 것을 공급해 주시며 고향으로 안전하게 돌아갈 수 있게 해주신다면, 하나님은 그의 하나님이 되시고 그가 세운 돌은 하나님의 집이 될 것이며 하나님이 그에게 주신 모든 것 가운데 십분의 일을 하나님께 드리겠다고 서원했습니다.

세월이 흘러 야곱이 결혼을 하고 많은 자녀를 얻게 되었을 때 하나님이 그에게 가나안으로 돌아가라고 말씀하셨습니다. 야곱은 에서를 다시 만나는 것이 두려웠습니다. 그래서 에서에게 수많은 가축과 종을 주기로 약속하는 뜻을 전하고자 사자들을 앞서 보냈습니다. 그러나 돌아온 사자들은 에서가 사백 명을 거느리고 야곱을 만나러 오고 있다고 보고했습니다.

그 말을 들은 야곱은 큰 두려움과 걱정에 빠졌습니다. 그래서 그와 함께한 사람들과 재산을 두 떼로 나누었습니다. 에서가 한 떼를 공격하면 다른 한 떼는 도망을 칠 수 있을 것이라 생각한 것이었습니다. 그리고 기도했습니다. 그는 하나님께 그분이 아브라함과 맺으신 특별한 관계를 이야기하며 자신에게 가나안으로 돌아가라고 말씀하신 분이 그 하나님이시라는 사실을 말씀드렸습니다. 그는 지팡이 하나만 들고 가나안을 떠났지만 이제 많은 가족과 종과 재물을 갖고 돌아갈 수 있게 된 것에 대해 자신을 낮추고 감사를 표했습니다. 그리고 에서로부터 구해 주실 것을 간청하면서 자신을 형통하게 하시고 많은 자손을 주겠다고 말씀하셨던 하나님의 약속을 상기시켜 드렸습니다.

야곱은 에서에게 줄 엄청난 선물을 준비한 다음, 종들이 에서를 먼저 만나도록 그들을 앞세웠습니다. 그는 에서의 마음을 누그러뜨리고 싸움을 피할 수 있게 되기를 바랐습니다. 종들을 뒤따라 가족들에게 나루를 건너가게 했습니다. 그리고 혼자 남아 밤을 보냈습니다.

한밤중에 야곱은 이상한 경험을 하게 되었습니다. 날이 밝을 때까지 한 사람과 계속 씨름했습니다. 그 사람은 자기 힘으로 야곱을 이길 수 없다는 것을 알고 야곱의 허벅지 관절을 쳐서 어긋나게 만들었습니다. 그리고 야곱에게 떠나게 해 달라고 말했지만 야곱은 "당신이 내게 축복하지 아니하면 가게 하지 아니하겠나이다"라고 말했습니다. 그 사람은 야곱에게 이름이 무엇이냐고 물었고 야곱이 이름을 말했습니다. 그러자 그 사람은 "네 이름을 다시는 야곱이라 부를 것이 아니요 이스라엘이라 부를 것이니 이는 네가 하나님과 및 사람들과 겨루어 이겼음이니라"고 말했습니다. 야곱도 그 사람의 이름이 무엇인지를 물었지만 그 사람은 야곱의 질문에 대답하는 대신 야곱을 축복했습니다. 이후 야곱은 그 곳을 브니엘(하나님의 얼굴)이라고 불렀습니다.

다음 날 야곱은 에서가 오는 것을 보고 그에게 일곱 번 절했습니다. 에서는 야곱에게 달려와 그를 부둥켜안았고 두 사람은 함께 울었습니다. 야곱은 선물을 보낼 필요가 없었습니다. 에서는 그 선물을 받으려고 하지 않았습니다. 하지만 야곱이 강권하자 결국 받아들였습니다.

## 생각할 질문

- 야곱이 고향을 떠난 까닭은 무엇인가? 그가 하는 모든 일이 다 잘되었는가? 그가 잘못한 일이 있었는가? 도망치듯 고향을 떠나면서 그는 어떤 마음이었겠는가?

- 하나님은 어떤 방식으로 야곱을 만나셨는가? 야곱은 어떤 꿈을 꾸었는가? 꿈속에서 하나님은 그에게 무슨 말씀을 하셨는가? 하나님이 그런 약속을 하신 것은 이번이 처음인가? 하나님이 그 약속을 하신 또 다른 사람은 누구인가?

- 하나님은 어려움에 처한 야곱을 기꺼이 만나고자 하셨다. 이로써 우리는 어떠한 하나님의 성품을 알 수 있는가?

- 야곱은 하나님에게 어떻게 반응했는가? 그는 어떤 약속을 했는가? 우리도 하나님과 그와 같은 협상을 할 수 있다고 생각하는가? 나중에 가나안으로 다시 돌아가게 되었을 때 야곱은 어떤 마음이었는가? 그런 마음이었던 이유는 무엇인가? 그는 에서에게 어떤 반응을 예상하고 있었는가?

- 야곱은 두려움을 느끼고 하나님께 어떻게 기도했는가? 그는 하나님과 맺은 언약을 바탕으로 어떻게 기도했는가?

- 한밤중에 하나님은 어떤 방식으로 야곱을 만나셨는가? 하나님은 왜 그런 방식으로 야곱을 만나셨는가?

- 야곱은 그와 씨름하는 사람에게 뭐라고 말했는가? 그렇게 하나님과 씨름하는 동안 야곱은 자신의 믿음을 어떻게 드러냈는가? 하나님은 끈질기게 매달리는 야곱에게 무엇을 말씀하셨는가? 하나님이 야곱의 이름을 바꿔주신 이유는 무엇인가?

- 하나님과 씨름해 본 적이 있는가? 하나님은 그런 씨름을 어떻게 생각하시는가? 그 과정 속에서 믿음에 대해 알게 된 것은 무엇인가?

- 마침내 에서를 마주하게 되었을 때 야곱은 어떻게 했는가? 또 에서는 어떻게 반응했는가?

- 야곱이 하나님을 만난 사건 속에서 우리는 야곱을 돌보신 하나님을 어떻게 보는가? 야곱은 어떤 문제들을 안고 있었는가? 하나님은 야

곱이 안고 있는 그 문제들을 어떻게 다루셨는가?

- 살아가면서 문제나 어려움, 걱정 가운데 있을 때 우리는 어떻게 하나님께 나아가야 하는가? 하나님이 우리의 문제를 어떻게 다루실 것이라고 기대하는가?
- 하나님은 아브라함에게 하신 약속을 신실하게 지키셨는가? 야곱에게 하신 약속에 대해서는 어떻게 하셨는가? 오늘날 우리에게 하신 약속도 신실하게 지키신다고 생각하는가?

## 가족이 함께 생각할 질문

- 야곱은 왜 에서를 피해 도망쳤는가? 그가 형을 두려워했던 이유는 무엇인가?
- 야곱은 어떤 꿈을 꾸었는가? 하나님은 야곱을 어떻게 격려해 주셨는가? 야곱은 하나님께 어떤 대답을 했는가?
- 하나님은 그분의 백성에게 많은 약속을 하셨다. 하나님은 언제나 그 약속을 지키시는가? 하나님이 우리에게 하신 약속도 지키신다고 생각하는가?
- 세월이 지난 후에도 야곱이 고향으로 돌아가기 두려워했던 이유는 무엇인가? 그는 에서가 어떻게 할 것이라고 생각했는가? 에서를 기쁘게 하려고 야곱은 어떤 노력을 했는가?
- 한밤중에 야곱과 씨름한 사람은 누구인가? 야곱은 그 사람에게 무엇을 요구했는가? 그 사람은 야곱에게 뭐라고 말했는가?
- 마침내 야곱이 에서를 마주하게 되었을 때, 에서는 어떻게 반응했는가? 이전처럼 야곱에게 화를 냈는가? 하나님이 야곱을 돌보고 계신다는 사실을 그분은 어떻게 보여주셨는가?

- 우리가 어려움에 처했을 때, 하나님은 우리를 돌보시는가? 야곱의 이야기는 하나님이 우리와 항상 함께하신다는 사실을 우리에게 어떻게 보여주는가?

**마음에 새기는 말씀**

"내가 너와 함께 있어 네가 어디로 가든지 너를 지키며 너를 이끌어 이 땅으로 돌아오게 할지라 내가 네게 허락한 것을 다 이루기까지 너를 떠나지 아니하리라"(창 28:15).

**묵상**

우리는 종종 하나님과 씨름하기도 한다. 그러나 결국은 그분을 따라야 한다.

STORY 8

# 요셉

## 고통 속의 섭리

*Story Thru the Bible*

**주제** 하나님이 요셉에게 힘을 주셔서,
그는 유혹을 물리치고 믿음으로 시련을 이겨내고
다른 사람을 용서할 수 있었다.

**성경 본문** 창세기 37, 39-50장
(중심 구절: 창 37, 39장, 41:1-42:22, 45-46장)

**배경 설명** ❖ ❖ 야곱은 그의 두 아내 레아와 라헬, 여종 빌하와 실바를 통해 자녀를 얻었다. 그가 사랑했던 아내 라헬이 제일 늦게까지 자녀를 낳았다. 라헬은 야곱의 열한 번째 아들인 요셉을 낳았고 그 후 열두 번째 아들인 베냐민을 낳다가 세상을 떠났다. 야곱은 자신이 사랑했던 라헬이 낳은 두 아들을 특히 사랑했다.

**들어가는 말** ✣ ✣ 지금까지 살펴본 내용을 통해 하나님이 아브라함과 이삭과 야곱을 어떻게 다루셨는지 알게 되었다. 하나님은 한 가정과 언약을 맺으시고 그들을 인도하시며 돌봐주셨다. 이 장의 이야기 속에서 우리는 야곱의 열두 아들 중 한 명이 하나님이 주신 꿈을 어떻게 받아들였는지, 그리고 하나님이 그를 통해 한 가정을 어떻게 보호하셨는지를 보게 될 것이다. 하지만 상당히 오랫동안 요셉을 다루시는 하나님의 방식은 그분의 약속과는 다른 것처럼 보였다. 이 사실을 주목하라. 그리고 요셉이 경험한 좌절이 하나님의 계획을 진전시키는 데 실제로 어떻게 사용되었는지를 잘 살펴보라.

**이야기 속으로** ✣ ✣ 야곱은 다른 아들보다 요셉을 더 사랑했고 그에게 값비싼 채색 옷을 지어주었습니다. 야곱의 그런 편애 때문에 형들은 요셉을 미워했습니다. 요셉이 열일곱 살이 되었을 때, 그는 두 차례에 길쳐 꿈을 꾸었습니다. 첫 번째 꿈에서는 형들과 함께 들에서 추수를 하고 있는데 갑자기 형들의 곡식 단들이 똑바로 서 있는 요셉의 곡식 단을 향해 절을 했습니다. 그리고 두 번째 꿈에서는 해와 달과 열한 개의 별들이 요셉에게 절했습니다. 형들은 요셉이 자기가 언젠가 가족 전체를 다스리게 될 것이라고 스스로 생각하는 것을 그 꿈이 보여준다고 여겼습니다. 그래서 그를 매우 시기했고 심지어 아버지 야곱마저도 요셉을 꾸짖었습니다.

어느 날 요셉이 형들에게 소식을 전하러 들로 나갔을 때, 형들은 그가 오는 것을 보고 그를 죽이기로 모의했습니다. 그러나 형들 중 하나가 그를 죽여서는 안 된다고 다른 형제를 설득했고 결국 죽이는 대신에 물이 마른 구덩이에 던져버렸습니다. 그리고 형들은 상인들이 그곳을 지나갈 때 요셉을 노예로 팔았습니다. 상인들은 요셉을 사서 애굽으로 데려갔고, 요셉의 형들은 그의 채색 옷을 염소의 피에 적신 후 아버지에게 가져갔습니다. 아버지에게 요셉이 짐승에게 죽임을 당했다고 믿게 하려는 것이었습니다. 그 후 야곱은 오래도록 요셉을 그리워하며 애통해했습니다.

한편 요셉은 애굽에서 보디발이라는 바로 왕의 신하에게 팔렸습니다. 보디발은 요셉을 신뢰하게 되었고 그에게 모든 집안일을 맡겼습니다. 그러나 보디발의 아내가 매일 요셉을 찾아와 자신과 동침할 것을 요구했습니다. 요셉은 "내가 어찌 이 큰 악을 행하여 하나님께 죄를 지으리이까?"라고 말하며 완강하게 거부했습니다. 요셉의 거부에 보디발의 아내는 화가 났습니다. 어느 날 요셉이 자신이 맡은 일을 하려고 집 안으로 들어가니 보디발의 아내가 그의 옷을 붙잡고 또다시 유혹했습니다. 결국 요셉은 옷을 버려두고 밖으로 나왔습니다. 보디발이 퇴근해 돌아왔습니다. 그의 아내는 요셉의 옷을 보이며 요셉이 자신을 겁탈하려 했다고 말했고 요셉에게 죄를 뒤집어씌웠습니다. 그래서 보디발은 요셉을 감옥에 가두었는데 그곳은 왕의 죄수들을 가두는 곳이었습니다.

하나님은 감옥에서도 요셉을 형통하게 하셨습니다. 간수장은 다른 죄수들을 요셉에게 맡겼습니다. 후에 바로 왕의 떡 굽는 관원장과 술 맡은 관원장이 감옥에 갇혔습니다. 그 두 사람이 꿈을 꾸었는데 그 꿈을 해석할 수 없었습니다. 그때 요셉이 그 꿈을 해석해 주었고 그가 해석한 대로 꿈이 이루어졌습니다.

두 해가 지난 후 바로 왕이 그의 마음을 어지럽히는 꿈을 두 번 꾸었습니다. 첫 번째 꿈은 나일 강에서 올라온 파리와 보기 흉한 암소 일곱 마리가 같은 강에서 올라온 일곱 마리의 건강하고 살찐 암소를 잡아먹는 꿈이었습니다. 두 번째 꿈은 가늘고 마른 일곱 개의 이삭이 알곡이 들어찬 튼실한 일곱 개의 이삭을 집어삼키는 꿈이었습니다. 바로 왕은 애굽의 모든 점술가와 현인들에게 그 꿈을 해석해 달라고 요청했지만 아무도 그 꿈을 해석하지 못했습니다. 그때 이 년 전 감옥에서 나온 술 맡은 관원장이 요셉을 기억하고 바로 왕에게 그가 죄수들의 꿈을 얼마나 정확하게 잘 해석해 주었는지를 이야기했습니다. 바로 왕은 즉시 요셉을 불러들였습니다.

요셉은 그 꿈을 통해 하나님이 하실 일을 보여주신 것이라고 왕에게 설명하며, 칠 년 동안 풍년이 든 후에 칠 년 동안 흉년이 이어질 것이라고 말했습니다. 그리고 흉년이 이어지는 칠 년 동안 먹을 식량이 충분하도록 풍년이 드는 칠 년 동안 해마다 추수한 곡식의 일부를 저장해 둘 것을 제안했습니다. 바로 왕은 요셉이 지혜로운 제안을 했다고 생각하고, "하나님이 이 모든 것을 네게 보이셨으니 너와 같이 명철하고 지혜 있는 자가 없도다"라고 말하며 그 일을 요셉에게 맡겼습니다. 그리하여 요셉은 나이 서른에 높은 지위에 오르게 되었고 애굽 여인을 아내로 맞아 두 아들을 얻었습니다.

요셉이 말한 대로 풍년이 들었습니다. 그는 풍년이 든 칠 년 동안 많은 곡식을 저장해 두었습니다. 그리고 후에 흉년이 들자 인근 각국에서 사람들이 곡식을 구하려고 애굽의 창고를 찾아왔습니다.

심지어 가나안에 살던 요셉의 가족도 기근으로 굶주리고 있었습니다. 그래서 야곱은 곡식을 구하려고 막내 베냐민만 남겨둔 채 형제들을 모두 애굽으로 보냈습니다. 그들을 본 요셉은 모르는 사람인 척하며 그들을 엄하게 대했습니다. 정탐하러 온 것이라며 그들을 몰아붙였습니다. 그러자 그들은 정탐꾼이 아니라며 자신들의 처지를 이야기했습니다. 그들은 열두 아들 중 열 명이며 막내는 집에 남아 있다고 말했습니다. 요셉은 그들의 말을 듣고 집으로 가서 막내를 데려오라고 주장했습니다. 그리고 그동안 시므온을 인질로 잡고 있겠다고 말했습니다. 한편 그는 형들의 자루에 곡식을 채우고 그들이 가져온 돈도 몰래 자루에 함께 넣었습니다. 하지만 형들은 집으로 돌아가서 자루에 들어 있는 돈을 보고 자신들이 도둑으로 몰리게 될 것이라며 크게 걱정했습니다. 그리고 야곱에게 그동안 있었던 모든 일을 다 이야기했습니다. 하지만 아버지 야곱은 베냐민을 애굽으로 보내려고 하지 않았습니다.

그러나 기근이 심해지자 어쩔 수 없이 베냐민을 데리고 가도록 허락해 주었습니다. 그들은 자신들이 도둑으로 몰려서 벌을 받게 될까 봐 크게 걱정했고 어쩌면 시므온이 이미 죽었을지도 모른다고 생각하며 실의에 빠져 있었습니다. 그러나 요셉은 다시 돌아온 그들을 환영하며 아버지의 안부를 물었고, 다시 본 베냐민을 보고 감정이 북받쳤습니다. 그는 형들이 오래전 자신을 팔았던 그때와 같은지 확인하고자 그들을 시험했습니다. 형들이 자신에게 했던 것처럼 라헬의 또 다른 아들에게도 똑같이 하는지를 알아보려고 베냐민을 시기하고 배신할 수 있는 기회를 만들었습니다. 그러나 그들은 이전과는 달라진 모습으로 자신들이 나아졌다는 것을 보여주었습니다.

마침내 요셉은 형들에게 자신의 정체를 드러냈습니다. 그를 알아본 형들은 지난 잘못이 떠올라 간담이 서늘해졌습니다. 그러나 요셉은 그들에게 "당신들이 나를 이 곳에 팔았다고 해서 근심하지 마소서 한탄하지 마소서 하나님이 생명을 구원하시려고 나를 당신들보다 먼저 보내셨나이다"라고 말하며 그들을 안심시켰습니다. 그리고 형들과 서로 부둥켜안고 울었습니다.

한편 요셉의 형들이 왔다는 소식을 들은 바로 왕은 요셉의 온 가족이 기근을 이겨낼 수 있도록 애굽으로 오게 할 것을 제안했습니다. 그래서 요셉은 아버지 야곱과 형들의 아내와 자녀들을 데려오라고 형들을 보냈습니다. 야곱은 요셉이 아직 살아 있을 뿐 아니라 애굽의 총리가 되었다는 사실을 도무지 믿지 못하여 어리둥절했습니다. 하지만 아들들이 야곱에게 잘 설명했고, 마침내 야곱을 포함한 모든 가족은 요셉이 식량을 공급해 줄 수 있는 애굽으로 이동했습니다.

## 생각할 질문

- 요셉은 어렸을 때 어떤 꿈을 꾸었는가? 그의 가족은 그 꿈에 어떻게 반응했는가?
- 요셉의 형들이 그를 미워한 이유는 무엇인가? 그들은 요셉을 향한 시기와 분노로 무엇을 했는가?
- 보디발이 요셉을 믿고 집안일을 모두 그에게 맡긴 이유는 무엇인가?
- 보디발의 아내는 요셉에게 무엇을 요구했는가? 그 요구에 요셉은 어떻게 반응했는가? 그렇게 반응한 이유는 무엇인가?
- 간수장이 요셉을 믿고 다른 죄수들을 그에게 맡긴 이유는 무엇인가? 그런 지위는 요셉에게 어떤 기회를 주었는가?
- 노예로 팔려 가서 누명을 쓰고 감옥에 갇히게 된 요셉은 자신이 꾸었던 꿈에 대해 어떻게 느꼈겠는가? 그때 하나님이 요셉을 향한 그분의 목적을 이루고자 나타나셨는가? 당신이 요셉의 입장이라면 어떻게 반응했겠는가?
- 바로 왕은 어떤 꿈을 꾸었는가? 요셉이 그 꿈을 해석하도록 도와줬을 때, 그에게 어떤 일이 일어났는가?
- 요셉의 형들이 애굽으로 간 이유는 무엇인가?
- 형들이 잘못한 일을 이십 년 정도 기억하고 있다가 그들을 막상 눈앞에서 보게 되었을 때, 요셉의 기분이 어떠했겠는가? 당신이 요셉의 입

장이라면 그런 형들을 용서하겠는가? 그 이유는 무엇인가?

- 요셉의 정체를 알게 되었을 때 형들은 어떤 마음이었는가? 시간이 흘러 그들이 달라졌다는 것을 형들은 어떻게 보여주었는가?
- 이야기를 통해 하나님이 요셉을 가장 적절한 자리에 두시려고 그의 삶을 어떻게 인도하셨는지 보았다. 그러나 사실 우리는 힘든 시기를 보내며 하나님이 인도하시고 있다는 사실을 깨닫기가 쉽지 않다. 요셉이 정말 자신을 애굽으로 보낸 사람은 형들이 아니라 하나님이었다는 사실을 이해할 수 있게 해준 것은 무엇인가? 하나님은 우리가 겪는 시련과 고난 속에서도 그분의 목적을 이루시는가? 요셉의 이야기는 어떤 면에서 우리가 하나님을 신뢰하도록 격려해 주는가?
- 이 이야기는 용서의 힘에 대해 무엇을 가르쳐 주는가?
- 이 이야기는 우리의 삶을 이끄시는 하나님의 주권에 대해 무엇을 가르쳐 주는가?
- 이 이야기는 하나님이 아브라함과 이삭과 야곱과 하신 약속을 이루신다는 사실을 어떻게 보여주는가?

## 가족이 함께 생각할 질문

- 요셉은 어떤 꿈을 꾸었는가?
- 요셉의 형들은 왜 그에게 화를 냈는가? 화가 난 형들은 그에게 어떻게 했는가?
- 형들이 자신을 팔아넘길 때 요셉의 기분은 어떠했겠는가? 누군가에게 부당한 대우를 받을 때 어떤 마음이 드는가? 그 사람을 용서하기가 쉬운가? 그렇든 그렇지 않든, 그 이유는 무엇인가?

- 하나님이 요셉과 함께하셨다고 성경이 말할 때 그것은 요셉에게 아무 문제가 없었다는 것을 뜻하는가? 그 말이 뜻하는 것은 무엇인가?
- 요셉이 잘못된 일을 하도록 요구당할 때 그는 어떻게 했는가? 우리에게 그런 일이 일어난다면 우리는 어떻게 해야 하는가?
- 하나님은 요셉을 어떻게 돌보셨는가? 요셉은 어떻게 애굽의 총리가 되었는가?
- 세월이 흘러 형들을 다시 보게 된 요셉은 어떻게 했는가? 그들에게 복수했는가 아니면 그들을 용서해 주었는가? 그가 그렇게 한 이유는 무엇인가?
- 요셉은 총리로서 그의 가족에게 어떤 도움을 주었는가?
- 요셉은 하나님을 신뢰한다는 사실을 어떻게 보여주었는가? 우리도 요셉이 했던 것처럼 하나님을 신뢰할 수 있다고 생각하는가?

**마음에 새기는 말씀**

"당신들은 나를 해하려 하였으나 하나님은 그것을 선으로 바꾸사 오늘과 같이 많은 백성의 생명을 구원하게 하시려 하셨나니"(창 50:20).

**묵상**

유혹을 이기고 믿음으로 고난을 참아내고 다른 사람을 용서하려면, 하나님의 말씀과 성령님을 통해 힘을 얻어야 한다.

# 모세

## 중대한 사명

*Story Thru the Bible*

**주제** 하나님은 종살이하는 그분의 백성을 구원하시고자 모세를 부르셨다.

**성경 본문** 출애굽기 3장 1절-4장 18절

**배경 설명** ❖ ❖ 사백 년 세월이 흐르면서 애굽에 사는 이스라엘 백성의 수는 크게 증가했다. 그러나 요셉을 알지 못하는 왕이 이스라엘 백성을 종으로 삼았다. 그리고 남자 아이가 태어나면 바로 죽여서 이스라엘 백성의 수를 제한하려고 했다. 하지만 한 남자 아이의 부모는 태어난 아이를 바구니에 담아 나일 강에 띄웠다.

그렇게라도 아이의 목숨을 구하고 싶었다. 마침 바로의 딸이 그 아이를 보았고 그 유대인 아이를 데려다가 애굽의 왕가에서 자신의 자녀로 키웠다. 아이는 자라서 성인이 되었고 성인이 된 후에 그는 단호하게 자기 백성 편에 섰다. 우연히 이스라엘 백성을 채찍질하는 애굽 사람을 보게 된 그는 그 애굽 사람을 죽였다. 그리고 자신의 잘못이 드러나서 목숨을 잃을까 봐 도망치던 중 애굽에서 멀리 떨어진 미디안 광야에 이르렀다.

**들어가는 말** ✣ ✣

아마도 모세는 미디안 광야에서 평생 살게 될 것이라고 생각했을지도 모른다. 그러나 하나님의 생각은 달랐다. 이스라엘 백성은 학대당하는 가운데 하나님께 부르짖었고 그분은 그들의 탄식 소리를 들으셨다. 출애굽기 2장 24절은 하나님이 아브라함과 이삭과 야곱에게 하신 언약을 기억하시고 그 후손을 불쌍히 여기셨다고 전하고 있다. 이 이야기에서 우리는 종살이하는 하나님의 백성을 구원하시고자 그분이 어떤 계획을 세우셨는지를 알게 될 것이다. 이야기를 살펴보면서 모세의 입장에서 하나님을 만났을 때 어떤 기분이었을지 생각해 보라. 당신이 모세였다면 하나님에게 어떤 말을 했겠는가? 하나님의 계획을 얼마나 믿고 신뢰했겠는가? 이 이야기는 자신이 감당해야 할 큰 과업을 앞에 두고 많은 질문을 던졌던 한 사람의 모습을 보여준다.

**이야기 속으로** ✣ ✣

모세는 시내 산이라고도 알려진 호렙 산 근처에서 장인의 양 떼를 돌보고 있었습니다. 그러던 어느 날 하나님의 천사가 불이 붙은 떨기나무 가운데서 그에게 나타났습니다. 떨기나무에 불이 붙어 있었지만 나무가 타 없어지지는 않았습니다. 모세는 호기심을 가지고 그 나무를 살펴보려고 가까이 다가갔습니다. 그러자 하나님이 그에게 말씀하셨습니다. 그분은 모세에게 그가 선 곳은 거룩한 땅이므로 신발을 벗으라고 하셨습니다. 그리고 자신은 아브라함과 이삭과 야곱의 하나님이라고 말씀하셨습니다. 모세는 하나님을 마주하는 것이 두려워 자신의 얼굴을 가렸습니다.

하나님은 그분의 백성이 애굽에서 고통 받는 것을 지켜보셨고 이제 그들을 젖과 꿀이 흐르는 약속의 땅으로 인도하실 것이라고 말씀하셨습니다. 그리고 하나님의 백성을 애굽에서 이끌어내기 위해 모세를 바로 왕에게 보내겠다고 말씀하셨습니다.

모세는 이해할 수 없었습니다. 그래서 "내가 누구이기에 바로에게 가며 이스라엘 자손을 애굽에서 인도하여 내리이까?"라고 물었습니다. 그러자 하나님은 모세와 함께하실 것이며 이스라엘 백성은 그가 서 있는 바로 그 산에서 그분을 예배하게 될 것이라고 분명히 말씀하셨습니다.

모세는 이스라엘 백성이 자신을 누가 보냈느냐고 물으면 어떻게 대답해야 하는지 하나님께 물었습니다. 그러자 하나님은 "나는 스스로 있는 자이니라 또 이르시되 너는 이스라엘 자손에게 이같이 이르기를 스스로 있는 자가 나를 너희에게 보내셨다 하라"고 대답해 주셨습니다. 그리고 그분은 그들의 조상 아브라함과 이삭과 야곱의 하나님이시며 대대로 그 이름을 기억해야 할 것을 그들에게 알리라고 지시하셨습니다. 그다음 모세에게 이스라엘의 장로들을 모아 그들과 함께 바로 왕을 찾아가서 하나님을 예배할 수 있도록 사흘 동안 광야로 나가게 해줄 것을 요청하라고 말씀하셨습니다. 물론 바로 왕이 거부하겠지만 그가 이스라엘 백성을 보내지 않을 수 없도록 하나님이 놀라운 기적을 많이 행하실 거라고 말씀하셨습니다. 또 애굽 사람들이 이스라엘 백성에게 친절을 베풀 것이며 이스라엘 백성은 애굽 사람들이 주는 많은 선물을 가지고 애굽을 떠나게 될 것이라고 약속하셨습니다.

모세는 이스라엘 백성이 자신의 말을 믿어 줄지 알고 싶었습니다. 그래서 하나님은 그에게 지팡이를 땅에 던지라고 말씀하셨습니다. 모세가 그 말대로 하자 지팡이는 곧 뱀으로 변했고 그는 뱀을 피하려 했습니다. 하나님은 다시 모세에게 뱀의 꼬리를 잡으라고 말씀하셨습니다. 모세가 그렇게 하자 뱀은 다시 지팡이로 변했습니다. 그런 다음 하나님은 모세에게 그의 손을 옷 속에 넣었다가 꺼내라고 말씀하셨습니다. 모세가 그대로 하자 그의 손에 나병이 생겼습니다. 또다시 하나님이 말씀하신 대로 손을 옷에 넣었다가 꺼내자 이번에는 손에서 나병이 사라졌습니다. 하나님은 기적 같은 두 가지 일을 이스라엘 백성 앞에서 행하라고 말씀하셨습니다. 그리고 그 기적을 보고도 그의 말을 믿지 않으면 나일 강에서 물을 떠다가 땅 위에 쏟으라고 하시며 그 물이 피가 될 것이라고 말씀하셨습니다.

하지만 모세는 또다시 자신은 말을 못한다며 거부하려고 했습니다. 하나님은 그런 모세에게 그분이 친히 도우실 것이며 할 말을 그에게 알려 주겠다고 말씀하셨습니다. 그래도 여전히 모세는 다른 사람을 보내실 것을 간청했습니다. 그러자 하나님은 모세에게 화를 내시며 그의 형 아론을 대변인으로 함께 보내겠다고 약속하셨고, 모세가 가야 한다고 단언하셨습니다. 그리고 이미 아론이 오고 있으니 모세와 아론 두 사람에게 해야 할 말을 주시겠노라고 약속하셨습니다. 그래서 모세는 장인을 찾아가 애굽으로 가겠다고 말했고, 장인은 모든 일이 잘되기를 바라며 그를 축복해 주었습니다.

## 생각할 질문

- 모세가 불이 붙은 떨기나무에서 하나님을 만났을 때 이스라엘 백성은 어디에 있었는가? 그곳에서 그들은 어떤 삶을 살고 있었는가? 그들은 하나님께 자신들의 처지를 어떻게 표현했는가?
- 하나님이 보여주신 반응은 그분의 백성을 향한 하나님의 관심에 대해 무엇을 보여주는가? 우리가 어려움에 처해 있을 때에도 하나님은 그들을 향해 느끼신 것과 같이 느끼시는가? 그렇게 생각하는 이유는 무엇인가?
- 하나님은 그분의 백성이 살게 될 땅에 대해 아브라함과 야곱에게 어떤 약속을 하셨는가? 이스라엘 백성이 처한 상태는 그 약속과 잘 맞았는가?
- 하나님이 모세를 택하신 이유는 무엇인가? 하나님은 모세에게 어떤 일을 하게 하셨는가?
- 모세는 애굽으로 돌아가야 한다는 것을 어떻게 생각했는가? 당신이라면 어떻게 생각했겠는가? 바로 왕에게 요청해야 하는 것이 얼마나 두려웠겠는가? 바로가 보일 수 있는 심각한 반응과 그 모든 것에서 보호해 주실 수 있는 하나님의 능력 중 어느 쪽에 더 많은 비중을 두었겠는가? 왜 그렇게 생각하는가?
- 하나님이 당신에게 중대한 과업을 맡기고자 하신 적이 있는가? 그때 당신은 어떻게 반응했는가? 오늘날 우리가 두려움과 믿음 사이에서 긴장을 느끼는 때는 언제인가?
- 하나님은 모세에게 그분의 이름에 대해 어떻게 말씀하셨는가? 그 말씀의 의미는 무엇인가?
- 하나님은 바로 왕이 어떻게 반응할 거라고 예언하셨는가? 하나님은

모세가 과업을 수행하면서 만나는 장벽들을 어떻게 극복하기를 바라셨는가?

- 하나님은 모세에게 확신을 주시고자 어떻게 말씀하시고 행하셨는가? 모세에게 그분의 능력을 어떻게 보여주셨는가? 그에게 필요한 것을 공급하고 지원해 주시겠다고 어떻게 약속하셨는가?
- 모세는 하나님의 능력을 목격한 후에도 여전히 다른 사람을 보내길 원했다. 그 이유는 무엇인가?
- 이 이야기는 하나님이 그분의 목적을 어떻게 이루어가시는지에 대해 무엇을 말해 주는가? 또 하나님이 선택하시는 일꾼에 대해 무엇을 말해 주는가?
- 이 이야기는 우리가 하나님께 순종해야 하는 것에 대해 무엇을 말해 주는가? 또 하나님을 믿어야 하는 것에 대해 무엇을 말해 주는가?

## 가족이 함께 생각할 질문

- 하나님은 그분의 백성에게 무슨 일이 일어났기에 그들을 불쌍히 여기셨는가? 하나님은 그들을 위해 무엇을 해주고 싶어 하셨는가?
- 하나님은 모세에게 어떻게 나타나셨는가? 모세는 자신이 하나님 앞에 있다는 사실에 어떻게 반응했는가?
- 하나님은 모세에게 무엇을 하라고 말씀하셨는가? 모세는 왜 그렇게 하기를 두려워했는가?
- 모세는 이스라엘 백성이 자신에게 어떤 반응을 보일 것이라고 생각했는가? 하나님은 어떤 일이 일어날 것이라고 말씀하셨는가?

- 하나님은 모세에게 그분의 능력을 어떻게 보여주셨는가?

- 모세는 어떤 면에서 도움이 필요하다고 생각했는가? 그가 스스로 그 일을 하기에 적합한 사람이 아니라고 생각한 이유는 무엇인가? 하나님은 그를 위해 어떻게 하시겠다고 약속하셨는가?

- 하나님은 모세를 도와주겠다고 약속하신 것처럼 우리도 그렇게 도와주신다고 약속하시겠는가? 그분은 어떻게 우리를 도와주시는가?

**마음에 새기는 말씀**

"하나님이 모세에게 이르시되 나는 스스로 있는 자이니라 또 이르시되 너는 이스라엘 자손에게 이같이 이르기를 스스로 있는 자가 나를 너희에게 보내셨다 하라"(출 3:14).

**묵상**

하나님은 구체적이고 활기차게 그분을 섬기도록, 우리 각 사람을 부르신다.

# 유월절

## 놀라운 구원

*Story Thru the Bible*

**주제** 하나님은 구원을 위해 피 흘림의 제사가 필요하다는 사실을 가르쳐 주셨다.

**성경 본문** 출애굽기 12장 1-36절

**배경 설명** ❖ ❖ 바로는 하나님이 말씀하신 그대로 모세에게 반응했다. 그가 이스라엘 백성을 떠나보내야 한다는 사실을 받아들이기까지 수차례에 걸쳐 재앙이 이어졌다. 그는 아홉 차례에 걸친 심각한 재앙을 경험하고 수차례 약속을 번복하고 난 후에도 여전히 종으로 삼고 있는 이스라엘 백성을 놓아주지 않았다. 그래서 애굽을 향한 하나님의 결정적인 심판을 보여주는 열 번째 재앙이 일어났다. 그 재앙은 애굽 땅에서 태어난 모든 장자의 죽음이었고 마침내 바로는 모세의 말에 귀를 기울이게 되었다.

**들어가는 말** ✣ ✣ 성경 말씀 속에서 하나님은 종종 묘사로 우리에게 말씀하신다. 예를 들어 아브라함과 이삭의 이야기는 하나님이 아들을 예루살렘 언덕 위에서 희생시키신 내용을 보여준다. 이번 이야기에서도 한 가지 묘사를 보게 될 것이다. 이는 하나님의 구원을 극적으로 보여주는 하나의 예다. 이야기를 살펴보면서 유월절 식사의 상징적 의미를 생각해 보라. 그리고 또 그 구원에 따르는 엄청난 대가와 희생에 주목하라.

**이야기 속으로** ✣ ✣ 하나님은 모세와 아론에게 각 가정마다 그 식구를 위해 어린 양을 취하라고 말씀하셨습니다. 그리고 식구가 적을 경우에는 다른 가정과 함께 나누고 그 달 14일에 그 양을 잡도록 지시하셨습니다. 어린 양은 흠 없는 일 년 된 수컷으로 하고, 이스라엘 백성에게 문설주에 그 양의 피를 바르라고 말씀하셨습니다. 또한 고기는 무교병과 쓴 나물과 함께 먹도록 하셨습니다. 고기를 먹을 때는 허리에 띠를 띠고 발에 신을 신고 손에는 지팡이를 잡고 급히 먹으라고 지시하셨습니다. 그것은 떠날 준비를 하고 먹으라는 뜻이었습니다.

하나님이 애굽 땅을 치시는 날 밤에 애굽 각 가정의 장자와 동물의 첫 새끼가 모두 죽게 될 터인데 그때 문설주에 바른 피가 징표가 되어 그 집은 그냥 넘어가고 아무도 죽지 않게 될 것이라고 말씀하셨습니다.

그리고 하나님은 이스라엘 백성에게 그날을 절기로 기념하고 영원한 규례로 삼아 대대로 지키라고 말씀하셨습니다. 그 절기가 바로 유월절

입니다. 또 칠 일 동안 누룩을 넣은 음식은 아무것도 먹지 않는 무교절을 지키라고 지시하셨습니다.

그래서 모세는 이스라엘 장로들을 찾아가 하나님이 말씀하신 모든 내용을 그들에게 전했고 각 가정별로 유월절 어린 양을 준비하게 했습니다. 그리고 우슬초에 피를 묻혀 문설주에 바르는 방법을 자세히 알려 주면서 그 말씀대로 하면 하나님이 재앙으로부터 그들을 지켜주실 것이라고 말했습니다. 유월절을 대대로 지키며 자녀들이 그 절기 예식의 의미를 물으면 "이는 여호와의 유월절 제사라 여호와께서 애굽 사람에게 재앙을 내리실 때에 애굽에 있는 이스라엘 자손의 집을 넘으사 우리의 집을 구원하셨느니라"고 대답하라고 설명해 주었습니다. 그 후 이스라엘 백성은 하나님을 경배하고 물러나 그분이 말씀하신 대로 다 행했습니다.

한밤중에 하나님이 애굽의 모든 집을 다니시며 바로의 가정으로부터 옥에 갇힌 사람의 가정에 이르기까지 모든 가정의 장자는 물론 가축의 첫 새끼를 모두 치셨습니다. 애굽의 가정에는 죽임을 당하지 않은 가정이 하나도 없었고 온 나라는 울며 곡하는 소리로 넘쳐났습니다.

그것은 바로에게 더는 견딜 수 없는 한계였습니다. 그는 결국 모세에게 이스라엘 백성을 모두 데리고 떠나라고 말했습니다. 그리고 자신을 위해 축복해 줄 것을 요청했습니다. 애굽 사람들도 누군가가 또 죽게 될 것이 두려워서 이스라엘 백성에게 서둘러 떠나라고 요구했습니다. 그리고 이스라엘 백성이 원하는 것은 무엇이든 그들에게 주었습니다. 그래서 하나님의 백성은 그분이 이미 말씀하셨던 것처럼 많은 선물과 보물을 가지고 애굽을 떠났습니다.

## 생각할 질문

- 하나님은 열 번째 재앙이 있기 전까지 바로가 이스라엘 백성을 떠나 보내도록 어떤 일을 하셨는가? 바로가 모세의 요청을 그렇게 오랫동안 거부한 이유는 무엇인가? 마지막 열 번째 재앙이 그토록 가혹했던 이유는 무엇인가?
- 하나님은 이스라엘 백성을 마지막 재앙에서 보호하시고자 그들에게 무엇을 말씀하셨는가? 그분은 왜 그렇게 이상한 지시를 하셨는가?
- 하나님이 재앙을 피할 수 있는 가정과 피할 수 없는 가정을 어떻게 구분하겠다고 말씀하셨는가? 하나님이 그 표적을 선택하신 이유는 무엇인가?
- 이스라엘 백성은 끔찍한 재앙을 피하려고 자신들의 믿음을 어떻게 증명했는가?
- 이스라엘 백성은 이 사건을 얼마나 오랫동안 기억하고 기념해야 하는가? 그들은 왜 대대로 이 사건을 기억해야 하는가? 하나님이 우리를 위해 행하신 일을 기억하는 것은 왜 중요한가?
- 이스라엘 백성이 경험한 구원은 어떤 종류의 구원인가? 육체적인 것인가, 아니면 영적인 것인가, 아니면 둘 다인가? 그들은 구원받기까지 오랫동안 어떤 상태였는가? 이스라엘 백성은 어떤 재앙을 피할 수 있었는가?
- 출애굽 사건이 의미하는 영적 구원을 보여주는 또 다른 사건은 무엇인가? 오늘날 우리가 구원받아야 하는 것은 무엇인가? 우리는 유월절을 어떻게 적용할 수 있는가? 우리가 예수님과 그 보혈을 신뢰할 때 하나님은 우리 삶에서 어떤 부분을 넘어가시는가?

## 가족이 함께 생각할 질문

- 바로 왕은 왜 그렇게 이스라엘 백성을 떠나보내지 않으려고 버텼는가? 결국 하나님은 어떻게 그를 단념시키셨는가?
- 하나님은 이스라엘 백성에게 마지막 재앙을 피하려면 어떻게 해야 한다고 말씀하셨는가?
- 하나님이 그분의 능력을 보여주실 때 이스라엘 백성은 두려워했는가? 수없이 많은 사람이 죽임을 당한 그날 밤, 당신이 그곳에 있었다면 어떠했겠는가? 당신이라면 떠날 준비를 갖추려고 어떻게 했겠는가?
- 하나님은 이스라엘 백성이 그들을 구원하신 하나님을 기억하기 위해 무엇을 하길 원하셨는가? 이스라엘 백성이 하나님이 하신 일을 기억하는 것은 왜 중요한가? 우리는 왜 하나님이 우리를 위해 하신 일을 기억해야 하는가?
- 유월절 어린 양은 어떤 면에서 예수님과 비슷한가? 예수님은 어떻게 우리를 자유롭게 하시고 죽음에서 구원해 주셨는가?

**마음에 새기는 말씀**

"내가 애굽 땅을 칠 때에 그 피가 너희가 사는 집에 있어서 너희를 위하여 표적이 될지라 내가 피를 볼 때에 너희를 넘어가리니 재앙이 너희에게 내려 멸하지 아니하리라"(출 12:13).

**묵상**

예수 그리스도의 보혈만이 우리에게 구원의 길을 열어준다.

# 홍해

## 갈라진 바다 사이로 탈출

*Story Thru the Bible*

**주제** 하나님은 그분의 백성을
속박으로부터 구원하신다.

**성경 본문** 출애굽기 14장

**배경 설명** ❖ ❖ 한밤중에 일어난 잊지 못할 극적인 탈출이었다. 졸지에 이스라엘 백성은 생활 터전이었던 애굽을 떠나 그들 앞에서 구름 기둥과 불 기둥으로 인도하시는 하나님을 따라 광야로 나아갔다. 그들은 어떤 느낌을 받았겠는가? 하나님의 능력에 경이로움을 느꼈겠는가, 아니면 바로의 반격을 예상하며 두려움을 느꼈겠는가, 아니면 그들 앞에 놓인 알 수 없는 미래에 불안했겠는가? 또는 이 모든 감정이 교차했겠는가? 이 모든 감정은 다 이해할 만하다. 누구나 공감할 수 있다. 특히 변화의 시기에는 더욱 그렇다.

**들어가는 말** ❖ ❖ 하나님이 이스라엘 백성의 적을 물리치셨다. 그러나 그 적이 그들을 노예로 삼는 것을 완전히 포기하거나 더는 그들을 괴롭히지 않겠다고 작정한 것은 아니었다. 이 이야기를 살펴보면서 하나님이 우리를 구원하실 때 우리 삶에서 일어나는 일을, 다시 말해서 이 이야기가 새로운 삶을 시작하는 것에 대해 어떻게 보여주고 있는지 생각해 보라. 그리고 하나님이 그들을 어떻게 인도하시고 보살피셨는지에 주목하라.

**이야기 속으로** ❖ ❖ 하나님은 이스라엘 백성에게 홍해 앞에 진을 치라고 말씀하셨습니다. 히나님은 바로 왕의 생각을 이미 알고 계셨습니다. 그는 이스라엘 백성이 혼란에 빠져 광야를 헤매고 있을 거라고 짐작한 것이었습니다. 그리고 그분은 바로 왕이 그들을 추격하리라는 것도 알고 계셨습니다. 하나님은 애굽의 군대를 치고 영광을 얻어 온 애굽 사람들이 그분을 알게 되길 원하셨습니다. 그래서 이스라엘 백성이 포위를 당한 것처럼 보일 만한 곳으로 그들을 인도하신 것이었습니다.

이스라엘 백성을 떠나보내고 바로 왕은 나라의 노동력을 잃게 된 것을 후회했습니다. 그래서 병거와 말과 마병과 군사를 모아 군대를 소집한 후 그들을 추격하기 시작했습니다. 그리고 그들이 진을 치고 있는 홍해 앞까지 다가갔습니다.

애굽 군대가 행군해 오는 것을 본 이스라엘 백성은 기겁을 하고 하나님께 부르짖었습니다. 그들은 모세에게 불평을 쏟아놓았습니다. 모세가 마치 그들을 광야에서 죽임당하도록 인도한 것처럼 여겼기 때문이었습니다. 그들은 광야로 나와 죽임을 당하느니 차라리 애굽에 그냥 있었더라면 좋았겠다고 말하기까지 했습니다.

모세는 그들에게 근심하지 말라고 했습니다. 하나님이 이스라엘 백성을 위해 싸우실 것이며 다시는 애굽 군대를 보지 않게 될 것이라고 말했습니다. 그리고 그들이 실제로 할 일은 그저 굳게 서서 하나님이 그들을 위해 행하시는 구원을 지켜보는 것이라고 설득했습니다.

하나님은 바다를 가르고자 모세에게 지팡이를 들어 바다를 향해 내밀라고 말씀하셨습니다. 그리고 이스라엘 백성을 앞으로 나아가게 하라고 지시하셨습니다. 백성이 마른 땅을 밟고 그 바다를 건너고 애굽 군대가 그들을 추격할 것이라고 말씀하셨습니다. 그리고 이스라엘 백성을 인도하신 하나님의 사자와 구름이 그들과 애굽 군대 사이에 들어와 섰습니다. 밤새도록 구름이 그 양쪽을 갈라놓았습니다. 모세가 지팡이를 내밀자 하나님이 밤새도록 바람을 일으켜 바닷물을 물러가게 하셨습니다. 바닷물이 갈라지자 이스라엘 백성은 좌우에 벽이 된 물 사이로 난 마른 땅을 밟고 지나갔습니다.

애굽 군대가 곧 그들을 따라 바다 속으로 들어왔지만 하나님이 그들의 군대를 어지럽게 하시고 병거의 바퀴를 빠지게 만드셨습니다. 애굽 군대는 그제야 하나님이 이스라엘을 위해 싸우신다는 사실을 깨닫고 도망치려고 했습니다. 이스라엘 백성이 바다를 다 건너고 애굽 군대는 아직 바다 한가운데 있을 때, 하나님은 모세에게 다시 바다를 향해 지팡이를 내밀라고 말씀하셨습니다. 모세는 그 말씀대로 지팡이를 내밀었습니다. 그러자 새벽에 바닷물은 다시 제자리로 돌아가 출렁거렸고, 바다가 애굽 군대를 삼켜 군대 전체가 몰살되었습니다. 이처럼 하나님의 놀라운 능력을 목격한 이스라엘 백성은 하나님을 경외하며 믿게 되었습니다. 그리고 그들은 모세도 신뢰하게 되었습니다.

## 생각할 질문

- 이스라엘 백성이 진을 치도록 하나님이 인도하신 곳은 어디인가? 하나님이 그렇게 공격받기 쉬운 곳으로 인도하셨을 때 그들은 어떤 느낌이었겠는가?
- 하나님이 이스라엘 백성을 공격받기 쉬운 곳으로 인도하신 이유는 무엇인가? 그때 하나님은 바로 왕이 어떻게 반응할 것이라고 말씀하셨는가? 또한 바로 왕의 그러한 반응에 하나님은 어떻게 대응하겠다고 하셨는가?
- 애굽 군대가 다가오는 것을 보면서 이스라엘 백성은 무엇을 느꼈는가? 그들은 하나님의 능력을 확신하고 있었는가, 아니면 배신당했다고 느꼈는가? 곤경에 처한 그들은 누구를 원망했는가?
- 모세는 불평하는 이스라엘 백성에게 구출받고 싶으면 어떻게 해야 한다고 말했는가?
- 하나님은 애굽 왕과 그의 군대로부터 이스라엘 백성을 보호하고자 어떻게 하셨는가? 하나님은 어떤 불가능한 일을 해내셨는가?
- 구출된 이스라엘 백성은 어떻게 반응했는가?
- 이 이야기는 그리스도 없이 살았던 과거의 삶에서 그리스도 안에서 살아가는 새로운 삶으로 변하는 것에 대해 무엇을 보여주는가? 우리를 속박하려는 과거의 적으로부터 구출받으려면 우리는 어떻게 해야 하는가?

- 이 이야기를 통해 우리를 인도하시는 하나님의 방식에 대해 무엇을 알게 되었는가?
- 이 이야기를 통해 우리의 문제를 다루시는 하나님의 능력에 대해 어떤 생각을 하게 되었는가?

## 가족이 함께 생각할 질문

- 이스라엘 백성이 애굽 땅을 떠난 후 그들에겐 어떤 일이 일어났는가? 그들은 어디에 진을 쳤는가?
- 바로 왕은 이스라엘 백성을 떠나보낸 후 어떤 생각을 했는가? 그는 그들을 다시 돌아오게 하려고 어떻게 했는가?
- 애굽 군대가 추격해 오는 것을 보면서 이스라엘 백성은 어떤 마음이었겠는가? 앞에는 바다가 있고 뒤에서는 군대가 추격해 오고 있다면 어떤 기분이 들겠는가? 과연 하나님께 뭐라고 말했겠는가?
- 하나님은 이스라엘 백성에게 어떻게 대답하셨는가? 그들에게 무엇을 하라고 말씀하셨는가? 하나님은 그들을 보호하신다는 사실을 어떻게 보여주셨는가?
- 하나님은 이스라엘 백성처럼 우리가 어려움 가운데 있을 때도 우리를 보호해 주시는가?
- 하나님의 능력과 보호하심을 알게 된 이스라엘 백성은 그분에 대해 어떻게 생각하게 되었는가? 하나님은 그들처럼 우리가 그분을 신뢰하기를 원하시는가?

**마음에 새기는 말씀**

"모세가 백성에게 이르되 너희는 두려워하지 말고 가만히 서서 여호와께서 오늘 너희를 위하여 행하시는 구원을 보라 너희가 오늘 본 애굽 사람을 영원히 다시 보지 아니하리라 여호와께서 너희를 위하여 싸우시리니 너희는 가만히 있을지니라"(출 14:13-14).

**묵상**

우리는 어떠한 어려운 상황에서도 우리를 구원하시는 하나님을 바라보아야 한다.

# 십계명(시내산-율법)

## 언약을 맺음

*Story Thru the Bible*

**주제** 하나님은 영원한 그분의 율법을 주셨다.

**성경 본문** 출애굽기 19장 1절-20장 21절

**배경 설명** ❖ ❖ 홍해 건너 안전한 곳에 도착한 이스라엘 백성은 노래하고 춤추며 축제를 벌였다. 그러나 곧 그들은 광야 생활 속에서 겪게 되는 어려움에 부딪혔다. 그들은 모세에게 물이 쓰고 먹을 것이 부족하다고 불평했다. 심지어는 애굽에서 그냥 종살이를 하면서 맛있는 음식을 먹고 사는 게 더 나았을 거라고 말하기까지 했다. 하나님은 그런 그들에게 몹시 화가 나셨다. 그분은 바위에서 물을 나게 하시고 하늘에서 빵과 비슷한 만나를 내려 기적을 베푸셨다. 또 그들이 아말렉 족속의 공격을 받게 되었을 때는 큰 승리를 거둘 수 있도록 도와주셨다. 그들의 광야 생활은 쉽지 않았지만 하나님은 그들과 맺은 특별한 언약을 위해 그곳에서 그들을 준비시키셨다.

**들어가는 말** ❖ ❖

하나님이 처음 모세를 애굽으로 보내시며 바로에게 이스라엘 백성을 보내주어야 하는 이유를 어떻게 설명하라고 하셨는지 기억하는가? 그분을 예배할 수 있도록 광야로 나가게 해줄 것을 요청하라고 하셨다. 하나님은 그분을 위해 구별된 사람들, 다시 말해 하나님이 사랑과 헌신으로 특별한 관계를 맺으실 수 있는 사람들을 원하셨다. 그것이 하나님께 무엇보다 중요했다. 이제 우리는 하나님이 이스라엘 백성과 맺으신 언약에 대한 이야기를 살펴보게 될 것이다. 언약이란 친밀한 관계에 있는 두 대상을 하나로 묶어 주는 합의라 할 수 있다. 성경에 나오는 이야기에서 이 언약이라는 용어의 의미를 확인해 보라.

**이야기 속으로** ❖ ❖

애굽 땅을 떠난 지 석 달이 되었을 때 이스라엘 백성은 시내 광야에 도착해 그곳 산기슭에 진을 쳤습니다. 그 산은 모세가 불이 붙은 떨기나무를 보았던 바로 그 장소였습니다. 모세는 산 위로 올라갔습니다. 그리고 그곳에서 하나님은 이스라엘 백성에게 전할 말씀을 주셨습니다. "너희가 내 말을 잘 듣고 내 언약을 지키면 너희는 모든 민족 중에서 내 소유가 되리라." 모세는 그 말씀을 장로들과 백성에게 전했고 그들은 하나님이 지시하시는 대로 다 따르겠다고 대답했습니다.

하나님은 모세에게 빽빽한 구름 가운데서 임하여 그들이 모세를 신뢰할 수 있도록 하시겠다고 말씀하셨습니다. 그리고 사흘 후 온 백성의 목전에서 시내 산 위에 강림할 것이니 그들에게 옷을 빨고 산에 오르지 말도록 지시하라고 하셨습니다. 백성은 모두 모세가 지시한 대로 했습니다.

사흘째 되는 날 천둥 번개가 치면서 빽빽한 구름이 산 위로 내려왔습니다. 그리고 나팔 소리가 크게 울려 퍼졌습니다. 진에 있던 사람들은 모두 다 떨었고 모세는 그들을 산기슭으로 인도했습니다. 하나님이 산 위에 불처럼 내려와 계셨기 때문에 산은 연기 속에 가려 있었고 산 전체가 크게 진동했습니다. 나팔 소리가 점점 더 커졌고 모세가 말을 하자 하나님이 그에게 대답하셨습니다. 하나님은 모세에게 백성이 산에 오르지 못하게 하라고 지시하시며 그들이 산에 오르면 죽게 될 것이라고 경고하셨습니다. 그리고 그에게는 아론과 함께 올라오라고 말씀하셨습니다.

(다음은 십계명을 요약한 것입니다. 그 내용을 온전히 알고 싶다면 출애굽기 20장 1-17절을 읽어 보길 바랍니다.) 하나님은 "나는 너를 애굽 땅, 종 되었던 집에서 인도하여 낸 네 하나님 여호와니라"고 말씀하셨습니다. 그리고 그분은 질투하시는 하나님이시므로 다른 신을 섬기지 말고, 그 어떤 우상도 만들지 말며, 하나님의 이름을 남용하지 말고, 안식일을 거룩하게(구별하여 신성하게) 지키고, 부모를 공경하고, 살인이나 간음을 행하지 말고, 도둑질하지 말고, 그 누구에 대해서도 거짓 증거하지 말고, 그 무엇도 탐내지 말라고 명하셨습니다.

천둥 번개가 치고 연기가 나는 것을 보고 나팔 소리를 들은 백성은 두려움에 떨었습니다. 그들은 하나님의 음성을 직접 들으면 죽을까 하여 뒤로 물러나 모세에게 자신들의 말을 하나님에게 전해달라고 요청했습니다. 그러자 모세는 하나님이 임하신 것은 그들로 하나님을 경외하고 죄를 범하지 않게 하려 함이라고 설명했습니다. 그리고 그는 하나님이 계신 흑암으로 가까이 갔고 백성은 멀리 떨어져 서 있었습니다.

## 생각할 질문

- 하나님은 이스라엘 백성이 그분의 언약을 지키면 어떻게 하신다고 약속하셨는가? 하나님이 당신을 소중한 백성으로 삼아주실 것이라고 말씀하시며 당신과 언약을 맺으신다면 어떻게 반응하겠는가? 예수님은 우리를 위해 어떻게 그 언약을 이루셨는가?
- 하나님은 그분의 음성을 모세뿐 아니라 이스라엘 백성이 모두 듣기를 원하셨다. 그 이유는 무엇인가?
- 이스라엘 백성은 하나님을 만나려고 어떤 준비를 해야 했는가? 하나님의 임재를 보고 듣고 느꼈을 때 그들은 어떻게 반응했는가?
- 하나님은 우리가 누구를 예배하기 원하시는가? 우리가 다른 어떤 것 또는 다른 누군가를 섬긴다면 그분의 마음은 어떻겠는가?
- 사람들은 자기 마음속에 있는 하나님의 자리를 무엇에 내어주는가? 당신의 마음속에 있는 그 자리를 주로 차지하는 것은 무엇인가?
- 우리는 하나님의 이름을 어떻게 사용해야 하는가? 우리가 하나님의 이름을 존중하고 있다는 것을 어떻게 보여줄 수 있는가?
- 하나님은 왜 우리가 매주 일곱째 날에 안식하기를 원하시는가? 매주 그렇게 하고 있는가? 그렇게 한다면 또는 그렇지 않다면 그 이유는 무엇인가?
- 하나님은 우리가 부모님을 어떻게 대해야 한다고 말씀하시는가? 부모를 공경하라는 말씀이 뜻하는 바는 무엇인가?

- 하나님이 살인에 대해 말씀하신 이유는 무엇인가? 다른 사람을 죽일 수도 있는 우리의 말이나 태도는 어떤 것인가?
- 하나님이 간음하지 말라고 말씀하신 이유는 무엇인가? 마음이나 생각으로 간음한다는 것은 무슨 뜻인가?
- 탐내지 말라는 말의 뜻은 무엇인가? 우리는 어떻게 해야 가진 것에 만족할 수 있는가? 무언가를 좀 더 원하는 것은 언제나 잘못된 것인가? 왜 그런가, 또는 왜 그렇지 않은가?
- 십계명 중 하나님과 우리의 관계를 언급한 계명은 무엇인가? 또 사람들의 관계를 언급한 계명은 무엇인가?
- 십계명은 하나님의 성품에 대해 무엇을 말해 주는가? 또한 하나님이 우리에게 바라시는 소망에 대해서는 무엇을 말해 주는가?
- 십계명은 하나님의 성품과 조화를 이루는 삶을 살아가는 데 도움이 되는가? 왜 그런가, 또는 왜 그렇지 않은가?

## 가족이 함께 생각할 질문

- 하나님은 이스라엘 백성에게 그분의 언약을 지키면 어떻게 하시겠다고 약속하셨는가?
- 하나님이 산 위에 나타나셨을 때 이스라엘 백성은 어떤 소리를 듣고 어떤 광경을 목격했는가?
- 하나님이 이스라엘 백성에게 명령하신 첫 번째 계명은 무엇인가? 그 계명이 첫 번째인 이유는 무엇인가?
- 우리는 하나님을 섬기는 우리의 마음을 어떻게 표현할 수 있는가? 어떤 방법이 있는가?

- 하나님이 그분의 백성이 따르기 원하시는 또 다른 계명은 무엇인가?
- 하나님이 그분의 백성에게 십계명을 주신 이유는 무엇인가? 그것은 우리에게 어떤 도움이 되는가?

**마음에 새기는 말씀**

"나는 너를 애굽 땅, 종 되었던 집에서 인도하여 낸 네 하나님 여호와니라 너는 나 외에는 다른 신들을 네게 두지 말라…나 네 하나님 여호와는 질투하는 하나님인즉 나를 미워하는 자의 죄를 갚되 아버지로부터 아들에게로 삼사 대까지 이르게 하거니와"(출 20:2-3, 5).

**묵상**

우리는 먹을 것으로만 사는 것이 아니요, 하나님으로부터 나오는 모든 말씀으로 살아간다.

# 열두 정탐꾼

## 믿음 대 불신

*Story Thru the Bible*

**주제** 하나님은 믿음 없는 그분의 백성을 방황하게 하시며 그들을 징계하셨다.

**성경 본문** 민수기 13장 1-3, 25-33절, 14장 1-38절

**배경 설명** ❖ ❖ 하나님은 시내 산에서 이스라엘 백성에게 십계명을 주셨을 뿐 아니라 절기, 제사, 윤리, 건강, 음식, 제사장의 의무 등과 관련된 여러 가지 다른 규정도 정해 주셨다. 그리고 성막과 관련된 내용도 자세하게 알려 주셨다. 성막은 어디를 가든지 늘 함께 가져가서 진을 치는 어느 곳이든 하나님을 예배하고자 치

는 천막이었다. 언약궤와 여러 상징을 갖는 물건을 설치해 놓는 곳이기도 한 그곳에서 하나님은 그들을 만나셨다. 그 당시 이스라엘 백성은 약속의 땅을 향해 가면서 광야를 지나고 있었다.

**들어가는 말** ❖ ❖ 하나님은 애굽에 재앙을 내리시고 홍해를 가르시며 광야에서 물과 만나를 공급해 주시고 시내 산에서 우레 같은 음성을 극적으로 들려주셨다. 만일 우리가 그런 초자연적인 일을 목격했다면 과연 우리의 믿음은 얼마나 굳건해졌겠는가? 사람들은 대부분 그런 기적을 목격하면 절대로 믿음을 잃지 않을 거라고 생각한다. 하지만 이스라엘 백성은 힘든 광야 생활 속에서 끊임없이 불평을 늘어놓았고 심지어는 모세의 지도력에 이의를 제기하며 그에게 반항하려고까지 했다. 그래서 하나님은 그들의 지도자에게 한 가지 과업을 맡기셨다. 그것이 이번에 살펴볼 내용이다. 이야기 속에 나오는 그들의 입장에 서 보라. 그리고 당신이 그들 중 한 사람이었다면 어떤 반응을 보였을지 잘 생각해 보라.

**이야기 속으로** ❖ ❖ 하나님은 모세에게 이스라엘 각 지파에서 한 사람씩 택한 열두 사람을 가나안으로 보내 그 약속의 땅을 정탐하게 하라고 지시하셨습니다. 그래서 모세는 이스라엘 백성 중 가장 뛰어난 자들을 지도자로 택해 가나안으로 보냈고 그들은 사십 일 후에 돌아와 상황을 보고했습니다. 그들 중에는 가나안 땅에서 나는 과일을 가져온 사람도 있었습니다. 그들은 가나안 땅이 정말로 젖과 꿀이 흐르는 땅이며 알찬 과일들이 풍성하다고 보고했습니다. 그리고 그 땅에 사는 사람들이 얼마나 강하고 그들의 성읍이 얼마나 견고한지도 이야기했습니다.

한편 그 열두 정탐꾼 중 한 사람이었던 갈렙은 가서 그 땅을 취해야 하고 분명히 그렇게 할 수 있다고 말했습니다. 그러나 다른 사람들은 "우리는 그 사람들을 공격할 수 없다. 그들이 우리보다 훨씬 더 강하다. 우리가 보기에 그들 앞에서 우리는 마치 메뚜기 같았다. 그들에게도 분명히 우리가 그렇게 보일 것이다"라고 매우 부정적으로 이야기했습니다.

그러자 백성이 통곡을 하면서 모세에게 푸념을 늘어놓았습니다. 그들은 전쟁에 나섰다가 패배하느니 차라리 애굽이나 광야에서 죽었더라면 나았겠다고 말했습니다. 또한 그들을 데리고 다시 애굽으로 돌아갈 지도자를 세우자고까지 했습니다. 모세와 아론은 백성 앞에 엎드렸고 열두 정탐꾼 중 긍정적으로 보고했던 여호수아와 갈렙은 하나님이 그들을 약속의 땅으로 인도하실 것이라고 주장했습니다. 두 사람은 백성에게 "여호와를 거역하지는 말라 또 그 땅 백성을 두려워하지 말라 그들은 우리의 먹이라 그들의 보호자는 그들에게서 떠났고 여호와는 우리와 함께 하시느니라 그들을 두려워하지 말라"고 했습니다. 하지만 그 말을 들은 온 백성은 오히려 그들을 돌로 치려고 했습니다.

그때 하나님의 영광이 회막에서 이스라엘 백성에게 나타나셨습니다. 하나님은 모세에게 "이 백성이 어느 때까지 나를 멸시하겠느냐 내가 그들 중에 많은 이적을 행하였으나 어느 때까지 나를 믿지 않겠느냐"고 물으셨습니다. 그리고 그들을 쳐서 멸하고 모세에게 그들보다 크고 강한 나라를 이루게 하시겠다고 말씀하셨습니다.

그러자 모세는 하나님이 이스라엘을 택하시고 구원하시고 인도하신 것을 애굽 사람들과 가나안 사람들도 다 알고 있다고 말했습니다. 그래서 하나님이 약속의 땅으로 인도하겠다고 하신 이스라엘 백성을 쳐서 멸하시면, 그들이 하나님을 약속을 지킬 능력이 없는 분으로 여길 거라고 주장했습니다. 그는 "여호와는 노하기를 더디 하시고 인자가 많아 죄악과 허물을 사하시나니"라고 그분이 친히 묘사하셨던 말씀을 그대로 말했습니다. 그리고 이스라엘 백성을 용서해 달라고 간청했습니다.

결국 하나님은 모세의 간청대로 그들을 용서하셨습니다. 그러나 "나를 멸시하는 사람은 한 사람도 그것을 보지 못하리라"고 말씀하시며 그분이 행하신 모든 기적을 보고도 믿지 않는 자들은 그 누구도 약속의 땅에 들어가지 못할 것이라고 단언하셨습니다. 하지만 여호수아와 갈렙은 예외라고 말씀하셨습니다. 그들은 하나님이 이스라엘 백성을 약속의 땅으로 인도하시고 그 땅을 정복하실 거라고 굳게 믿어 위대한 믿음을 보였기 때문이었습니다.

하나님은 모세에게 이스라엘 백성이 기대한 대로 될 거라고 전하시며 이렇게 말씀하셨습니다. "그들은 광야에서 죽을 것이다. 그들은 불신 때문에 사십 년 동안 광야를 떠돌아다닐 것이다. 그리고 그 당시 살아 있던 모든 사람이 죽고 그 자녀들이 성인이 될 때까지 아무도 약속의 땅에 들어가지 못할 것이다. 오직 여호수아와 갈렙만 살아남아 약속의 땅에 들어갈 것이다."

하나님은 재앙을 내리셔서 가나안 땅을 정탐하고 돌아와 부정적으로 보고했던 정탐꾼 열 명을 죽게 하셨습니다. 그들은 온 회중을 불평하게 만들고 그들의 믿음 또한 잃게 했기 때문에, 그 일에 대한 책임으로 목숨을 잃고 말았습니다.

## 생각할 질문

- 하나님은 열두 정탐꾼이 무엇을 하기 원하셨는가? 그들은 유익한 정보를 얻거나 약속의 땅을 정복할 수 있는지 알아보려고 그 땅을 정탐

하러 간 것인가?

- 그 땅은 어떤 곳이었는가? 정탐꾼들은 그 땅에 사는 사람들을 어떻게 묘사했는가? 그리고 그 토양에 대해서는 어떻게 말했는가?
- 열 명의 정탐꾼은 무엇을 제안했는가? 그들의 말에 반대했던 사람들은 누구인가?
- 여호수아와 갈렙이 그 땅을 정복할 수 있다고 믿었던 이유는 무엇인가? 그들의 믿음은 무엇에 근거를 두고 있는가?
- 이스라엘 회중은 서로 다른 보고에 어떻게 반응했는가? 그들은 그 땅을 정복하러 나아가면 어떤 일이 일어날 것이라고 생각했는가? 그들은 여호수아와 갈렙을 어떻게 하려고 했는가? 그들은 약속의 땅으로 가는 대신 무엇을 하자고 했는가?
- 하나님은 이스라엘 백성의 불신에 대해 어떻게 생각하셨는가? 하나님은 왜 그들에게 크게 화를 내셨는가? 그래서 그들을 어떻게 하겠다고 말씀하셨는가?
- 하나님은 불평에 대해 어떻게 생각하시는가? 불평은 우리의 마음과 하나님에 대한 우리의 믿음에 대해 무엇을 보여주는가?
- 모세는 이스라엘보다 크고 강한 나라를 이루게 하시겠다는 하나님의 뜻에 어떻게 반응했는가? 그가 하나님께 이스라엘 백성을 용서해 달라고 간청했던 이유는 무엇인가?
- 하나님은 이스라엘 백성을 용서해 주셨는가? 그들은 그들의 불신으로 어떤 결과를 맞이했는가?
- 당신은 살아오면서 어떤 '광야'를 경험했는가? 그 광야에서 불평하거나 투덜댄 적이 있는가? 하나님은 우리가 그분의 약속에 대해 어떤 마음을 갖기 원하시는가?

- 이 이야기는 하나님을 신뢰하는 것에 대해 무엇을 가르쳐 주는가?

## 가족이 함께 생각할 질문

- 약속의 땅을 정탐하러 간 사람은 몇 사람인가? 돌아와 좋은 쪽으로 이야기한 사람은 몇 사람인가?
- 열 명의 정탐꾼은 그 땅과 그 땅에 살고 있는 사람들에 대해 어떻게 말했는가? 그들이 자신들이 목격한 것을 그렇게도 두려워했던 이유는 무엇인가?
- 하나님을 기쁘시게 한 정탐꾼은 누구인가? 나쁜 쪽으로 이야기한 열 사람인가, 아니면 믿음을 가지고 좋은 쪽으로 이야기한 두 사람인가? 하나님이 정탐꾼에게 크게 화를 내신 이유는 무엇인가?
- 하나님은 이스라엘 백성의 불평을 어떻게 생각하셨는가? 그 이유는 무엇인가?
- 하나님은 그분의 약속을 믿지 않는 사람들을 어떻게 하려고 하셨는가? 그들을 왜 용서하셨는가? 하나님의 약속을 무시했던 사람들은 어떻게 되었는가?
- 하나님은 우리에게 어떤 약속을 하셨는가? 그분은 우리와 약속하시면서 우리에게 무엇을 기대하시는가?

**마음에 새기는 말씀**

"여호와께서 우리를 기뻐하시면 우리를 그 땅으로 인도하여 들이시고 그 땅을 우리에게 주시리라 이는 과연 젖과 꿀이 흐르는 땅이니라 다만 여호와를 거역하지는 말라 또 그 땅 백성을 두려워하지 말라…여호와는 우리와 함께 하시느니라 그들을 두려워하지 말라 하나"(민 14:8-9).

**묵상**

하나님은 우리가 그분을 믿지 않을 때 우리를 징계하신다.

STORY 14

# 여호수아

## 약속의 땅으로

*Story Thru the Bible*

**주제** 하나님이 약속의 땅을 정복하시는 데 여호수아를 사용하셨다.

**성경 본문** 여호수아 1장 1-9절, 2장 1-24절, 6장 1-27절

**배경 설명** ❖ ❖ 모세를 비롯해 애굽에서 나온 이스라엘 백성의 첫 세대는 사십 년 광야 생활 중 모두 숨을 거두었고 여호수아는 지도자가 되었다. 이스라엘 백성이 약속의 땅에 이르자, 하나님은 앞에 놓인 큰 과업을 이루고자 여호수아를 준비시키셨다. 이제 하나님의 약속이 이루어질 때가 된 것이었다.

**들어가는 말** ❖ ❖

실제로든 또는 비유로든 이전에 모르던 새로운 영역을 모험해야 할 때, 우리의 감정은 어떠한가? 하나님은 우리가 한 번도 경험해 보지 못한 방법으로 종종 우리를 인도하신다. 때로는 우리가 감당할 수 없을 것 같은 일을 맡기기도 하신다. 그래서 우리는 하나님이 언제나 우리와 함께하신다는 사실을 기억해야 한다. 그리고 강하고 담대하라고 격려해 주시는 말씀을 들어야 한다. 여호수아에게도 그런 격려가 필요했다. 다음 이야기를 살피면서 모르는 영역의 중요한 과업은 어떻게 접근해야 하는지를 잘 생각해 보라. 어떤 두려움을 느끼게 되는가? 어떤 전략을 짤 것인가? 어떤 방법으로 노력해야 할 것인가? 그리고 하나님을 어떻게 의지할 것인가? 바로 이런 생각이 여호수아와 이스라엘 백성이 직면한 문제였다.

**이야기 속으로** ❖ ❖

모세가 죽은 후 하나님은 여호수아와 이스라엘 백성에게 요단강을 건너 약속의 땅으로 들어갈 준비를 하라고 지시하셨습니다. 그리고 여호수아에게 "내가 모세에게 말한 바와 같이 너희 발바닥으로 밟는 곳은 모두 내가 너희에게 주었노니"라고 말씀하셨습니다. 하나님은 여호수아에게 강하고 담대하라고 말씀하시며 거듭 그를 격려하셨습니다. 그리고 이스라엘 백성이 하나님의 길을 가면서 그분이 언제나 함께하신다는 것을 기억할 수 있도록 그 사실을 상기시켜 주라고 여호수아에게 말씀하셨습니다.

여호수아는 두 명의 정탐꾼을 약속의 땅으로 보내어 그 땅을 살펴보고, 특히 그들이 처음 마주치는 지역인 여리고 땅을 정탐하게 했습니다. 두 사람은 라합이라는 기생 집에 머무르게 되었습니다. 여리고 왕이 라합을 찾아와 정탐꾼들을 자신에게 넘기라고 말했지만, 그 여인은 정탐꾼들이 왔다갔으며 그들이 어디로 갔는지 모른다고 대답했습니다. 그러나 사실 그들을 지붕에 숨겨 준 다음이었습니다. 한편 왕에게는 신하들을 성읍 밖으로 보내 그들을 추격하게 하라고 말했습니다.

왕을 보낸 후 라합은 두 정탐꾼에게 여리고 사람들도 홍해가 갈라진 일과 하나님이 광야에서 이스라엘 백성을 어떻게 돌보셨는지를 다 알고 있다고 말했습니다. 또한 하나님이 그들과 함께하신다는 사실도 알고 있다고 말하며, 이스라엘 백성이 그 땅에 오게 될 때 자신과 자신의 가족을 보호해 달라고 요청했습니다. 두 정탐꾼은 이스라엘 백성이 보호할 수 있도록 창문에 붉은 줄을 매어둔다면 성의를 다해서 라합과 그 가족을 지켜주겠다고 맹세했습니다. 그러자 라합은 왕의 신하들이 돌아올 때까지 사흘 동안 산으로 가서 숨어 있으라고 말했습니다. 그리고 두 정탐꾼이 성벽의 일부를 이루고 있는 자신의 집 창문을 타고 내려갈 수 있게 해주었습니다. 그래서 두 사람은 사흘을 숨어 있다가 무사히 돌아갈 수 있었습니다. 그들은 여호수아에게 자신들에게 일어났던 일을 모두 보고했습니다. 그들은 "진실로 여호와께서 그 온 땅을 우리 손에 주셨으므로 그 땅의 모든 주민이 우리 앞에서 간담이 녹더이다"라고 말했습니다.

여리고 사람들은 이스라엘 백성이 오고 있다는 사실을 모두 알고 있었습니다. 그래서 성문을 굳게 걸어 잠갔습니다. 아무도 성읍에 들어갈 수도 빠져나올 수도 없었습니다. 하나님은 여호수아에게 여리고 성에서 벌어질 전투의 승리를 이미 확보하셨다고 말씀하셨습니다. 그리고 군사들을 이끌고 엿새 동안 여리고 성 주변을 매일 한 번씩 돌되 일곱 명의 제사장들로 하여금 나팔을 손에 들고 언약궤 앞에 서서 나아가게 하라고 지시하셨습니다. 그리고 일곱째 날에는 여리고 성을 일곱 번 돌며 제사장들로 하여금 나팔을 길게 불도록 하고 백성에게는 나팔 소리가 들리면 크게 함성을 지르라고 지시할 것을 당부하셨습니다. 그때 여리고 성이 무너질 것이며 이스라엘 백성은 곧장 그 성으로 들어갈 수 있을 것이라고 말씀하셨습니다.

그래서 그들은 하나님이 지시하신 대로 했습니다. 일곱 명의 제사장이 언약궤 앞에서 나팔을 불었고, 무장한 자들은 제사장들 앞에서 전진했으며, 후군은 언약궤 뒤를 따랐습니다. 여호수아는 백성에게 자신이 지시할 때까지 잠잠하라고 명령했습니다. 엿새 동안 그들은 나팔을 불면서 매일 성을 돌았고 밤이 되면 자신들의 진영으로 돌아갔습니다. 마침내 일곱째 날이 되었습니다. 하나님이 말씀하신 대로 성을 일곱 번 돌았고 제사장들은 나팔을 길게 불었습니다. 그리고 여호수아는 모든 백성에게 함성을 지르라고 명령했습니다. 드디어 성이 무너져 내렸고 군사들은 성 안으로 들어가 성을 점령했습니다. 여호수아는 모든 전리품을 하나도 남기지 말고 모두 하나님께 돌리고, 라합과 그 가족을 제외하고 그 누구도 살려두지 말라고 엄하게 지시했습니다. 그래서 그들은 성 안에 있는 모든 사람을 죽였고, 라합과 그 가족은 그대로 살려두었습니다. 도시를 불태우고 귀중한 전리품은 모두 하나님의 보고에 넣어 두었습니다. 여호수아는 그 성을 다시 세우는 자는 저주를 받을 것이라고 선언했습니다. 이로써 하나님은 그분이 여호수아와 함께하신다는 사실을 친히 보여주셨고, 여호수아의 명성은 온 땅에 퍼졌습니다.

## 생각할 질문

- 여호수아가 정탐꾼들을 가나안 땅으로 보낸 이유는 무엇인가? 그 정탐꾼들은 여리고에서 어떤 대우를 받았는가?
- 라합은 어떤 사람인가? 어떻게 묘사할 수 있는가? 왜 라합은 정탐꾼들을 숨겨 주었는가? 그리고 자신이 도와준 것에 대한 대가로 정탐꾼

들에게 무엇을 요구했는가?

- 라합이 한 일은 하나님이 사용하고자 택하시는 사람에 대해 무엇을 말해 주는가? 하나님은 그분의 계획에 참여하도록 죄 없는 사람들만 초대하시는가? 라합의 이야기는 하나님의 방법에 대해 무엇을 말해 주는가?

- 정탐꾼들은 여호수아에게 어떻게 보고했는가? 그들의 이야기는 사십 년 전에 정탐꾼들이 한 보고와 비교할 때 어떠한가?

- 하나님은 여리고 성을 점령하고자 여호수아에게 어떤 전략을 지시하셨는가? 그분이 그렇게 이상한 전략을 택하신 이유는 무엇인가? 그 방법은 어떤 면에서 하나님의 능력을 보여주는가?

- 당신이 이스라엘 백성 중의 한 사람이었다면 여리고 성을 점령하기 위한 하나님의 전략을 어떻게 생각했겠는가? 그 계획을 따르는 데 얼마나 큰 믿음이 필요했겠는가?

- 하나님은 이스라엘 백성이 여리고 성으로 들어간 후 어떻게 하기를 바라셨는가? 그들이 취할 수 있었던 것은 무엇인가? 그들이 보호해 주어야 할 사람들은 누구였는가?

- 이스라엘 백성이 마주했던 첫 번째 성을 하나님에게 바친 이유는 무엇인가?

- 하나님이 당신과 하신 약속과 당신 사이를 가로막고 있는 '벽'은 무엇인가? 이 이야기는 감당할 수 없을 것 같은 어려움을 능히 극복하시는 하나님의 능력과 의지에 대해 무엇을 가르쳐 주는가?

- 여호수아의 이야기는 어떤 면에서 본보기가 되는가? 여호수아의 이야기는 어떤 면에서 힘이 되고 격려가 되는가?

## 가족이 함께 생각할 질문

- 여호수아에게 강하고 담대하라는 격려의 말이 필요했던 이유는 무엇인가? 약속의 땅으로 들어가기 전, 여호수아는 어떤 두려움을 갖고 있었는가?
- 이스라엘 백성을 위해 여리고 성을 살피러 갔던 정탐꾼들을 도와준 사람은 누구인가? 정탐꾼들은 도와준 그 사람에게 보답으로 어떤 약속을 했는가?
- 정탐꾼들은 여호수아에게 그들이 다녀온 여리고 성에 대해 어떻게 말했는가? 그들은 하나님이 전쟁에서 이길 수 있도록 그들을 도우실 것이라고 생각했는가? 그들은 왜 그렇게 생각했는가?
- 하나님은 여리고 성을 점령하기 위해 이스라엘 백성에게 무엇을 말씀하셨는가? 그분이 그렇게 말씀하신 이유는 무엇인가? 그 계획은 하나님의 능력에 대해 무엇을 보여주는가?
- 이스라엘 백성이 하나님께 순종했을 때 여리고 성에 어떤 일이 일어났는가?
- 하나님이 우리의 문제를 해결하실 수 있는 최고의 방법을 갖고 계신다고 생각하는가? 하나님은 우리가 싸울 수 있도록 어떻게 도와주시는가?

**마음에 새기는 말씀**

"내가 네게 명령한 것이 아니냐 강하고 담대하라 두려워하지 말며 놀라지 말라 네가 어디로 가든지 네 하나님 여호와가 너와 함께 하느니라 하시니라"(수 1:9).

**묵상**

하나님은 그분의 목적을 이루는 데 우리를 사용하기 원하신다.

# 기드온

## 압제와 두려움을 딛고 일어선 큰 용사

*Story Thru the Bible*

**주제** 하나님은 기드온의 믿음이 연약했지만 그를 사용하셨다.

**성경 본문** 사사기 6-7장

**배경 설명** ❖ ❖ 여호수아는 이스라엘 백성을 가나안 땅으로 인도했고 열두 지파는 적들을 대부분 물리쳤다. 그러나 아직 가나안 땅을 전부 취한 것은 아니었다. 산간 지역은 아직 점령하지 못한 상태였다. 그래서 종종 그 지역 사람들과 그 주변의 족속들이 세력을 떨치며 이스라엘을 지배했다. 사사기는 이스라엘 백성이 하나님께 불순종하는 사건이 주기적으로 반복되는 이야기이다. 대개 그 과정은 이러하다. 하나님께 불순종한 그들은 적에게 압제를 당하게 되고 그분께 구해 달라고 부르짖는다. 그러면 하나님은 그들을 위해 지도자를 세우시고, 그들은 다시 자유를 되찾고 평화롭게 살게 된다. 하지만 또다시 그들은 하나님께 불순종하고 앞서 일어났던 과정이 되풀이된다. 이러한 사건의 반복은 삼백 년 동안 계속되었고 이스라엘 백성은 거듭해서 하나님을 거역하는 삶을 살았다. 그래서 그들은 늘 자신들을 자유롭게 하고 다시 하나님께 돌아가게 할 구원자(또는 사사)가 필요했다.

**들어가는 말** ❖ ❖

하나님은 여호수아에게 강하고 담대하라고 말씀하셨다. 하지만 우리가 이번에 살펴볼 이야기는 별로 강하고 담대하지 않았던 한 지도자에 대한 내용이다. 하지만 하나님이 그에게 있던 두려움과 불안 때문에 제한을 받으셨는가? 우리에 대해서는 어떠하신가? 이제 하나님이 어떻게 기드온을 부르시고 강하게 하셨는지, 또한 그가 연약한데도 큰일을 할 수 있도록 그를 어떻게 사용하셨는지 살펴보라. 더불어 하나님이 당신이 큰일을 할 수 있게 어떻게 사용하실지도 생각해 보라.

**이야기 속으로** ❖ ❖

이스라엘 백성은 하나님이 보시기에 그릇된 일을 행했습니다. 그래서 하나님이 미디안 족속으로 하여금 그들을 억압하게 하셨습니다. 미디안 족속과 가나안 동쪽의 다른 여러 족속은 매우 포악했습니다. 그래서 이스라엘 백성은 산과 동굴 속에 숨어 살아야 했습니다. 그 족속은 이스라엘 백성이 농작물을 심기만 하면 나타나 농작물을 파헤치고 밭을 짓밟아 못쓰게 했습니다. 그래서 이스라엘 백성은 하나님께 도움을 구하며 울부짖었습니다.

하나님은 애굽에서 그들을 어떻게 구원하셨는지를 상기시켜 주시고 또 그들이 왜 억압을 받는지 설명해 주시고자 선지자를 보내셨습니다. 그 후 하나님의 사자가 기드온을 찾아갔습니다. 그때 기드온은 미디안 족속으로부터 밀을 지키려고 몰래 포도주 틀에서 밀을 타작하고 있었습니다. 하나님의 사자는 그에게 "큰 용사여 여호와께서 너와 함께 계시도다"라고 말했습니다. 기드온은 하나님이 왜 그분의 백성을 버리셨는지, 또 예전에 일어났던 기적이 왜 다시 일어나지 않는지를 물었고, 하나님의 사자는 기드온에게 그의 힘으로 이스라엘을 구하라고 말했습니다. 그러자 기드온은 자신이 어떻게 그런 일을 할 수 있겠느냐고 물었습니다. 그리고 자신은 미약한 부족 출신이며 집에서도 가장 약한 자에 불과하다고 말했습니다. 그러자 그 사자는 "내가 반드시 너와 함께하리니 네가 미디안 사람 치기를 한 사람을 치듯 하리라"고 말했습니다.

기드온은 정말로 하나님이 자신에게 말씀하신 것인지 확인하고 싶었습니다. 그래서 예물을 갖고 다시 와도 되겠느냐고 물었고, 그렇게 하라는 대답을 들은 기드온은 고기와 무교병을 제물로 가져왔습니다. 그리고 하나님의 사자가 지팡이를 그 제물에 대자 불이 붙었습니다. 기드온은 그제야 하나님이 분명하다고 생각하고 제단을 쌓았습니다. 그리고 그곳에 "여호와 샬롬"(여호와는 평강이라)이라는 이름을 붙였습니다.

그날 밤 하나님이 기드온에게 그의 아버지가 세운 바알의 제단을 허물고 그 자리에 하나님의 참된 제단을 세운 다음 그 위에 수소를 잡아 번제로 드리라고 지시하셨습니다. 기드온은 열 명의 종을 데리고 가서 하나님이 지시하신 대로 했습니다. 그러나 자기 아버지와 성읍 사람들이 두려워서 한밤중에 그 일을 감행했습니다. 다음 날 아침 사람들이 일어나 무슨 일이 벌어졌는지를 조사한 후 기드온이 한 일이라는 사실을 밝혀냈습니다. 그들은 기드온의 아버지를 찾아가 아들을 죽여야 한다고 주장했습니다. 그러나 그의 아버지는 그럴 수 없다고 저항하면서, 만일 바알이 참된 신이라면 그가 자기 자신을 위해 친히 맞서 싸울 수 있을 것이라고 주장했습니다. 그래서 그 후 사람들은 기드온을 "여룹바알"이라 불렀습니다. 이는 "바알이 그와 더불어 다툴 것이라"는 뜻이었습니다.

그 일이 있고 얼마 안 되어 미디안 족속은 이스라엘을 습격하고자 요단강을 건넜습니다. 하나님의 영이 기드온에게 임했고 그는 군대를 소집하고자 나팔을 불었습니다. 기드온은 하나님이 정말로 자신을 통해 이스라엘을 구원하실 것인지를 여전히 확인하고 싶었습니다. 그래서 양털 한 뭉치를 마당에 깔고 이슬을 양털에만 맺히게 하고 주변 땅을 마르게 해주실 것을 요청했습니다. 그러면 하나님이 자신과 함께하신다는 사실을 알 수 있을 것 같다고 말씀드렸습니다. 다음 날 아침에 일어난 기드온은 전날 하나님께 요청한 그대로 이루어진 것을 보았습니다. 양털은 그릇에 가득 찰 만큼 이슬에 흠뻑 젖어 있었습니다. 그러나 기드온은 좀 더 확실히 알고자 그 반대로 해주실 것을 다시 한 번 요청했습니다. 즉 양털은 말라 있고 땅은 젖게 해주시기를 바란 것이었습니다. 그리고 그 다음 날 아침 그는 자신이 청한 그대로 된 것을 확인했습니다.

그래서 군사들을 이끌고 미디안을 공격하러 갔습니다. 그들이 미디안 근처에 진을 치자 하나님은 기드온에게 그와 함께하는 군사가 너무 많다고 말씀하셨습니다. 그렇게 많은 군사를 이끌고 미디안 족속을 물리치면 이스라엘 백성이 마치 자신들의 힘으로 승리를 거두었다고 생각하게 될 것이라는 말씀이었습니다. 그러니 두려워하는 사람들을 모두 돌아가게 하라고 지시하셨습니다. 기드온은 그 지시를 따랐고, 결국 군사 중 이만 이천 명이 떠나고 만 명이 남았습니다. 그러나 하나님은 여전히 군사가 너무 많다고 말씀하셨습니다. 그래서 기드온에게 그들을 물가로 데리고 가서 무릎을 꿇고 물을 마시는 사람과 손으로 물을 떠서 마시는 사람을 구분하라고 지시하셨습니다. 그리고 그대로 하니 손으로 물을 떠 마시는 사람이 삼백 명이었습니다. 하나님은 기드온에게 그 사람들만 남기고 나머지는 모두 집으로 돌려보내라고 말씀하셨습니다. 그래서 기드온은 삼백 명의 군사만을 데리고 전투에 나섰습니다.

그날 밤 하나님은 기드온에게 미디안 진영으로 내려가라고 말씀하시며 두렵다면 부하를 데리고 가라고 지시하셨습니다. 그리고 그곳에서 그들이 하는 말을 듣고 힘을 얻게 될 것이라고 약속하셨습니다. 말씀대로 기드온은 밤에 미디안 군대와 그들과 동맹을 맺은 많은 군대가 진을 친 곳으로 내려갔습니다. 기드온과 그의 부하가 그곳에 도착했을 때 마침 미디안 사람이 자신의 꿈 이야기를 다른 사람에게 전하고 있었습니다. 그는 꿈속에서 보리 빵 하나가 언덕을 굴러내려 가서 미디안 진영을 전복시켰다고 말했습니다. 그리고 그것은 미디안 군대가 이스라엘 군대의 손에 패하게 될 것을 보여주는 징조가 틀림없다고 말했습니다. 그 말을 들은 기드온은 힘을 얻고 하나님께 감사했습니다. 그리고 자기 진영으로 돌아가 삼백 명의 군사에게 하나님이 그들에게 승리를 주실 것이니 싸울 준비를 하라고 지시했습니다.

기드온은 군사를 세 무리로 나눈 다음 각 사람에게 나팔과 횃불이 든 빈 항아리를 주었습니다. 세 무리는 미디안 진영의 가장자리로 모여들었습니다. 그리고 기드온이 신호를 보내자 모두 나팔을 불고 항아리를 깨고 횃불을 들어올리며 "여호와와 기드온의 칼이다"라고 외쳤습니다.

미디안 사람들은 자신들이 포위되었다고 생각하고 달리기 시작했습니다. 그들 중에는 칼을 들고 자기들끼리 싸우는 사람들도 있었습니다. 미디안 군대가 도망치는 동안 이스라엘 군대는 그들을 추격해서 도망치지 못하게 막았습니다. 그들은 미디안의 지도자 두 명을 잡아 죽이고 그들을 억압하던 압제자들을 물리치는 큰 승리를 거두었습니다.

## 생각할 질문

- 이스라엘 백성이 하나님께 도움을 구하며 울부짖었던 이유는 무엇인가? 하나님은 그들이 그런 상황에 처하게 된 이유를 무엇이라고 말씀하셨는가?

- 하나님은 우리 자신의 잘못으로 고통을 겪을 때에도 우리를 구해주시는가? 그렇게 생각하는 이유는 무엇인가?

- 하나님이 기드온을 찾아가 말씀하셨을 때 그는 어디에 있었는가? 기드온이 그곳에 있었던 이유는 무엇인가?

- 하나님은 기드온을 어떤 사람이라고 묘사하셨는가? 그 묘사는 정확한가? 그렇게 생각하는 이유는 무엇인가? 하나님이 그를 그렇게 묘사하신 이유는 무엇인가?

- 기드온은 하나님께 어떤 질문을 했는가? 하나님은 그 질문에 대답하셨는가? 그분은 기드온에게 무엇을 지시하셨는가?

- 기드온은 하나님이 그에게 과업을 맡기실 때 자신의 능력에 대해 어떻게 생각했는가?

- 기드온은 자신이 하나님과 이야기한 것이 맞는지를 확인하고자 어떻게 했는가? 하나님은 그런 그에게 어떻게 반응하셨는가?

- 기드온이 해야 할 첫 번째 중대한 과업은 무엇이었는가? 그는 그 과업을 수행해야 한다는 것에 대해 어떻게 느꼈는가? 그가 한 행동의 결과는 어떠했는가?

- 미디안 군대와 맞서 싸우러 나가야 할 때, 기드온은 왜 하나님께 징표를 구했는가? 기드온은 하나님의 약속을 얼마나 확신하고 있었는가? 하나님은 기드온을 어떻게 안심시켜 주셨는가?

- 하나님은 왜 기드온에게 미디안 군대와 싸울 군사의 수가 너무 많다고 말씀하셨는가? 그 문제를 해결하고자 기드온에게 지시하신 내용은 무엇이었는가? 하나님이 이스라엘의 능력이 되신다는 사실을 드러낸 것은 왜 중요한가?
- 전투를 치르기 전에 하나님은 기드온을 어떻게 격려해 주셨는가? 하나님이 왜 그렇게 하셔야 했는가?
- 기드온은 미디안 족속을 물리치려고 어떤 전략을 세웠는가? 그 전략이 가능했던 이유는 무엇인가? 기드온이 거둔 승리는 얼마나 결정적인 것이었는가?
- 하나님은 우리에게 있는 불안과 두려움에 대해 어떻게 느끼시겠는가? 하나님은 우리를 어떤 방법으로 격려해 주시는가?
- 하나님이 우리의 능력으로 감당할 수 없는 과업을 맡기신다고 생각하는가? 하나님이 그런 과업을 당신에게 맡기신 적이 있는가? 하나님이 그렇게 하신다면 당신은 어떻게 반응할 것인가?
- 우리가 느끼는 두려움을 극복하고 싸워야 할 싸움을 다 싸우고 하나님의 목적을 이룰 수 있도록, 그분은 우리를 어떻게 도와주시는가?

## 가족이 함께 생각할 질문

- 이스라엘 백성이 어려움을 당하게 된 이유는 무엇인가? 그들이 하나님의 도우심을 구하려고 기도했을 때 그분은 어떻게 하셨는가?
- 하나님이 기드온을 찾아가 말씀하셨을 때 그는 어디에 있었는가? 그는 왜 그곳에 숨어 있었는가?
- 하나님이 전투를 치른 적도 없고 별로 용감해 보이지도 않는 기드온

을 '큰 용사'라고 부르신 이유는 무엇인가? 기드온은 자신에 대해 어떻게 생각하고 있었는가?

- 하나님이 기드온에게 맡기신 중요한 일은 무엇인가? 기드온은 자신이 그 일을 할 수 있을 것이라고 생각했는가? 그렇게 생각한 이유는 무엇인가?
- 하나님이 기드온에게 주신 첫 번째 임무는 무엇인가? 거짓 신을 위해 세운 제단을 부수고 하나님을 위해 제단을 쌓는 일은 기드온에게 왜 중요한가? 성읍 사람들은 기드온이 한 일에 대해 어떻게 생각했는가?
- 기드온은 미디안 군대와 싸우도록 자신을 보내시는 분이 하나님이라는 사실을 확인하고자 그분에게 무엇을 요구했는가? 하나님은 그 요구에 어떻게 반응하셨는가?
- 하나님은 기드온의 군대에 대해 어떻게 말씀하셨는가? 그 말씀을 들은 기드온은 어떻게 했는가? 결국 기드온과 함께 전투에 참여한 군사는 몇 명이었는가?
- 전투를 시작하기 전에 하나님은 기드온을 어떻게 격려해 주셨는가? 우리가 두려움을 느낄 때 하나님은 우리를 어떻게 격려해 주시는가?
- 기드온은 전투에 나가면서 어떤 계획을 세웠는가? 미디안 사람들이 이스라엘 군사들이 한 일을 보았을 때 어떤 일이 일어났는가?
- 이 이야기는 하나님이 우리를 도우시는 방법에 대해 무엇을 보여주는가?

**마음에 새기는 말씀**

"여호와의 사자가 기드온에게 나타나 이르되 큰 용사여 여호와께서 너와 함께 계시도다 하매…너는 가서 이 너의 힘으로 이스라엘을 미디안의 손에서 구원하라 내가 너를 보낸 것이 아니냐 하시니라"(삿 6:12, 14).

**묵상**

하나님이 사용하실 수 있도록 우리를 내어드리면, 그분은 우리의 믿음이 연약해도 우리를 사용하신다.

STORY 16

# 룻

## 회복되고 구원받은 여인

*Story Thru the Bible*

**주제** 하나님은 신실했던 룻이
사랑을 받으며 특권을 누리게 하셨다.

**성경 본문** 룻기 전체
(중심 구절: 룻 1:1-2:12, 3:1-13, 4:1-6, 13-17)

**배경 설명** ❖ ❖ 사사 시대에는 몇 차례 예외가 있을 뿐, 이스라엘 백성이 하나님께 충실하지 못했다. "사람마다 자기 소견에 옳은 대로 행하였더라"고 나온 사사기 17장 6절과 21장 25절은 그 당시의 영적 분위기를 요약해서 보여준다. 이에 반해 룻기는 하나님이 보시기에 옳은 일을 행했던 사람들의 모습을 보여준다. 그리고 그 과정 속에서 중요한 구원의 이미지가 나타난다.

이야기를 살펴보기 전에 당시의 문화적 특성을 이해하는 것이 중요하다. 먼저 알아야 할 것은 각 가정이 약속의 땅으로 받은 토지와 소유를 잘 보존하고 그 후손에게 물려주는 것이 매우 중요하다는 사실이다. 결혼한 남자가 자식 없이 세상을 떠나면 그 사람의 친척 중 한 사람이 그 미망인을 통해 자녀를 낳고 아버지의 역할을 하도록 되어 있었다. 하지만 나오미는 후손이 없었고 후손을 갖게 될 가망도 거의 없어 보였다. 또 이야기 가운데 나오미의 가정이 모압에 있었다는 사실도 중요하다. 기근으로 먹을 것이 없게 되자 나오미의 남편은 가족을 이끌고 약속의 땅을 떠났다. 많은 사람이 그 일을 그리 좋게 보지 않았을 것이다. 그래서 나오미의 남편과 두 아들의 죽음을 하나님의 심판처럼 여겼을 수도 있다. 그러나 심판처럼 보이는 일로 이야기가 끝난 것은 아니었다. 룻기 1장에 나온 시련은 시작일 뿐이었다. 왜냐하면 하나님은 폐허 속에서도 아름다운 것을 이끌어내시고 고난을 축복으로 바꾸실 수 있기 때문이다.

**들어가는 말** ❖ ❖ 하나님께 버림받았다고 느낀 적이 있는가? 나오미는 그런 경험을 했다. 그래서 몹시 괴로워했다. 하지만 인생은 시련의 연속이다. 때로는 그 시련이 우리를 좌절하게 만들지만, 성경에는 결코 포기하거나 희망을 버리라고 나오지 않는다. 오히려 그 정반대를 우리에게 가르쳐준다. 하나님은 최악의 상황에서도 선한 것을 이끌어내실 수 있다. 이야기를 살펴보면서 당신이 경험했던 어려움을 생각해 보라. 하나님은 우리가 위급한 상황일 때 어디에 계시는가? 하나님은 우리의 미래에 대해 어떤 약속을 하시는가? 그리고 이런 질문을 나오미와 룻에게 어떻게 적용할 수 있는지 생각해 보라. 또한 당신에게 어떻게 적용할 수 있는지도 함께 생각해 보라.

**이야기 속으로** ❖ ❖

사사 시대 당시 기근이 있었을 때, 베들레헴에 살고 있던 한 사람이 가족을 이끌고 모압 땅으로 갔습니다. 그는 그곳에서 죽었고 그의 미망인 나오미에게는 두 아들과 모압 출신인 그들의 아내들만 남았습니다. 그런데 얼마 후 두 아들도 세상을 떠났습니다. 그래서 나오미에게는 두 며느리 오르바와 룻뿐이었습니다.

기근이 끝나고 나오미와 두 며느리는 나오미의 고향 유다로 돌아가려고 집을 나섰습니다. 그러나 유다로 가던 중 나오미는 두 며느리에게 각자 그들의 고향으로 돌아가 자기 동족 중에서 남편감을 찾으라고 권했습니다. 두 며느리 모두 나오미와 함께 가고 싶어 했지만 결국 오르바는 모압으로 돌아갔습니다. 그러나 룻은 "어머니께서 가시는 곳에 나도 가고 어머니께서 머무시는 곳에서 나도 머물겠나이다 어머니의 백성이 나의 백성이 되고 어머니의 하나님이 나의 하나님이 되시리니"라고 말하며 끝까지 나오미와 함께 가겠다고 주장했습니다.

결국 두 사람은 함께 베들레헴에 갔고, 나오미를 본 사람들은 놀라워하기도, 반가워하기도 했습니다. 나오미는 '희락'이라는 뜻의 이름 대신 '괴로움'을 뜻하는 이름 '마라'로 자신을 부르라고 그들에게 말했습니다. 그 이유는 하나님이 자신의 삶을 매우 괴롭게 하셨기 때문이었습니다. 하나님이 가혹하게 자신을 대하신다고 느끼고 있던 것이었습니다.

나오미와 룻은 보리 추수를 막 시작하는 시기에 베들레헴에 도착했습니다. 어느 날 룻은 추수하는 사람들이 남기고 간 이삭을 주우려고 밭으로 나갔습니다. 룻이 이삭을 주우러 들어간 밭은 보아스라는 사람의 소유였고 그는 나오미의 죽은 남편의 친척 중 한 사람이었습니다. 룻을 본 보아스는 자기 밭을 감독하는 사람에게 그녀가 누구인지 물었습니다. 그 감독은 룻이 나오미와 함께 온 모압 여인이며 일을 아주 열심히 한다고 대답했습니다. 보아스는 룻에게 가서 자기 밭에서 계속 일을 해도 된다고 허락한 후 그곳에서 아무도 룻을 해하지 못할 것이며 밭에 길어다 놓은 물을 필요한 만큼 마셔도 된다고 말했습니다. 룻이 자신에게 그렇게 호의를 베푸는 이유를 묻자 그는 룻이 나오미를 얼마나 신실하게 대해왔는지를 알고 있기 때문이라고 대답했습니다. 그리고 하나님이 룻에게 복을 주시고 그 신실함에 크게 보상해 주시기를 바란다고 말했습니다.

얼마 후 나오미는 룻에게 남편감을 찾아주기로 했습니다. 보아스는 친절한 사람으로 룻에게도 잘 대해 주었기 때문에, 나오미는 룻에게 목욕하고 기름을 바르고 의복을 입고 보아스가 누워 있는 곳으로 가서 발치 이불을 들고 거기 누우라고 말했습니다. 룻도 그렇게 하기로 동의했습니다. 그리고 그날 밤 조용히 보아스에게 가서 그의 발치 이불을 들고 거기 누웠습니다. 한밤중에 보아스는 자기 발치에 누워 있는 여인을 보고 깜짝 놀라서 누구냐고 물었습니다. 룻은 자신임을 알리고 보아스의 옷자락을 펴서 자신을 덮어 달라고 요청했습니다. 그 요청은 그를 기업 무를 사람으로 여겨 자신과 결혼해 달라는 것을 암시하는 말이었습니다. 보아스는 하나님이 룻에게 복 주시기를 원한다고 말한 후 젊은 사람을 찾으려고 하지 않은 것을 칭찬했습니다. 그리고 자기보다 더 가까운 친척으로 기업 무를 자의 책임을 이행할 권리를 가진 한 사람이 있다며, 그가 그 권리를 행사하지 않는다면 자신이 기꺼이 그 책임을 이행하겠다고 했습니다.

그래서 보아스는 성문으로 가서 그 사람이 오기를 기다렸습니다. 마침내 그를 만났고 보아스는 성읍의 장로들 앞에서 상황을 설명한 후 그에게 나오미의 남편이 소유했던 땅을 살 것인지 물었습니다. 그는 그 땅을 사겠다고 했습니다. 그러나 보아스가 그 거래에 모압에서 온 미망인이 포함되어 있다는 사실을 말하니, 그는 기업 무를 자의 책임을 지지 않겠다며 마음을 바꾸었습니다. 그래서 보아스는 그 땅과 미망인의 기업 무를 자가 될 수 있었습니다.

보아스와 룻은 결혼을 했고 아들을 얻었습니다. 성읍의 여인들은 나오미의 노년 삶을 새롭게 하심으로 복을 주신 하나님을 찬송했습니다. 그들은 나오미에게 룻은 일곱 아들보다 더 귀하다고 말했습니다. 그리고 룻과 보아스 사이에서 태어난 아들에게 오벳이라는 이름을 지어 주었습니다. 오벳은 후에 다윗 왕의 할아버지가 되었습니다.

## 생각할 질문

- 나오미가 괴로워했던 이유는 무엇인가? 가정은 어떤 상황이었는가?
- 나오미는 왜 베들레헴으로 다시 돌아가기로 결정했는가? 누구와 함께 갔는가?
- 룻과 오르바가 모압에 남는 것이 더 이치에 맞는 이유는 무엇인가? 룻이 나오미를 떠나지 않은 이유는 무엇인가?
- 룻은 누구의 밭에서 일하게 되었는가? 보아스는 룻을 어떻게 대했는가? 룻은 그에게 어떻게 반응했는가?
- 룻이 결혼하는 것이 나오미에게 중요한 이유는 무엇인가? 나오미는 룻에게 남편을 구해 주려고 어떤 계획을 세웠는가?
- 룻이 나오미의 계획을 따른 것은 어떤 면에서 룻의 믿음을 보여주는 것인가? 룻은 어떤 위험을 감수했는가? 보아스가 호의적으로 반응하지 않았다면 어떤 일이 벌어졌겠는가? 룻의 행동이 오해를 불러일으켰다면 결과는 어떠했겠는가?

- 보아스는 타작마당에 있는 룻을 보고 어떤 반응을 보였는가? 보아스가 룻을 칭찬한 이유는 무엇인가? 그는 룻에게 무슨 말을 했는가?

- 보아스가 또 다른 기업 무를 자에게 룻을 먼저 언급하지 않은 이유는 무엇이라고 생각하는가? 보아스가 룻을 언급한 후에 무슨 일이 일어났는가?

- 룻의 결혼은 어떤 면에서 나오미에게 유익이 되었는가? 나오미는 보아스와 룻이 아이를 낳은 후 자신의 삶을 어떻게 바라보았는가? 보아스와 룻의 결혼을 통해 나온 후손 중 누가 유명한가?

- 이 이야기는 미망인과 어려움에 처한 사람들을 긍휼히 여기시는 하나님의 마음에 대해 무엇을 가르쳐 주는가?

- 당신을 괴롭게 하거나 낙심하게 만드는 상황에 처한 적이 있는가? 이 이야기는 비참한 상황에서 구원해 주시는 하나님의 능력에 대해 무엇을 가르쳐 주는가? 하나님은 비참한 상황에 있는 당신을 어떻게 구해 주실 수 있는가?

## 가족이 함께 생각할 질문

- 나오미는 왜 그렇게 슬퍼했는가? 무슨 일이 있어났기에 그토록 힘들어한 것인가?

- 룻은 자신이 나오미를 사랑하는 것을 어떻게 보여주었는가?

- 하나님은 룻과 나오미를 어떻게 보살펴 주셨는가? 보아스는 그들을 도와주려고 어떻게 했는가? 룻은 어떻게 일했는가? 보아스는 룻을 어떻게 대해 주었는가?

- 나오미는 왜 보아스와 룻을 결혼시키려고 했는가?

- 룻은 보아스와 결혼하고 싶다는 것을 알리려고 어떻게 했는가? 보아스는 룻의 그런 의도를 어떻게 생각했는가?
- 나오미는 이야기의 마지막 부분에서도 여전히 괴로워했는가? 왜 그랬는가? 또는 왜 그렇지 않았는가?
- 이 이야기 속에서 하나님은 어려운 상황을 선하게 이끄시기 위해 어떻게 하셨는가?
- 이 이야기는 하나님이 그분의 백성을 돌보시는 방법에 대해 무엇을 가르쳐 주는가? 또한 하나님의 사랑으로 서로 돌보는 방법에 대해 무엇을 가르쳐 주는가?
- 룻과 보아스의 이야기는 어떤 면에서 예수님이 우리를 위해 하신 일과 관련이 있는가?

**마음에 새기는 말씀**

"어머니께서 가시는 곳에 나도 가고 어머니께서 머무시는 곳에서 나도 머물겠나이다 어머니의 백성이 나의 백성이 되고 어머니의 하나님이 나의 하나님이 되시리니"(룻 1:16).

**묵상**

하나님은 신실한 자들에게 기회를 주시고 사랑을 베푸신다.

# 사울-무심(無心)
## 왕의 타협

*Story Thru the Bible*

**주제** 하나님은 사울 왕의 불순종하는 마음 때문에 그를 버리셨다.

**성경 본문** 사무엘상 15장

**배경 설명** ❖ ❖ 이스라엘 백성은 왕을 요구했다. 그래서 하나님은 사울을 그들의 왕으로 세우셨다. 이번에 나오는 이야기 이전에 사울은 이미 성공적으로 전투를 치르며 백성을 이끌었다. 반면에 그는 성급한 성향을 보이며 경솔한 결정을 내리기도 했다. 하나님의 명령에 주의를 기울이지 않은 소홀함 때문에, 이스라엘은 아말렉 군대와의 전투에서 비참한 결과를 맞이했다. 아말렉 족속은 이스라엘 백성이 애굽을 떠난 후 가장 먼저 적으로 마주쳤던 사람들의 자손이었다. 그들은 이스라엘 백성이 홍해를 건너 광야에 이르렀을 때 그들을 공격했었고, 이후 여호수아의 군대가 끈질기게 싸워서 그들을 물리쳤다. 모세는 하나님이 대대로 아말렉과 싸우실 것이라고 예언했다.

**들어가는 말** ✣ ✣

하나님께 순종하는 것은 얼마나 중요한가? 많은 사람이 하나님의 말씀을 당연한 지침이 아닌 그저 훌륭한 조언 정도로 받아들인다. 그런데 하나님은 우리에게 제안하시는 것이 아니라 명령하시는 것이다. 그리고 그 명령을 따르지 않기로 결정한 사람은 그 선택을 반드시 후회하게 된다. 이야기를 살펴보면서 당신이 사울이었다면 어떻게 했을지 자문해 보라. 계획한 일이 제때 이루어지지 않을 때 우리는 어떻게 해야 하는가? 하나님을 기다려야 하는가, 아니면 믿음으로 나아가야 하는가? 그렇다면 믿음으로 나아가야 하는 때는 언제인가? 또 그것이 주제넘은 행동일 때는 언제인가? 우리는 어떻게 그 차이를 알 수 있는가?

**이야기 속으로** ✣ ✣

사울 왕이 이스라엘을 다스리던 때에 사무엘은 선지자로서 왕에게 하나님의 메시지를 전달했습니다. 그는 사울에게 아말렉 족속이 광야에서 이스라엘 백성을 공격했기 때문에 하나님이 그들을 벌하실 것이라고 말했습니다. 그리고 아말렉을 공격하고 남녀노소뿐 아니라 그들의 가축까지 완전히 몰살시키라고 명했습니다. 그래서 사울은 이십만 명의 군대를 동원해 아말렉 성읍으로 가서 매복했습니다. 그는 겐 사람들에게 전투에서 몰살당하지 않도록 아말렉 성읍에서 떠나라고 말한 다음 그 성읍을 공격했습니다.

사울과 그의 군대는 아말렉 족속을 죽였지만 그 왕 아각은 죽이지 않고 잡아 두었습니다. 그리고 양과 소 중에서 기름지고 좋은 것은 죽이지 않고 남겨두었습니다. 그들은 아말렉 사람들과 그들의 소유를 완전히 다 없애지 않고 하찮은 것만 진멸했습니다.

하나님은 사무엘에게 사울을 왕으로 세운 것을 후회한다고 말씀하셨습니다. 그리고 "그가 돌이켜서 나를 따르지 아니하며 내 명령을 행하지 아니하였음이니라"고 그 이유를 알려 주셨습니다. 사무엘은 그 말씀을 듣고 크게 근심하면서 밤새도록 하나님께 부르짖었습니다. 그리고 다음 날 아침 사울을 만나러 갔지만 그는 자기를 위하여 기념비를 세우고 이미 그 지역을 떠나고 없었습니다.

마침내 사무엘이 사울에게 이르렀습니다. 사울은 사무엘에게 "당신은 여호와께 복을 받으소서 내가 여호와의 명령을 행하였나이다"라고 말했습니다. 사무엘은 그렇다면 어째서 양과 소의 울음소리가 들리느냐고 물었습니다. 사울은 군사들이 하나님께 제사를 드리려고 아말렉 족속의 가축 중에서 가장 좋은 것을 가져왔다고 대답했습니다. 그리고 "그 외의 것은 우리가 진멸하였나이다"라고 덧붙였습니다.

사무엘이 사울의 말을 막았습니다. 그리고 하나님이 사울이 그분에게 온전히 순종하지 않았다고 평가하며 하신 말씀을 그대로 사울에게 전달했습니다. 그러자 사울은 하나님이 자신에게 맡기신 과업을 수행했다고 주장했습니다. 그는 사로잡아 끌고 온 아각 왕을 제외하고는 아말렉 족속을 완전히 진멸시켰다고 말했습니다. 그리고 군사들이 제사를 드리려고 가장 좋은 가축을 남겨둔 것뿐이라고 다시 설명했습니다.

그러나 사무엘은 "순종이 제사보다 낫고 듣는 것이 숫양의 기름보다 나으니…왕이 여호와의 말씀을 버렸으므로 여호와께서도 왕을 버려 왕이 되지 못하게 하셨나이다"라고 엄하게 대답했습니다.

그러자 사울은 자신이 범죄한 것을 자백했습니다. 그는 사람들이 두려워서 그들의 뜻을 따랐다고 말했습니다. 그리고 사무엘에게 자신의 죄를 용서하고 자신과 함께 가서 하나님을 경배할 수 있게 해달라고 요청했습니다. 그러나 사무엘은 그의 말을 받아들이지 않았습니다. 그는 떠나려고 돌아섰고 사울이 그의 겉옷 자락을 붙잡는데 옷자락이 찢어졌습니다. 사무엘은 하나님이 그에게서 나라를 떼어 내어 다른 왕에게 주실 것이라고 말했습니다. 그리고 하나님이 절대로 그 마음을 돌리지 않으실 것이라고 못 박았습니다.

그런 다음 사무엘은 아각을 데려오게 했습니다. 아각은 죽을 목숨이었으면 벌써 죽였을 것이라고 생각하며 죽지 않을 것을 확신하고 있었습니다. 그러나 사무엘은 사람들을 무참히 죽인 아각을 책망하고 그 죄를 물어 그 자리에서 즉시 죽였습니다. 그리고 사무엘은 그곳을 떠났고 사울도 그의 집으로 돌아갔습니다. 그 후 사무엘은 다시는 사울을 찾아가지 않았습니다. 하지만 그를 위해 슬퍼했습니다. 하나님은 사울을 이스라엘 왕으로 삼으신 것을 후회하셨습니다.

## 생각할 질문

- 하나님은 사무엘을 통해 사울에게 어떤 메시지를 전하셨는가? 하나님은 왜 그렇게 하기를 원하셨는가? 처음에 사울은 자신의 사명에 어떻게 반응했는가?
- 사울은 하나님의 명령을 따랐는가? 그가 잘한 일은 무엇인가? 잘하지 못한 일은 무엇인가?

- 하나님은 사울의 반응에 대해 어떻게 느끼셨는가? 사무엘은 사울에 대한 하나님의 그런 반응에 대해 어떻게 느꼈는가?
- 사울은 사무엘의 지적을 받고 어떻게 말했는가? 그가 자신은 하나님이 명하신 대로 다 행했다고 생각한 이유는 무엇인가? 사울은 온전히 순종하지 않은 것에 대해 어떻게 변명했는가?
- 사무엘은 제사에 대해 어떻게 말했는가? 하나님은 우리의 순종에 얼마나 가치를 두시는가?
- 사울의 불순종은 어떤 결과를 낳았는가?
- 사무엘은 사울이 완수하지 않은 과업을 어떻게 완수했는가?
- 오늘날 우리는 어떤 면에서 하나님의 지시를 온전히 따르지 않는가?
- 하나님은 당신이 건성으로 하고 싶다고 느낄 만한 일을 맡기신 적이 있는가? 그때 당신은 어떻게 했는가? 당신이 부분적으로만 순종했다고 생각하는 삶의 영역은 무엇인가? 하나님이 지금 그 부분에서 당신에게 요구하시는 것은 무엇인가?
- 우리는 하나님께 불순종할 때 어떤 기회를 놓치게 되는가? 하나님은 온전히 순종하는 사람들에게 어떤 복을 주시는가?

## 가족이 함께 생각할 내용

- 하나님은 사울에게 무엇을 명령하셨는가?
- 사울은 온전히 순종했는가? 하나님은 사울의 순종에 대해 어떻게 말씀하셨는가? 또 사울 자신은 어떻게 말했는가?
- 당신은 온전히 순종하지 않고, 그것을 변명하려 했던 적이 있었는가?

그때 하나님은 어떻게 느끼셨겠는가?

- 하나님은 사울의 불순종에 대해 어떻게 하셨는가? 하나님은 왜 그분께 순종하는 왕을 세우는 것을 중요하게 여기시는가?
- 이 이야기는 하나님의 말씀을 잘 따르는 것에 대해 무엇을 가르쳐 주는가? 또한 하나님의 명령을 가볍게 여기는 것에 대해 무엇을 가르쳐 주는가?
- 우리가 순종하는 마음을 갖고 있다면 하나님은 우리를 어떻게 대하시겠는가?

**마음에 새기는 말씀**

"여호와께서 번제와 다른 제사를 그의 목소리를 청종하는 것을 좋아하심 같이 좋아하시겠나이까 순종이 제사보다 낫고 듣는 것이 숫양의 기름보다 나으니"(삼상 15:22).

**묵상**

하나님은 불순종하는 자에게 섬기는 일을 맡기지 않으신다.

# 다윗-전심(全心)

## 하나님께 합한 사람

*Story Thru the Bible*

**주제** 하나님은 그분을 사랑하는 사람을 찾으신다.

**성경 본문** 사무엘하 6장 12절-7장 29절

**배경 설명** ❖ ❖ 하나님은 사울을 이스라엘 왕으로 세우신 것을 후회하며 두 차례 그 마음을 표현하셨다. 그리고 "하나님의 마음에 합한 사람"을 구하여 왕으로 다시 삼겠다고 분명히 말씀하셨다(삼상 13:14). 다윗은 큰 믿음을 드러내며 골리앗을 물리쳤고, 수년 동안 도망 다니는 삶을 살며 그를 따르는 용사들을 모았다. 하나님의 백성과 그들의 결의를 존중했고, 그가 통치하는 동안 이스라엘 지파를 하나로 결속시켰다. 또한 열정적으로 하나님을 예배했고 수많은 시편과 기도문을 썼으며 다양한 적들을 물리쳤다. 반면에 잘못을 범하여 인간적인 면모와 인격적인 결함을 드러내기도 했다. 그러나 그의 마음은 언제나 하나님을 향해 있었다. 그는 하나님을 전심으로 사랑하는 것이 어떤 것인지, 그 사랑이 삶의 모든 영역에 어떤 영향을 미치는지를 보여주는 본보기였다. 이번 이야기에서 하나님의 임재를 보여주는 하나님의 궤는 예루살렘에서 멀리 떨어진 곳에 있었다. 다윗은 예루살렘에서 백성이 하나님을 높일 수 있도록 그 궤를 되찾아 오고 싶었다. 전에도 시도한 적이 있었지만 거룩한 궤를 함부로 만지다가 한 사람이 목숨을 잃었기에 그 일은 무산되고 말았다. 그러나 그 후 어느 정도 세월이 지났고 다윗은 다시 그 일을 추진할 준비를 했다.

**들어가는 말** ❖ ❖

당신이 창조된 이유를 알고 있는가? 다시 말해서 당신 인생의 궁극적인 목적을 알고 있는가? 그것을 아는 사람은 그리 많지 않다. 특정한 목표를 이루거나 과업을 완수하는 것을 목적으로 여기기도 하고, 경건한 성품을 이루거나 훌륭한 본보기가 되는 것을 목적이라고 생각하기도 한다. 물론 모두 중요하다. 그러나 그 이상의 목적이 있다. 그것은 바로 하나님을 사랑하는 것이다. 예수님은 마음과 뜻과 힘을 다하여 하나님을 사랑하는 것이 가장 큰 계명이라고 말씀하셨다. 그 말씀은 바로 예수님이 하나님을 사랑하는 것을 무엇보다 중요하게 생각하신다는 뜻이다. 이야기를 살펴보면서 다윗이 그 목적을 어떻게 실현했는지 보라. 그리고 당신도 하나님을 사랑하는 것을 가장 중요한 가치로 여기고 그것을 추구하고 있는지 자문해 보라. 당신은 하나님을 어떤 방법으로 사랑하고 있는가? 그리고 그분을 어떻게 드러내고 있는가? 어떻게 하면 그분을 향한 열정이 더 깊어지겠는가?

**이야기 속으로** ❖ ❖ 다윗은 하나님이 그분의 궤를 보관하고 있던 오벧에돔의 집에 복을 주셨다는 소식을 들었습니다. 그리고 하나님의 궤를 예루살렘으로 옮기기로 마음을 정한 다음, 여러 명의 제사장과 일꾼을 데리고 하나님의 궤가 있는 곳으로 갔습니다. 그들은 하나님을 향한 헌신을 표하고 하나님의 임재를 보여주는 거룩한 궤에 경의를 표하고자 제사를 드렸습니다. 다윗은 제사장이 입는 에봇을 입고 힘을 다해 춤을 추며 축하했습니다. 수많은 이스라엘 백성도 그와 함께 나팔을 불고 즐겁게 환호하면서 하나님의 궤를 예루살렘으로 옮겼습니다.

하나님의 궤가 예루살렘에 도착했을 때 다윗의 아내 미갈(사울의 딸)이 창문으로 그 광경을 보고 있었습니다. 미갈은 다윗이 뛰놀며 춤추는 것을 보고 그를 업신여겼습니다. 다윗과 그의 부하들은 하나님의 궤를 위해 세워둔 특별한 장막 안에 궤를 들여놓고 하나님을 높이는 마음으로 번제와 화목제를 드렸습니다. 그리고 백성을 축복하며 그들에게 떡 한 개와 고기 한 조각과 건포도 떡 한 덩이씩을 나누어 주었습니다.

다윗이 집으로 돌아가자 그의 아내 미갈은 화를 내며 염치도 없이 계집종들 앞에서 방탕한 사람처럼 옷을 벗고 몸을 드러냈다며 빈정대면서 그를 탓했습니다. 다윗은 하나님이 미갈의 아버지인 사울을 대신해 자신을 선택하고 이스라엘을 다스리게 하셨다는 사실을 상기시켜 주었습니다. 그래서 자신은 하나님 앞에서 그렇게 뛰논 것이며 하나님을 예배하는 데 그보다 더 낮아져 천하게 보일 수도 있을 것이라고 말했습니다. 그 일이 있은 후 미갈은 죽을 때까지 자식을 얻지 못했습니다.

나중에 다윗은 나단 선지자에게 하나님의 궤가 천막 안에 있는데 자신이 궁 안에서 사는 것은 옳지 않은 것 같다고 말했습니다. 나단 선지자는 다윗에게 하나님이 다윗과 함께하시니 마음으로 품은 것을 행하라고 말해주었습니다. 그러나 그날 밤 하나님은 다윗에게 전할 다른 메시지를 나단에게 주셨습니다. 하나님은 다윗에게 전하라며 "네가 나를 위하여 내가 살 집을 건축하겠느냐?"라고 말씀하셨고, 그분은 사람이 지은 집에서 사신 적이 없고 이스라엘 백성과 함께 늘 여기저기 옮겨 다니셨지만 하나님을 위해 집을 지으라고 명령하셨던 적이 한 번도 없으셨다는 사실을 상기시켜 주셨습니다. 그리고 다윗의 이름을 위대하게 만드시고 원수로부터 벗어나 편히 쉬게 해주실 것이라고 전하게 하셨습니다. 또한 하나님이 다윗을 위해 집을 지으시고 그의 아들 중 하나가 왕이 되어 그분을 위해 성전을 짓게 될 것이라고 말씀하시며, 다윗의 집과 나라와 왕위는 영원히 견고할 것이라고 약속하셨습니다. 나단은 다윗에게 가서 하나님이 말씀하신 메시지를 모두 전달했습니다.

다윗은 하나님 앞으로 나아가 "주 여호와여 나는 누구이오며 내 집은 무엇이기에 나를 여기까지 이르게 하셨나이까?"라고 기도했습니다. 그리고 그에게 베푸신 하나님의 선하심과 그분의 계획을 알려 주신 것에 감사드리며 하나님을 경배했습니다. 또한 이스라엘을 한 국가로 만드시고 하나님의 백성으로 구속하시며 구원하시고 세우시고자 놀랍고 기이한 일을 행하신 하나님을 찬양했습니다. 그리고 그 이름을 영원토록 높이기 위해 하나님의 약속을 영원히 지켜주실 것을 간청했습니다. 다윗은 하나님의 말씀은 신실하고 그분이 좋은 것을 약속하신다는 사실을 알고 있었습니다. 그래서 자신의 삶과 가정과 나라를 통해 하나님의 이름을 크게 높이고자 열의를 다했습니다.

## 생각할 질문

- 하나님의 궤는 다윗과 이스라엘 백성에게 어떤 의미인가? 하나님의 궤는 무엇이 특별했는가? 다윗은 왜 하나님의 궤를 예루살렘으로 옮기고 싶어 했는가?
- 다윗이 하나님의 궤를 예루살렘으로 옮길 때 그의 마음가짐은 어떠했는가? 크게 즐거워하며 축하한 이유는 무엇인가? 다윗은 기쁨과 즐거움을 어떻게 표현했는가?
- 다윗의 아내 미갈은 왜 그를 책망했는가? 다윗은 아내의 책망에 어떻게 반응했는가? 다윗의 예배를 비난한 미갈에게 어떤 일이 일어났는가?
- 하나님은 다윗이 춤춘 것에 대해 어떻게 생각하셨는가? 하나님은 우리에게 어떤 예배를 원하시는가?
- 다윗이 궁 안에서 사는 것을 불편하게 여긴 이유는 무엇인가? 그 시기에 하나님의 궤는 어디에 있었는가? 그것이 문제처럼 보인 이유는 무엇인가?
- 나단 선지자는 다윗에게 어떻게 조언했는가? 하나님은 다윗에게 전하라고 나단에게 어떤 메시지를 주셨는가?
- 하나님은 그분을 위해 집을 지으라고 지시하신 적이 있었는가? 하나님을 위해 집을 짓고자 한 것은 누구의 생각이었는가? 다윗이 예루살렘에 성전을 짓겠다는 열의를 보인 이유는 무엇인가? 성전은 무엇을 의미하는가?
- 하나님은 다윗의 청을 허락해 주셨는가? 결국 성전을 짓게 될 사람은 누구였는가? 하나님은 다윗의 후손과 그의 왕위를 위해 무엇을 약속하셨는가?
- 다윗은 나단이 전한 하나님의 말씀에 어떤 반응을 보였는가? 다윗은

하나님께 무엇을 감사드렸는가? 그는 하나님이 행하신 어떤 일을 찬양했는가? 또 하나님께 어떤 요청을 했는가? 다윗이 누구의 평판에 관심을 가졌는가?

- 다윗은 하나님의 말씀이 믿을 수 있다는 사실을 얼마나 확신하고 있었는가? 다윗의 기도에서 어떤 믿음의 증거를 볼 수 있는가?
- 사무엘상과 사도행전에는 다윗이 "하나님의 마음에 합한 자"로 나온다. 이 이야기는 하나님을 향한 다윗의 사랑을 어떻게 보여주는가? 다윗은 가장 큰 계명을 얼마나 잘 지켰는가?
- 하나님의 마음에 합한 자가 되려면 어떤 자질을 갖추어야 하는가? 하나님의 마음에 합하려면 어떻게 해야 하는가?
- 하나님이 마음과 뜻과 힘을 다하여 그분을 사랑하라는 계명을 중요하게 여기시는 이유는 무엇인가? 그 계명을 지키지 않고 충만한 삶을 살 수 있는가? 그렇게 생각하는 이유는 무엇인가?

## 가족이 함께 생각할 질문

- 다윗이 예루살렘으로 옮기고 싶어 했던 것은 무엇인가? 그 이유는 무엇인가? 하나님의 궤는 누구의 임재를 보여주는 것인가?
- 다윗은 하나님의 궤를 옮기는 것에 대해 어떻게 생각했는가? 그는 자신의 마음을 어떻게 표현했는가?
- 다윗이 그렇게 하나님을 경배한 것은 잘한 일인가? 그와 생각이 달랐던 사람은 누구인가? 다윗은 그를 비난하는 사람에게 어떻게 말했는가? 하나님은 우리가 그분을 어떻게 예배하기 원하시는가?
- 다윗은 하나님을 위해 무엇을 하고 싶어 했는가? 그 이유는 무엇인가?

- 하나님은 다윗에게 성전을 지으라고 하셨는가? 성전을 지으려고 한 것은 누구의 생각이었는가?
- 하나님은 다윗의 집과 그의 자손을 위해 어떤 약속을 해주셨는가?
- 다윗은 그를 위한 하나님의 계획을 듣고 어떤 기도를 드렸는가? 그는 감사하며 기뻐했는가, 아니면 슬퍼하고 실망했는가?
- 다윗은 무엇에 대해 감사하며 하나님을 찬양했는가? 그리고 그는 하나님께 무엇을 구했는가?
- 하나님을 사랑하는 것은 얼마나 중요한가? 이 이야기에서 다윗은 자신이 하나님을 사랑한다는 것을 어떻게 보여주는가? 우리는 하나님을 사랑하는 것을 어떻게 보여줄 수 있는가?

**마음에 새기는 말씀**

"여호와여 이러므로 주는 위대하시니 이는 우리 귀로 들은 대로는 주와 같은 이가 없고 주 외에는 신이 없음이니이다"(삼하 7:22).

"여호와 하나님이여 이제 주의 종과 종의 집에 대하여 말씀하신 것을 영원히 세우셨사오며 말씀하신 대로 행하사 사람이 영원히 주의 이름을 크게 높여 이르기를 만군의 여호와는 이스라엘의 하나님이라 하게 하옵시며 주의 종 다윗의 집이 주 앞에 견고하게 하옵소서"(삼하 7:25-26).

**묵상**

우리 인생의 궁극적인 목적은 온 마음을 다해 하나님을 사랑하는 것이다.

# 솔로몬-반심(半心)

## 하나님의 성전

*Story Thru the Bible*

**주제** 솔로몬 왕이 하나님의 성전을 건축했다.

**성경 본문** 역대하 3-7장
(중심 구절: 대하 3:1-2, 5:1-7:22)

**배경 설명** ❖ ❖ 다윗의 아들 솔로몬이 다윗에 이어 왕이 되었다. 솔로몬은 훌륭한 왕으로 시작이 좋았다. 그는 하나님께 큰 지혜를 구했고, 하나님은 다른 많은 것과 함께 그 간구를 들어주셨다. 솔로몬은 지혜로운 판결을 했고 많은 잠언을 기록했다. 그가 다스리는 동안 나라는 번창했고 영토도 확장되었다. 그러나 그는 하나님의 명을 수차례 어기며 불순종했고 결국 쇠퇴하는 길을 걷게 되었다. 아버지 다윗과 달리 그는 전심으로 하나님을 따르지 않았다. 하지만 하나님은 솔로몬의 권력이 최고조에 달했을 때, 그의 아버지 다윗에게 하셨던 약속을 이루고자 그를 사용하셨다. 그래서 솔로몬은 다윗이 간절히 보고 싶어 했던 성전을 건축하게 되었다.

**들어가는 말** ❖ ❖

하나님은 어디에 거하시는가? 성경은 하나님이 어느 곳이든 계신다고 전한다. 그러나 또 하나님의 임재는 광야에서 이스라엘 백성이 세운 회막에 충만했다. 이번 이야기는 솔로몬이 지은 성전에 하나님이 거하시려고 임하신 내용을 담고 있다. 한편 신약 성경은 하나님이 예수님을 믿는 모든 사람 가운데 거하신다고 전한다. 당신은 하나님께 기도할 때 어디 계시는 하나님을 마음속에 그리는가? 당신에게 격려가 필요할 때 하나님은 어디 계시는가? 실제로 하나님의 임재를 확실하게 느낀다면 어떨 것 같은가? 하나님이 솔로몬이 지은 성전에서 그분을 어떻게 드러내셨는지 잘 살펴보라.

**이야기 속으로** ❖ ❖

솔로몬은 예루살렘에 있는 모리아 산 위에 성전을 짓기 시작했습니다. 그곳은 하나님이 그의 아버지 다윗에게 나타나셨던 곳이었습니다. 그는 통치를 시작한 지 사 년째 되는 해에 건축을 시작했습니다.

성전 건축을 마친 그는 아버지가 성전을 위해 봉헌한 소중한 예배 기구들을 성전 안 곳간에 넣어 두었습니다. 그런 다음 언약궤를 성전 안으로 들이려고 이스라엘 장로들을 예루살렘으로 불러 모았습니다. 그들이 도착했을 때 레위 지파 사람들(제사장들)은 회막에서 언약궤와 비품들을 옮겨왔습니다. 그들은 그 과정 속에서 수차례 예배를 드렸습니다. 그들은 언약궤를 지성소라 불리는 성소 안쪽으로 옮긴 다음 그룹들(천사들)의 날개 아래 내려놓았습니다. 하나님이 시내 산에서 모세에게 주신, 십계명이 적힌 두 개의 돌판이 그 언약궤 안에 들어 있었습니다.

제사장들은 언약궤를 설치한 다음 지성소에서 나왔습니다. 음악을 맡은 악사들은 비파와 수금을 연주하며 제단 오른편에 서 있었습니다. 그리고 나팔을 부는 백이십 명의 제사장과 하나님을 찬송하며 감사하는 사람들이 그들과 합세했습니다. 그들은 "선하시도다 그의 자비하심이 영원히 있도다"라고 노래했습니다.

성전에는 제사장들이 서서 섬기지 못할 정도로 구름이 가득했는데 그것은 하나님의 영광이었습니다. 솔로몬은 "내가 주를 위하여 거하실 성전을 건축하였사오니 주께서 영원히 계실 처소로소이다"라고 말했습니다. 그다음 주위를 돌아보며 회중을 축복하고 다윗에게 말씀하신 대로 예루살렘에 성전을 세워 영원한 왕조를 이루겠다고 약속하신 하나님을 찬양했습니다. 그는 다윗이 하나님의 성전을 짓고 싶어 했던 것과 하나님이 그의 아들에게 성전을 짓게 하실 것이라고 말씀하신 일을 기억하면서 "여호와께서 말씀하신 대로 이루셨도다 내가 여호와께서 말씀하신 대로 내 아버지 다윗을 대신하여 일어나 이스라엘 왕위에 앉고 이스라엘의 하나님 여호와의 이름을 위하여 성전을 건축하고"라고 말했습니다.

솔로몬은 제단 앞에서 온 회중과 마주 서서 그의 두 손을 폈습니다. 그리고 대 위에 올라 무릎을 꿇고 하늘을 향해 두 손을 펴고 기도했습니다. 그는 사랑의 언약을 지키시고 다윗에게 하신 약속을 이루신 하나님을 찬송했습니다. 그리고 왕위에 앉을 사람이 끊어지지 않게 하실 것이라고 다윗 왕조를 위해 약속하신 하나님의 말씀을 지켜달라고 기도했습니다. 그는 새로 건축한 성전뿐 아니라 하늘과 하늘들의 하늘이라도 하나님을 그 안에 담을 수 없다는 사실을 인정했습니다. 그리고 하나님이 그 성전을 항상 지켜보시고, 그곳에 그분의 이름을 두시고, 그분의 백성이 그곳에서 드리는 기도에 귀 기울여 주시기를 간구했습니다.

솔로몬은 하나님의 백성이 죄를 범할 때는 그들을 용서해 주시고, 적들에게 패한 후에는 그들을 회복시켜 주시며, 하나님이 그들에게 주신 땅으로 언제나 돌아올 수 있게 해주시기를 기도했습니다. 그리고 하나님이 가뭄이나 기근 또는 역병으로 그들을 심판하실 때는 회개하는 그들의 기도를 들으시고 그들을 용서해 주사, 그들이 따라야 할 바른 길을 가르쳐 주시기를 기도했습니다. 그는 또 멀리서 온 외국인들을 위해서도 기도했습니다. 하나님이 그들의 기도를 들으시고 땅 위의 모든 사람이 하나님을 알고 경배할 수 있게 해달라고 기도했습니다. 그리고 하나님의 백성이 적들과 싸울 때 그분이 도와주시고, 언젠가 이방인의 땅으로 포로로 잡혀가게 될 때 그들을 회복시켜 주시며, 그들이 죄를 자백할 때 용서해 주시기를 기도했습니다. 그런 다음 하나님이 평안한 처소에 임하시고 제사장들에게 구원을 덧입게 하시고 하나님의 백성이 그분의 선하심을 기뻐할 수 있게 해주시기를 간구했습니다.

솔로몬이 기도를 마치자 하늘에서 불이 내려와 제물을 태웠고 하나님의 영광이 성전에 가득했습니다. 그 하나님의 영광 때문에 제사장들은 성전 안에 들어갈 수조차 없었습니다. 그 불과 하나님의 영광을 본 사람들은 모두 무릎을 꿇고 얼굴을 땅에 대고 엎드렸습니다. 그들은 하나님을 경배하며 감사드렸습니다. 왕과 백성은 더 많은 제사를 드리고 하나님의 전을 봉헌하는 낙성식을 거행했습니다. 제사장과 악사와 나팔을 부는 사람들이 모두 제자리에 섰고 이스라엘 온 백성이 둘러서 있었습니다.

솔로몬은 앞뜰을 거룩하게 하고 그곳에서 번제를 드렸습니다. 축제는 삼 주 동안 이어졌고 솔로몬은 백성을 집으로 돌려보냈습니다. 백성은 다윗과 솔로몬과 이스라엘을 위해 하나님이 행하신 모든 일을 기뻐하며 집으로 돌아갔습니다.

그 후 밤중에 하나님은 솔로몬에게 나타나셔서 그의 기도를 들으셨다고 말씀하셨습니다. 그리고 그가 세운 성전을 제사하는 곳으로 선택하셨다고 덧붙이셨습니다. 그리고 하나님의 백성이 그들의 죄를 자백하고 회개하면 그들의 기도를 듣고 용서하실 것이라고 분명히 약속하셨습니다. 그리고 "내 눈과 내 마음이 항상 여기에 있으리라"고 말씀하셨습니다.

하나님은 솔로몬이 그분의 길로 행하고 그분의 법에 순종하면 다윗을 위해 하셨던 것처럼 그의 왕위를 견고하게 하실 것이라고 말씀하셨습니다. 그러나 반대로 솔로몬이 하나님의 법을 버리고 다른 신을 섬긴다면 이스라엘을 그 땅에서 뿌리째 뽑고 성전을 버리실 것이라고 말씀하셨습니다. 또한 이스라엘이 그들을 애굽 땅에서 인도하여 내신 하나님을 버렸기 때문에, 그들이 하나님께 버림받게 되었다는 사실을 다른 모든 나라가 알게 될 것이라고 경고하셨습니다.

## 생각할 질문

- 솔로몬이 성전을 건축한 곳은 어디인가? 모리아 산에서 일어났던 또 다른 사건을 기억하는가? 그때 그곳에서 어떤 일이 일어났는가?
- 솔로몬은 성전 건축을 마치고 무엇을 했는가? 제사장들이 성전의 지성소 안으로 옮겨놓은 것은 무엇인가?
- 성전을 봉헌하면서 악사들은 어떤 노래를 불렀는가?
- 악사들이 노래를 마쳤을 때 하나님은 무엇을 하셨는가? 그들의 찬송

과 하나님의 반응은 서로 연관이 있는가? 그렇게 생각하는 이유는 무엇인가?

- 솔로몬은 기도하면서 자기 아버지에 대해 어떤 언급을 했는가? 하나님은 다윗에게 그분의 신실하심을 어떻게 보여주셨는가? 솔로몬은 약속을 지키시는 하나님에 대해 어떻게 말했는가?

- 솔로몬에 따르면 성전을 건축한 목적은 무엇인가? 그는 하나님이 계시는 곳을 성전 안으로 제한할 수 있다고 생각했는가? 그렇게 생각한 이유는 무엇인가? 그는 어떤 면에서 또 어떤 목적으로 하나님이 성전 안에 거하시기를 원했는가? 솔로몬은 이스라엘 백성을 위해 무엇을 간구했는가? 하나님이 그들을 위해 무엇을 해주시기를 기도했는가?

- 솔로몬은 외국인을 위해 어떻게 기도했는가? 그의 기도는 하나님이 아담과 하와에게 주신 사명을 어떻게 반영하고 있는가?

- 하나님은 솔로몬의 기도에 어떻게 응답하셨는가? 하나님은 어떻게 그분 자신을 보여주셨는가? 하나님의 임재를 보고 느꼈을 때 그분의 백성은 어떻게 반응했는가?

- 백성은 성전 봉헌을 얼마나 오랫동안 축하했는가? 그 축제가 끝나고 그들은 무엇을 느꼈는가?

- 하나님은 성전 봉헌이 끝난 후 솔로몬에게 무엇을 말씀하셨는가? 하나님이 그를 어떻게 격려해 주셨는가? 또 어떤 경고를 하셨는가?

- 솔로몬이 나중에 하나님께 불순종하고 이방 신을 섬기기까지 했던 사실에 비추어 볼 때, 하나님이 그에게 성전을 짓도록 허락해 주신 이유는 무엇이겠는가? 이는 불완전한 사람도 기꺼이 사용하시는 하나님에 대해 무엇을 말해 주는가?

- 이 이야기는 하나님의 백성과 함께하고자 하시는 그분의 열망에 대해 무엇을 알려 주는가? 우리는 삶 속에서 하나님의 임재를 더 인식하기 위해 무엇을 할 수 있는가? 하나님은 그분의 임재를 더 인식하며 살아

가게 해 달라는 우리의 간구에 어떻게 반응하시는가?

## 가족이 함께 생각할 질문

- 솔로몬이 하나님을 위해 건축한 것은 무엇인가? 그것을 지은 목적은 무엇인가?
- 건축이 끝난 후 솔로몬은 무엇을 했는가? 제사장들이 건축물 안으로 옮긴 것은 무엇인가? 노래하는 사람들은 어떤 노래를 불렀는가?
- 하나님은 그분의 백성이 드리는 제사를 보고 그들의 기도와 찬송을 들으시고 무엇을 하셨는가? 하나님은 어떤 방법으로 그들과 함께하심을 보여주셨는가?
- 하나님은 얼마나 크신 분인가? 하나님은 어디에 계시는가? 하나님은 성전 안에만 거하시는가? 솔로몬은 하나님이 어느 곳에나 계신다는 사실을 알고 있었는가? 그는 성전에서 하나님의 임재가 구체적으로 나타나도록 하나님이 어떻게 해주시기를 원했는가?
- 솔로몬은 이스라엘 백성을 위해 어떻게 기도했는가? 다른 나라에서 온 외국인들을 위해서는 어떻게 기도했는가?
- 솔로몬이 기도를 마친 후 하나님은 어떻게 하셨는가? 하나님은 그분의 백성과 함께하시는 것을 기뻐하시는가? 그렇게 생각하는 이유는 무엇인가?
- 당신은 하나님과 함께 시간을 보내고 싶은가? 하나님이 당신과 함께해 주시기를 원하는가? 당신이 그렇게 요청하면 하나님은 어떻게 반응하시겠는가?

**마음에 새기는 말씀**

"내 이름으로 일컫는 내 백성이 그들의 악한 길에서 떠나 스스로 낮추고 기도하여 내 얼굴을 찾으면 내가 하늘에서 듣고 그들의 죄를 사하고 그들의 땅을 고칠지라"(대하 7:14).

**묵상**

하나님은 그분의 백성과 함께하고 싶어 하시므로, 하나님을 찾는 사람에게 자신을 보여주신다.

# 욥

## 고난, 기도, 인내

*Story Thru the Bible*

**주제** 하나님은 사탄이 욥을 괴롭히도록 허락하셨지만, 결국은 욥에게 보상해 주셨다.

**성경 본문** 욥기 1-2장, 38장 1-41절, 40장 1-5절, 42장 1-17절

**배경 설명** ❖ ❖ 욥기가 언제 기록되었는지, 욥이 이스라엘의 역사 속 어느 시기에 살았는지를 정확히 아는 사람은 아무도 없다. 욥기 자체도 그런 사실을 알려 주지 않는다. 욥기가 성경에서 가장 오래된 책이라고 말하는 사람들이 있는 반면에, 욥기에 나오는 등장인물들의 이름이나 지명들이 시기적으로 상당히 나중에 생

겨난 것이라고 주장하는 사람들도 있다. 욥기의 주제가 시대를 초월하는 것이기 때문에, 욥이 언제 어디서 살았는지를 모르는 것이 가장 최선일 수도 있다. 우리가 알아야 할 것은 욥이 우리처럼 타락한 세상에서 살았던 실제 인물이라는 사실이다. 그래서 그의 이야기는 고난을 경험하는 모든 사람에게 적용될 수 있다.

**들어가는 말**

'그 일이 일어났을 때 하나님은 어디에 계셨던 걸까?', '왜 하필 나에게 이런 일이 일어난 걸까?', '왜 내 기도는 응답해 주시지 않는 걸까?' 아마 당신도 이런 질문을 해본 적이 있을 것이다. 이는 우리가 괴로울 때 던지는 질문들이다. 어두운 골짜기를 지날 때는 모든 것이 다 납득하기 어려운 것처럼 보인다. 그리고 우리가 도움을 구하려고 찾던 하나님도 멀리 계신 것 같다. 이 장의 이야기를 살펴보면서 욥이 어떻게 느꼈을지 상상해 보라. 고난도 우리 삶의 한 부분이기 때문에 욥의 마음을 충분히 이해할 수 있을 것이다. 다만 욥의 경우는 그 고난이 매우 극단적이었다. 그러므로 이야기를 통해 하나님의 뜻은 가장 극심한 고난에도 적용된다는 사실을 깨닫고 위안을 얻을 수 있을 것이다.

**이야기 속으로**

우스 땅에 하나님을 신실하게 섬기는 의로운 사람이 있었습니다. 그는 열 명의 자녀와 수천 마리의 가축을 소유하고 있었고 평판이 좋은 복된 삶을 살고 있었습니다. 자녀들이 잔치를 마치고 나면 그들이 혹 죄를 범했을까 봐 언제나 하나님께 제사를 드렸습니다. 하나님을 향한 그의 마음은 그 정도로 헌신적이었습니다.

어느 날 천사들과 사탄이 하나님 앞으로 나아왔습니다. 하나님이 사탄에게 어디를 다녀왔느냐고 물으셨습니다. 사탄은 땅을 두루 돌아 여기저기 다녀왔다고 대답했고, 하나님은 욥이 얼마나 의로운 사람인지 알고 있느냐고 물으셨습니다. 그러자 사탄은 "욥이 어찌 까닭 없이 하나님을 경외하리이까?"라고 반문했습니다. 그 말은 하나님이 욥에게 큰 복을 주셨고 그에게 일어나는 모든 일이 다 잘되고 있기 때문에, 욥이 의롭게 보이는 것뿐이라는 뜻이었습니다. 사탄은 욥이 소유한 것을 잃고 고난을 당하게 된다면 결국 그도 하나님을 저주할 것이라고 주장했습니다. 그래서 하나님은 사탄에게 욥의 소유를 엉망으로 만들어도 좋다는 허락을 해주셨습니다. 다만 욥의 몸에는 손을 대지 못하게 하셨습니다. 사탄은 하나님 앞에서 물러났습니다.

그 후 얼마 지나지 않아 욥은 사환들로부터 긴급한 소식을 전해 들었습니다. 각각의 사환은 그 전에 온 사환의 말이 다 끝나기도 전에 뛰어 들어왔습니다. 처음에 도착한 사환은 스바 사람들이 쳐들어와서 종들을 죽이고 소와 나귀를 빼앗아갔다고 말했습니다. 두 번째로 도착한 사환은 갈대아 사람들이 와서 종들을 죽이고 낙타를 모두 빼앗아갔다고 말했습니다. 그리고 마지막으로 온 사환은 욥의 자녀들이 잔치를 하고 있는데 갑자기 돌풍이 불어와 집을 강타했고 그 바람에 지붕이 무너져 그들이 모두 죽었다고 말했습니다.

그 소식을 들은 욥은 옷을 찢고 머리털을 밀었습니다. 그것은 극한 슬픔을 표현한 것이었습니다. 그는 땅에 엎드려 하나님을 예배하며 이렇게 말했습니다. "내가 모태에서 알몸으로 나왔사온즉 또한 알몸이 그리로 돌아가올지라 주신 이도 여호와시요 거두신 이도 여호와시오니 여호와의 이름이 찬송을 받으실지니이다."

욥은 그런 상황 속에서도 하나님을 원망하지 않았습니다. 천사들과 사탄이 돌아와 하나님 앞에 섰습니다. 예전처럼 하나님이 사탄에게 어디를 다녀왔느냐고 물으셨습니다. 그는 땅을 두루 돌아 여기저기 다녀왔다고 예전과 같은 대답을 했습니다. 하나님은 욥을 주의하여 보았느냐고 물으시며 "네가 나를 충동하여 까닭 없이 그를 치게 하였어도 그가 여전히 자기의 온전함을 굳게 지켰느니라"고 말씀하셨습니다. 그러나 사탄은 포기하지 않았습니다. 그는 욥이 육신에 고통을 받으면 하나님을 저주할 거라고 생각하고 있었습니다. 그래서 하나님은 사탄에게 질병으로 욥의 육신을 괴롭게 하는 것을 허락해 주셨습니다. 다만 욥의 생명은 결코 해하지 못하게 하셨습니다.

사탄은 욥의 머리부터 발끝까지 온몸에 종기가 나게 했습니다. 그래서 욥은 재 가운데 앉아서 질그릇 조각으로 몸을 긁고 있었습니다. 욥의 아내는 욥이 왜 그런 처참한 상황에서도 온전함을 지키고 있는지 의아했습니다. 그래서 "하나님을 욕하고 죽으라"고 그에게 말했습니다. 그러나 욥은 하나님께 복만 받고 화는 받지 않으려 한다면 그것은 이치에 맞지 않다고 주장했습니다. 그리고 어떤 말로도 죄를 범하지 않았습니다.

욥이 고난을 받고 있다는 소식을 들은 세 친구가 그를 위로하려고 찾아왔습니다. 욥의 모습을 본 그들은 눈물을 흘렸습니다. 욥의 모습은 그들이 친구를 알아볼 수조차 없을 정도였습니다. 욥의 고난이 너무나 참담해서 그들은 칠 일 동안 아무 말도 못하고 그와 함께 그냥 앉아 있었습니다.

드디어 욥의 친구들이 말하기 시작했습니다. 그들은 욥이 죄를 범한 것이 분명하다고 말했습니다. 그렇지 않다면 하나님이 이토록 끔찍한 고난을 허락하실 리가 없다는 주장이었습니다. 그들은 하나님이 순종하는 사람들에게는 언제나 좋은 상황으로 복을 주시고 죄인들에게는 고통스러운 상황으로 벌을 내리신다고 생각하고 있었습니다. 따라서 욥이 그런 벌을 받는 것은 그가 죄를 범했기 때문이라고 확신했습니다.

그러나 욥은 친구들과 이야기하는 동안에도 내내 순전했고 의로움을 잃지 않았습니다. 하나님께 질문을 하긴 했어도 그분을 공정하지 못한 분이라고 비난하지는 않았습니다. 친구들의 이야기가 끝나갈 즈음 다른 한 친구가 도착했습니다. 다른 세 친구에 비해 훨씬 어린 그는 자신의 견해를 이렇게 밝혔습니다. 욥이 의로운 사람이긴 하지만 하나님 앞에서 인간은 변론할 권리가 없다는 말이었습니다. 따라서 욥은 자신의 무죄를 입증할 수 있기를 바란다고 했지만 그렇게 자신의 무죄를 입증할 권한은 없다고 주장했습니다. 그러면서 욥이 완전하지 않다는 사실을 지적했습니다. 하지만 욥은 그와 논쟁하지 않았습니다.

마침내 하나님이 폭풍우 가운데서 욥에게 "무지한 말로 생각을 어둡게 하는 자가 누구냐 너는 대장부처럼 허리를 묶고 내가 네게 묻는 것을 대답할지니라"고 말씀하셨습니다. 그리고 그분이 지으신 우주의 광대함과 장엄함을 묘사하셨습니다. 하나님이 땅의 기초를 놓으실 때 그 어떤 사람도 그곳에 없었다는 사실을 말씀하셨습니다. 그분이 하시는 모든 말씀은 인간의 견해가 얼마나 제한적인지 그리고 하나님의 지혜가 얼마나 뛰어난 것인지를 보여주었습니다. 모든 말씀을 마치신 하나님은 욥에게 "하나님을 탓하는 자는 대답할지니라"고 추궁하셨습니다.

욥은 자신을 비천한 자라고 하며 자신은 그저 입을 가릴 뿐 아무 대답도 할 수 없다고 말했습니다. 하나님은 그분의 지혜와 능력에 대해 계속 말씀하셨습니다. 그 후 욥은 "나는 깨닫지도 못한 일을 말하였고 스스로 알 수도 없고 헤아리기도 어려운 일을 말하였나이다"라고 자백했습니다. 그리고 그동안 자신이 말했던 모든 것에 대해 겸손하게 회개했습니다.

하나님은 맨 나중에 찾아온 네 번째 친구를 제외한 욥의 세 친구를 향해 노하셨습니다. 그들이 하나님에 대해 잘못 말했기 때문이었습니다. 하나님에 대해 옳게 말한 욥을 변호해 주셨고 세 친구에게는 회개하고 번제를 드리라고 명하셨습니다. 욥은 그 친구들을 위해 기도했고 하나님은 그 기도를 받아주셨습니다. 하나님은 거듭해서 세 친구에게 그들이 한 말은 옳지 않고 욥이 한 말이 옳다고 말씀하셨습니다.

욥이 세 친구를 위해 기도한 후, 하나님은 그를 다시 부유하게 하셨습니다. 실제로 하나님은 욥이 전에 소유했던 것의 두 배에 해당하는 재물과 가축으로 보상해 주셨습니다. 그리고 이전과 마찬가지로 열 명의 자녀를 주셨습니다. 욥은 손자 사 대를 볼 때까지 장수하다 노년이 되어 숨을 거두었습니다.

## 생각할 질문

- 이야기 앞부분은 욥을 어떻게 묘사하는가? 그는 어떤 사람이었는가?
- 천사들과 사탄이 하나님 앞으로 나왔을 때 누가 먼저 욥의 이름을 거론했는가? 그렇게 한 이유는 무엇인가?
- 사탄이 하나님을 향한 욥의 헌신을 탐탁지 않게 여긴 이유는 무엇인가? 그는 자신의 견해를 입증하려고 어떤 제안을 했는가? 하나님은 왜 사탄의 제안을 허락하셨는가?
- 하나님은 욥을 어떻게 보호하셨는가? 사탄을 어떻게 제한하셨는가? 그것은 위험한 세상에서 우리를 돌보시는 하나님의 방법에 대해 무엇을 말해 주는가? 이야기에 따르면 하나님과 사탄 중 누구에게 더 큰 권한이 있는가?
- 사탄이 하나님과 첫 번째 대화를 마친 후에 욥에게 어떤 일이 일어났는가? 그 일을 당한 욥은 어떻게 반응했는가?
- 사탄은 하나님과 두 번째 대화를 마친 후에 무엇을 했는가? 사탄이 하나님을 향한 욥의 온전한 헌신을 확신하지 못한 이유는 무엇인가?

하나님이 사탄에게 두 번째로 허락하신 것은 무엇인가?

- 욥은 두 번째 맞이한 고난에 어떻게 반응했는가? 그의 아내는 그에게 어떻게 말했는가?

- 당신이 욥이었다면 어떻게 느꼈겠는가? 하나님을 어떻게 생각했을 것 같은가? 당신의 믿음은 얼마나 굳건하겠는가? 아주 짧은 기간에 수많은 방법으로 다양한 고난을 당한다면 당신은 어떻겠는가?

- 욥의 친구들은 하나님이 사람들을 어떻게 다루신다고 생각했는가? 어떤 면에서 그들이 옳다고 할 수 있는가? 또 어떤 면에서 잘못되었다고 할 수 있는가?

- 친구가 고통 받고 있을 때 그 사람을 위로하는 방법에 대해(또는 위로가 되지 않는 방법에 대해) 욥의 친구들이 한 말과 행동은 무엇을 가르쳐 주는가?

- 하나님은 마침내 뭐라고 말씀하셨는가? 욥이 고난 받은 이유를 분명하게 설명해 주셨는가? 그렇게 생각한 이유는 무엇인가?

- 하나님은 우리가 고난 받을 때 그 이유를 언제나 분명하게 설명해 주시는가? 그렇게 생각하는 이유는 무엇인가? 하나님이 의인들이 극심한 고난을 당하도록 허락하시는 이유는 무엇이겠는가? 하나님은 우리가 고난 받을 때 그분을 향해 어떤 태도를 취하기 원하시는가?

- 고통 속에서 당신은 무슨 생각을 하는가? 올바른 견해를 유지하려면 어떻게 해야 하는가?

- 하나님은 욥의 친구들 앞에서 어떻게 그를 변호해 주셨는가?

- 욥의 이야기는 어떻게 끝났는가? 하나님은 욥을 고난 속에 그대로 두셨는가? 욥을 향한 하나님의 사랑을 어떻게 보여주셨는가? 욥의 이야기는 우리와 어떤 관련이 있는가? 하나님은 이야기를 마무리하면서 우리에게 어떤 약속을 해주시는가?

## 가족이 함께 생각할 질문

- 사람들이 고난을 받는 것은 하나님이 그들을 벌하시기 때문인가? 왜 그렇게 생각하는가?
- 사탄은 욥에게 하고 싶은 대로 다 할 수 있었는가? 사탄이 할 수 있는 일을 결정하시는 분은 누구인가?
- 사랑하던 사람들이 대부분 다 죽고 재산도 모두 빼앗기고, 동시에 당신 자신이 심한 병에 걸려 고통스럽게 앓게 된다면 마음이 어떠하겠는가? 욥은 어떠했겠는가?
- 욥은 어떻게 하나님의 선하심을 계속 믿을 수 있었는가?
- 욥처럼 큰 어려움을 당하게 된다면 당신은 하나님께 어떤 질문을 하겠는가? 하나님은 우리가 어려운 질문을 할 때 우리의 마음을 이해해 주시는가?
- 욥의 친구들이 결국 좋은 친구가 될 수 없었던 이유는 무엇인가? 하나님은 그들이 욥을 대하는 것을 보고 어떻게 말씀하셨는가?
- 하나님은 욥이 고난을 받게 된 이유를 설명해 주셨는가? 그분이 언제나 고난의 이유를 설명해 주신다고 생각하는가? 그렇게 생각하는 이유는, 또 그렇게 생각하지 않는 이유는 무엇인가?
- 결국 하나님은 욥에게 어떻게 보상해 주셨는가? 우리가 어려운 시기를 보낼 때 하나님은 어떤 약속을 해주시는가?

**마음에 새기는 말씀**

"내가 모태에서 알몸으로 나왔사온즉 또한 알몸이 그리로 돌아가올지라 주신 이도 여호와시요 거두신 이도 여호와시오니 여호와의 이름이 찬송을 받으실지니이다 하고"(욥 1:21).

"그가 나를 죽이시리니 내가 희망이 없노라"(욥 13:15).

"내가 알기에는 나의 대속자가 살아 계시니 마침내 그가 땅 위에 서실 것이라"(욥 19:25).

**묵상**

하나님의 허락 없이는 사탄이 우리를 건드리지 못한다.

# 엘리야

## 영적 대결

*Story Thru the Bible*

**주제** 하나님이 바알 선지자들을
물리치려고 하늘에서 불을 내리셨다.

**성경 본문** 열왕기상 18장

**배경 설명** ❖ ❖ 이스라엘 왕들은 하나님을 저버리고 돌아섰다. 이스라엘 백성도 여러 다른 신을 섬겼고, 때로는 참된 하나님과 거짓 신을 동시에 섬겼다. 이스라엘의 영적 타락은 솔로몬의 통치 말기에서 시작된 것 같다. 그리고 그의 뒤를 이은 후계자들은 점점 더 신의를 버렸다. 그 후 몇 세대가 지난 후에 아합이라는 악한 왕과 그의 영악한 아내 이세벨이 바알을 국가의 신으로 삼아 섬겼다. 그래서 하나님은 오래전 율법에 경고하셨던 대로 가뭄으로 하나님의 백성을 징계하셨다. 엘리야 선지자는 그 가뭄이 삼 년 동안 계속될 것이라고 선언했다. 이 장의 이야기는 하나님이 힘든 시기를 보내고 있는 그분의 백성에게 주의를 기울이시는 것으로 시작된다.

**들어가는 말** ❖ ❖

십계명에서 맨 처음에 나오는 두 계명이 무엇인지 기억하는가? 그 두 계명은 하나님을 섬기는 것에 관한 명령이었다. 구체적으로 말하자면 참된 하나님 외에는 다른 신을 두지 말라는 계명이다. 그것은 마음을 다하고 목숨을 다하고 힘을 다하고 뜻을 다하여 주 너의 하나님을 사랑하는 것이 가장 큰 계명이라고 가르치신 예수님의 말씀과 조화를 이룬다(눅 10:27). 그러나 인간의 마음은 변덕스럽다. 그렇지 않은가? 이야기를 살펴보면서 하나님을 버리고 돌아서도록 우리 마음을 유혹하는 것에 대해 생각해 보라. 그리고 하나님이 이스라엘 백성의 사랑과 예배를 얼마나 원하셨는지, 또 우리의 사랑과 예배를 얼마나 원하시는지 잘 살펴보라.

**이야기 속으로** ❖ ❖

가뭄이 든 지 삼 년째 되는 해에 하나님이 엘리야에게 아합 왕을 찾아가라고 지시하셨습니다. 그리고 곧 비를 내리실 거라고 말씀하셨습니다. 아합 왕은 기근이 심해서 오바댜에게 말과 노새가 죽지 않도록 꼴을 구해 오라고 했습니다. 오바댜는 하나님을 사랑하는 선한 선지자였지만 아합의 궁에서 섬겨야 했습니다. 그는 이세벨이 선지자들을 찾아 죽이지 못하도록 선지자 백 명을 동굴 속에 숨긴 적이 있었습니다. 엘리야는 꼴을 구하러 가는 오바댜를 만났습니다.

오바댜는 엘리야를 알아보고 절했습니다. 엘리야는 그에게 아합 왕에게 가서 자신이 그곳에 있다는 사실을 알리라고 말했습니다. 그 말을 들은 오바댜는 두려워했습니다. 그 이유는 엘리야는 찾기 힘든 사람이라는 명성이 자자했기 때문이었습니다. 실제로 아합 왕은 수년 동안 엘리야를 찾았지만 엘리야는 언제나 그를 피해 벗어났습니다. 오바댜는 자신이 아합 왕에게 엘리야가 있는 곳을 알려 주었다가 그가 사라질까봐 걱정이었습니다. 그렇게 되면 오바댜는 죽임을 당할 것이 뻔했습니다. 엘리야는 그날 아합 왕을 반드시 만나겠다고 오바다에게 약속했습니다.

엘리야를 만나러 온 아합 왕은 이스라엘을 괴롭히는 자라고 엘리야를 비난했습니다. 엘리야는 하나님의 명령을 저버리고 거짓 신들을 따른 아합 왕을 책망했습니다. 그리고 이스라엘 백성을 갈멜 산에 모이게 하고, 이세벨의 상에서 먹는 바알 선지자 사백오십 명과 아세라의 선지자 사백 명도 그곳에 불러 모으라고 말했습니다. 아합 왕도 그것을 동의했습니다. 엘리야는 이스라엘 백성 앞에 서서 "너희가 어느 때까지 둘 사이에서 머뭇머뭇 하려느냐 여호와가 만일 하나님이면 그를 따르고 바알이 만일 하나님이면 그를 따를지니라"고 말했습니다. 그러나 백성은 한마디도 대답하지 않았습니다.

엘리야는 그곳에 있는 하나님의 선지자는 자기 한 사람뿐이지만 바알 선지자는 사백오십 명이나 된다는 사실을 지적하며 도전장을 내밀었습니다. 양쪽이 각각 제물을 준비하되 불을 붙이지 말고 각자 섬기는 신을 부르자고 제안했습니다. 그리고 "불로 응답하는 신 그가 하나님이니라" 고 말했습니다. 백성도 그렇게 하자고 동의했습니다.

엘리야는 바알 선지자들이 먼저 시작할 수 있게 해주었습니다. 그들은 제단 위에 송아지를 올려놓고 바알의 이름을 부르기 시작했습니다. 아침부터 정오까지 바알의 이름을 부르며 응답해 주기를 기다렸지만 아무 소식이 없었습니다. 그러자 그들은 제단을 돌며 춤을 추었습니다. 정오에 엘리야가 그들을 조롱하면서 바알이 바쁘거나 깊은 생각에 빠져 있거나 잠깐 어디 나간 것일지도 모르니 더 큰 소리로 불러보라고 했습니다. 그래서 바알 선지자들은 더 큰 소리로 바알을 불렀고 몸에 피가 나도록 칼과 창으로 상처까지 냈습니다. 그것은 그들의 헌신을 드러내는 하나의 관습이었습니다. 그들은 저녁때까지 그렇게 하며 바알의 주의를 끌기 위해 미친 듯이 부르짖었습니다. 하지만 아무런 응답이 없었습니다.

마침내 엘리야가 백성에게 모이라고 지시했습니다. 그리고 무너져 있던 하나님의 제단을 수축했습니다. 이스라엘의 열두 지파를 위해 열두 개의 돌로 제단을 다시 쌓고 그 주위에 도랑을 판 다음 제단 위에 장작을 쌓고 송아지를 올려놓았습니다. 그리고 백성에게 큰 통 네 개에 물을 채워다가 제물과 장작더미 위에 붓고 그렇게 세 번을 반복하라고 지시했습니다. 네 통의 물을 세 번씩 모두 열두 통의 물을 쏟아부었습니다. 그러자 물이 제단 주위로 흘러내려 도랑을 메웠습니다. 엘리야는 앞으로 나아가 하나님께 이렇게 기도했습니다. "주께서 이스라엘 중에서 하나님이신 것과 내가 주의 종인 것과 내가 주의 말씀대로 이 모든 일을 행하는 것을 오늘 알게 하옵소서 여호와여 내게 응답하옵소서 내게 응답하옵소서 이 백성에게 주 여호와는 하나님이신 것과 주는 그들의 마음을 되돌이키심을 알게 하옵소서."

엘리야가 기도를 마치자 하나님의 불이 내려와 제물과 나무와 돌과 흙을 태우고 도랑의 물까지 삼켜버렸습니다. 하나님의 백성은 엎드려 "여호와 그는 하나님이시로다"라고 거듭 말했습니다. 엘리야는 백성에게 바알 선지자들을 잡아 죽이라고 명령했습니다. 그리고 아합 왕에게는 이제 곧 비가 올 터이니 올라가 먹고 마시라고 말했습니다.

아합이 떠난 후 엘리야는 산꼭대기로 올라가 땅에 꿇어 엎드려 두 무릎 사이에 얼굴을 묻었습니다. 사환에게 바다 쪽을 바라보라고 했습니다. 그러나 그 사환은 아무것도 보이지 않는다고 말했습니다. 엘리야는 사환에게 바다 쪽을 바라보라고 일곱 번 지시했습니다. 그리고 드디어 일곱 번째가 되었을 때 사환은 사람 손바닥만 한 작은 구름이 바다에서 올라오는 것이 보인다고 말했습니다. 엘리야는 사환에게 아합 왕을 따라가서 비가 오기 전에 서둘러 집으로 돌아갈 것을 전하도록 지시했습니다. 잠시 후 하늘이 구름에 덮여 어두워졌고 바람이 일면서 큰 비가 내리기 시작했습니다. 하나님의 능력이 엘리야에게 임했고 그는 이스르엘로 들어가는 곳까지 아합 왕 앞에서 달렸습니다.

## 생각할 질문

- 이스라엘에 가뭄이 들었던 이유는 무엇인가? 하나님이 가뭄을 통해 그분의 백성에게 전하고자 하신 메시지는 무엇인가? 가뭄이 들 것이라고 먼저 선언한 사람은 누구인가?
- 하나님이 엘리야에게 그를 찾아 죽이고 싶어 하는 아합 왕을 찾아가라고 지시하신 이유는 무엇인가? 하나님의 계획은 무엇이었는가?
- 오바댜는 왜 아합 왕에게 엘리야를 보았다고 말하기를 두려워했는가? 엘리야는 오바댜를 안심시키려고 무슨 말을 했는가?
- 엘리야를 만난 아합 왕은 그를 어떻게 비난했는가? 엘리야는 아합 왕의 어떤 잘못을 책망했는가?
- 엘리야가 내민 도전장은 무엇이었는가? 그 도전장을 내밀면서 그는 어떤 위험을 감수했는가? 하나님이 응답하지 않으셨다면 어떤 일이

벌어졌겠는가?

- 엘리야처럼 믿음으로 어떤 일을 해야 했던 적이 있는가? 그렇다면 그때 하나님이 당신을 지지해 주실 거라고 얼마나 확신했는가? 그 일은 어떻게 마무리되었는가?

- 당신은 믿음을 걸어야 하고 하나님이 그 믿음을 증명해 주시지 않으면 난처해질 수 있는 상황에서 뒤로 물러섰던 적이 있는가? 만일 당신이 위험을 감수하고 물러서지 않았다면 어떤 일이 일어났을 것이라고 생각하는가?

- 엘리야는 바알 선지자들이 그들의 신을 부르도록 어느 정도의 시간을 주었는가? 바알의 주의를 끌려고 그들은 어떻게 했는가? 그들은 어떤 응답을 받았는가?

- 엘리야는 하나님의 응답을 받기 전까지 얼마나 기도했는가? 하나님은 그의 기도에 어떻게 응답하셨는가?

- 하나님의 능력을 본 백성은 어떻게 반응했는가? 그들은 바알 선지자들을 어떻게 했는가? 아합 왕은 어떤 반응을 보였는가?

- 그 후 엘리야는 무엇을 했는가? 엘리야가 비 오기를 기도해야 했던 이유는 무엇인가? 엘리야가 그의 사환에게 결과가 나타나기까지 똑같은 일을 일곱 번 반복하게 한 이유는 무엇인가? 엘리야의 인내는 기도에 대해 무엇을 가르쳐 주는가?

- 이 이야기는 담대한 믿음에 대해 무엇을 가르쳐 주는가? 하나님이 위기의 순간에 우리를 지지해 주실지 아닐지를 우리는 어떻게 알 수 있는가? 하나님이 우리가 믿음으로 나아가면서 감수하기를 원하실 수도 있는 위험은 무엇인가?

- 이 이야기는 하나님이 우리의 예배를 얼마나 원하시는지에 대해 무엇을 알려 주는가? 또한 이 이야기는 열정적으로 하나님께 헌신하고 그

분을 섬길 수 있도록 당신을 어떻게 격려해 주는가?

## 가족이 함께 생각할 질문

- 하나님은 왜 오랫동안 이스라엘에 비를 내리지 않으셨는가? 하나님은 그분의 백성에게 무엇을 가르치고 싶어 하셨는가?
- 오바댜는 왜 아합 왕을 두려워했는가? 엘리야 선지자는 왜 아합 왕을 두려워하지 않았는가?
- 엘리야는 아합 왕에게 무엇을 제안했는가? 아합 왕 편에 선 사람은 얼마나 있었는가? 엘리야 편에 선 사람은 얼마나 있었는가?
- 하나님이 엘리야가 쌓은 제단에 불을 내리지 않으셨다면 어떤 일이 벌어졌겠는가? 엘리야도 그런 일이 벌어질 수 있다고 염려했겠는가? 그렇게 생각하는 이유는 무엇인가?
- 하나님이 엘리야의 기도에 응답하셨을 때 사람들은 어떻게 반응했는가? 그들은 누구를 섬기기로 했는가?
- 엘리야는 왜 승리를 거둔 후에 비 오기를 기도했는가? 그리고 왜 비 오기 전까지 기도하면서 일곱 번이나 확인을 해야 했는가? 엘리야의 이야기는 기도하면서 포기하지 않아야 한다는 사실에 대해 무엇을 가르쳐 주는가?
- 엘리야의 이야기는 믿음에 대해 무엇을 가르쳐 주는가? 우리가 하나님을 믿을 때 그분은 어떻게 반응하시는가?
- 이 이야기는 예배에 대해 무엇을 가르쳐 주는가? 하나님은 우리가 그분을 예배하기를 얼마나 간절히 원하시는가? 하나님을 향한 우리의 사랑을 어떻게 드러낼 수 있겠는가?

**마음에 새기는 말씀**

"아브라함과 이삭과 이스라엘의 하나님 여호와여 주께서 이스라엘 중에서 하나님이신 것과 내가 주의 종인 것과 내가 주의 말씀대로 이 모든 일을 행하는 것을 오늘 알게 하옵소서 여호와여 내게 응답하옵소서 내게 응답하옵소서 이 백성에게 주 여호와는 하나님이신 것과 주는 그들의 마음을 되돌이키심을 알게 하옵소서"(왕상 18:36-37).

**묵상**

하나님은 우리가 날마다 치르는 영적 전쟁에 놀라운 방법으로 개입하실 수 있다.

# 요나

## 도망친 선지자

*Story Thru the Bible*

**주제** 하나님은 그분을 알지 못하는 사람들을 불쌍히 여기시고, 도망친 선지자가 다시 그의 사명을 감당하도록 이끄신다.

**성경 본문** 요나 전체

**배경 설명** ❖ ❖ 니느웨는 앗수르의 주요 도시였다. 앗수르는 이스라엘의 가장 위협적인 적이었고 폭력적인 전략을 쓴다고 알려진 나라였다. 요나는 적에게 압제당하던 이스라엘을 위해 메시지를 전한 적이 있는 선지자였고(왕하 14:25), 니느웨가 심판받는 것을 강력하게 지지했던 것으로 보인다. 따라서 그는 포악한 니느웨 사람들을 위해 그곳에 가서 메시지를 전달하는 것을 원하지 않았을 것이다. 또 니느웨 사람들에게 회개할 기회를 주고 싶지도 않았을 것이다.

**들어가는 말** ✧ ✧

하나님은 우리를 그분의 일에 동참하도록 초대하신다. 그러나 많은 사람이 그 초대를 받아들이지 않는다. 이유가 무엇인가? 아마도 그 일이 너무 힘들어 보이거나 자신에게 그 일을 할 만한 자격이 없다고 생각하기 때문일 것이다. 또 자기 일을 하느라 너무 바빠서 하나님의 일에 관심을 기울이지 못하는 것일 수도 있다. 그러나 하나님을 사랑하고 그분의 말씀을 진지하게 받아들이는 사람은 하나님의 일에 참여할 수 있는 기회를 얻고 곧 그 기쁨을 알게 된다. 이 이야기에서 우리는 하나님의 초대에 응할 준비가 되지 않았던 한 선지자를 보게 될 것이다. 그의 이야기를 살펴보면서 다음 질문을 생각해 보라. 하나님이 요청하시는 일 가운데 당신이 상상할 수 있는 가장 힘든 일은 무엇인가? 하나님이 바로 그 일을 요구하신다는 사실을 알게 되었을 때 어떻게 하겠는가? 당신은 하나님을 알지 못하는 사람들이나 그분을 알려고도 하지 않는 사람들에게 얼마나 많은 관심을 갖고 마음을 쓰고 있는가?

**이야기 속으로** ✧ ✧

요나는 적국의 도시로 가서 여기저기를 돌아다니며 하나님의 심판을 알려야 하는 탐탁지 않은 과제를 받았습니다. 그런 과제를 수행하고도 살아남을 수 있는 선지자가 과연 있을까요? 요나는 그 결과를 알고 싶지 않았습니다. 그래서 하나님이 가라고 명하신 곳의 반대쪽으로 도망쳤습니다.

요나는 서쪽으로 나아가 지중해를 항해하는 배에 서둘러 올라탔습니다. 그런데 하나님이 폭풍우를 일으키시고 그가 탄 배를 위태롭게 하셨습니다. 다른 선원들은 크게 두려워하며 각자 자기가 섬기는 신의 이름을 부르며 도움을 구했습니다. 그리고 목숨을 구하려고 물건들을 바다로 집어던졌습니다. 그때 요나는 배 밑에서 자고 있었습니다. 그래서 선장이 그를 깨우며 배가 위험에 처했으니 하나님께 기도하라고 말했습니다. 선원들은 신들을 노하게 만든 책임이 누구에게 있는지를 알아내려고 제비뽑기를 했고 요나가 그 장본인으로 뽑혔습니다.

그들은 요나에게 어디에서 온 누구인지를 묻고 무슨 짓을 했기에 이런 위험이 일어났는지를 추궁했습니다. 그들은 하나님이 요나에게 말씀하셨는데 그가 그분으로부터 도망치고 있다는 사실을 이미 알고 있었습니다. 그들은 요나에게 "우리가 너를 어떻게 하여야 바다가 우리를 위하여 잔잔하겠느냐"라고 물었습니다. 요나는 "나를 들어 바다에 던지라 그리하면 바다가 너희를 위하여 잔잔하리라 너희가 이 큰 폭풍을 만난 것이 나 때문인 줄을 내가 아노라"고 대답했습니다. 그들은 그의 말대로 하고 싶지 않아 배를 육지로 돌리려 애썼지만 모두 허사였습니다. 결국 그들은 요나를 바다에 던지기로 했습니다. 그리고 그의 목숨을 잃게 하는 것을 용서해 달라고 하나님께 간구했습니다. 그들은 요나를 바다에 던졌습니다. 그러자 곧 폭풍우가 잔잔해졌습니다. 큰 물고기가 요나를 삼켰고 그는 물고기 뱃속에서 사흘 밤낮을 지냈습니다.

요나는 물고기 뱃속에서 하나님께 불순종했던 것을 회개했습니다. 물고기가 요나를 육지 위에 토해냈고, 요나는 하나님께 순종하며 "사십 일이 지나면 니느웨가 무너지리라"고 말씀하신 그분의 메시지를 들고 니느웨로 갔습니다. 그런데 놀랍게도 그 도시 사람들은 메시지를 듣고 회개하고 하나님을 믿었습니다. 왕도 회개했고, 그들은 금식까지 선포했습니다. 금식하면서 회개하는 시간을 공식적인 법령으로 선포했습니다. 왕은 모든 사람이 절박하게 하나님께 기도할 것을 지시하면서 "하나님이 뜻을 돌이키시고 그 진노를 그치사 우리가 멸망하지 않게 하시리라 그렇지 않을 줄을 누가 알겠느냐"라고 말했습니다. 하나님은 그들이 회개했기 때문에 이전에 요나에게 말씀하셨던 것과는 달리 그들을 멸망시키지 않으셨습니다.

니느웨 사람들이 회개했을 때 요나는 기뻐하지 않았습니다. 사실 그는 심하게 화를 냈습니다. 그 이유는 하나님이 이스라엘을 가장 괴롭히는 나라 중의 하나인 니느웨 사람들에게 자비를 베푸셨기 때문이었습니다. 몹시 화가 난 요나는 하나님께 자신의 생명을 거두어달라고 청했습니다. 그래서 하나님은 요나에게 깨달음을 주시고자 그에게 그늘을 만들 수 있는 박 넝쿨 하나를 빠르게 자라게 하셨습니다. 그런데 뜨거운 태양 아래서 그 박 넝쿨은 곧 시들고 말았습니다. 요나는 박 넝쿨을 잃게 되자 화를 냈습니다. 이는 요나가 하나님을 알지 못하는 사람들로 가득 찬 큰 도시보다 박 넝쿨을 더 아끼고 있다는 사실을 보여주는 것이었습니다. 요나서에서 하나님이 그에게 마지막으로 하시는 말씀은 잃어버린 사람들을 불쌍히 여기시는 그분의 마음을 보여줍니다. "이 큰 성읍 니느웨에는 좌우를 분변하지 못하는 자가 십이만여 명이요 가축도 많이 있나니 내가 어찌 아끼지 아니하겠느냐."

## 생각할 질문

- 요나는 하나님이 명하신 사명을 왜 그렇게 못마땅히 여겼는가?
- 하나님이 당신에게 혼자 적국으로 가서 심판을 선포하라고 명하셨다면 당신은 어떻게 반응했겠는가?

- 하나님을 피해 달아나고 싶다고 느낀 적이 있는가? 그 이유는 무엇인가? 하나님께 순종하기 힘든 때는 언제인가? 그때 순종하지 않으면 어떤 결과가 나타나겠는가?
- 니느웨는 하나님의 백성을 괴롭혔던 사람들이 살고 있는 도시였다. 그런데도 하나님이 그 도시를 아끼신 이유는 무엇인가?
- 하나님은 그분이 맡기신 사명을 거부한 요나에게 한 번 더 기회를 주셨다. 하나님은 우리가 그분의 일을 거부할 경우 얼마나 여지없이 우리를 추격하시는가? 그러한 경우에 하나님은 우리를 포기하시고 대신에 다른 사람에게 그 일을 맡기시는가? 그렇게 생각하는 이유는 무엇인가?
- 요나는 어떤 면에서 변했는가? 또 어떤 면에서 변하지 않았는가?
- 니느웨 사람들이 회개했을 때 요나는 왜 화를 냈는가?
- 이 이야기는 하나님을 알지 못하는 사람들을 불쌍히 여기시는 그분의 마음에 대해 무엇을 가르쳐 주는가? 그 메시지는 이 시대를 살아가는 우리와 어떤 관련이 있는가?
- 하나님은 어떻게 우리와 그분의 마음을 나누고 싶어 하시는가? 하나님은 우리에게 그분의 생각과 비전을 어떻게 알려 주시는가?
- 하나님은 우리의 적을 어떻게 바라보시는가? 그리고 우리가 그들을 어떻게 대하길 바라시는가? 오늘날 하나님의 백성이 사랑하고 싶어 하지 않는 적은 누구인가?
- 오늘날에도 하나님은 그분의 사람들을 대도시로 보내셔서 하나님의 일을 수행하게 하시는가? 그렇다면 우리는 어떻게 하나님의 일에 동참할 수 있는가?

## 가족이 함께 생각할 질문

- 하나님은 요나에게 무엇을 하라고 말씀하셨는가? 하나님은 왜 그분의 백성을 힘들게 한 사람들에게 관심을 가지시는가?
- 요나가 하나님께 순종하기 힘들었던 이유는 무엇인가? 우리가 때때로 하나님께 순종하기 힘든 이유는 무엇인가?
- 하나님은 요나가 마음을 바꿀 수 있도록 어떻게 하셨는가?
- 요나는 하나님이 순종할 수 있도록 한 번 더 주신 기회를 기쁘게 여겼는가? 당신은 언제 하나님의 용서가 필요했는가?
- 요나가 니느웨 사람들에게 심판이 임할 거라고 알렸을 때, 그들은 어떻게 반응했는가? 하나님은 그런 그들을 보고 어떤 결정을 내리셨는가?
- 요나는 왜 하나님이 니느웨 사람들에게 자비를 베푸시는 것을 보고 화를 냈는가? 하나님은 그런 요나를 포기하시고 그를 가르치지 않기로 하셨는가? 그렇게 하신 이유는 무엇인가? 하나님은 요나에게 사람들을 불쌍히 여기시는 그 마음을 보여주시고자 어떻게 하셨는가?
- 왜 우리는 하나님이 사랑하시는 모든 사람을 사랑하는 것이 어려운가? 우리가 좋아하지 않는 사람들을 사랑하려면 어떻게 해야 하는가?

**마음에 새기는 말씀**

"이 큰 성읍 니느웨에는 좌우를 분변하지 못하는 자가 십이만여 명이요 가축도 많이 있나니 내가 어찌 아끼지 아니하겠느냐"(욘 4:11).

**묵상**

하나님은 우리에게 다시 기회를 주셔서 다른 사람들을 불쌍히 여기시는 그분의 마음을 나누기 원하신다.

# 이사야

## 다가올 일에 대한 징조

*Story Thru the Bible*

**주제** 하나님이 그분의 고난의 종이 오실 것을 예언하셨다.

**성경 본문** 이사야 7장 14절, 9장 2-7절, 53장 1-12절

**배경 설명** ❖ ❖ BC 740년경에 이사야라는 이름을 가진 선지자가 하나님을 만났다. 그때는 엘리야 선지자 이후 거의 한 세기가 지난 후였고 요나 선지자 이후로는 수십 년이 지난 때였다. 이사야는 성전의 보좌에 앉아 계시는 하나님과 그분의 거룩하심과 영광을 선포하는 천사들을 보았다. 이사야는 그 광경을 보고 자신을

겸허하게 낮추었다. 그는 백성에게 가서 하나님의 심판과 소망을 선포하라는 사명을 받았다. 그래서 그는 백성에게 회개할 것을 촉구하고 멸망과 회복을 예언했다. 그리고 오실 구세주와 영원한 하나님 나라를 바라보고자 먼 미래를 내다보았다.

**들어가는 말** ❖ ❖ 미래를 알 수 있기를 바라는가? 때때로 하나님은 우리에게 그분이 앞으로 하실 일을 살짝 보게 하신다. 우리는 이번 이야기를 통해 메시아가 오시기 수백 년 전에 살았지만 오실 메시아를 아주 상세하게 묘사한 한 선지자의 놀라운 예언을 보게 될 것이다. 이제 이야기를 살펴보면서 그가 예언하는 아기와 묘사하는 고난의 종이 누구인지 확인해 보라.

**이야기 속으로** ❖ ❖ 이사야에 나오는 세 개의 예언을 살펴보겠습니다. 처음 나오는 두 예언은 탄생에 관한 것입니다. 선지자는 먼저 우리에게 하나님이 한 징조를 주셨다고 말합니다. 처녀가 잉태하여 아들을 낳을 것이며 그 아들은 임마누엘(우리와 함께하시는 하나님)이라 불리게 되리라는 예언이었습니다.

두 번째 예언은 암흑 속에서 살고 있던 사람들이 큰 빛을 보게 될 것이라는 내용이었습니다. 하나님이 나라를 넓히시고 기쁨을 더하실 것이며 백성은 추수를 하거나 또는 전리품을 나누며 기뻐할 것입니다. 이사야는 하나님이 그분의 백성을 괴롭히는 멍에를 끊으시고 압제로부터 그들을 구원하시는 것에 대해 말합니다. 전쟁이 다 끝났기 때문에 군복은 불에 타 없어질 것입니다. 그리고 그는 다음과 같이 말합니다.

"한 아기가 우리에게 났고

한 아들을 우리에게 주신 바 되었는데
그의 어깨에는 정사를 메었고
그의 이름은 기묘자라, 모사라, 전능하신 하나님이라,
영존하시는 아버지라, 평강의 왕이라 할 것임이라."

그리고 이어서 말했습니다. 그분의 의로운 통치는 언제나 번창할 것이며, 그분은 다윗의 보좌에서 영원히 다스릴 것입니다. 하나님의 열정이 그 통치를 확실하게 할 것입니다.

세 번째 예언은 죽음을 묘사하고 있습니다. 그 예언은 우리에게 연한 순 같고 마른 땅에서 나온 뿌리처럼 자라는 사람에 대해 전합니다. 그는 특별한 아름다움이나 흠모할 만한 외모를 지니지 않은 초라한 모습을 하고 있습니다. "그는 멸시를 받아 사람들에게 버림받았으며 간고를 많이 겪었으며 질고를 아는 자라." 사람들은 그에게서 얼굴을 돌리고 그를 멸시할 것입니다. 그러나 그는 우리의 질고를 지고 우리의 슬픔을 당할 것입니다. 그가 우리의 허물 때문에 징계를 받으므로 우리는 평화를 누리고 그가 채찍에 맞으므로 우리는 나음을 얻게 될 것입니다. 우리는 다 양 같아서 각기 제 길로 가지만 하나님이 우리의 모든 죄악을 그에게 담당시키실 것입니다. 그는 곤욕을 당하겠지만 저항하지 않을 것입니다. "도수장으로 끌려가는 어린 양과 털 깎는 자 앞에서 잠잠한 양같이 그의 입을 열지 아니하였도다." 그는 강포를 행하거나 거짓말로 사람들을 속인 적이 없지만 살아 있는 자들의 땅에서 끊어질 것이고, 그의 무덤이 악인들과 함께 있을 것이며, 죽은 후에는 부자와 함께 있을 것입니다.

그러나 그가 고난을 당하게 하시고 그의 영혼을 속건 제물로 삼으시는 것이 하나님의 뜻이 될 것입니다. 그렇다 해도 하나님이 그의 날을 길게 하실 것이며 그의 손으로 하나님이 기뻐하시는 뜻을 성취하게 하실 것입니다. 고난을 받은 후, 그는 생명을 보고 만족할 것이며 많은 사람을 의롭게 하고 그들의 죄악을 친히 담당할 것입니다. 그러므로 하나님이 많은 사람의 죄를 담당한 그를 존귀하게 하시며 승자의 전리품으로 크게 보상하실 것입니다. 왜냐하면 그는 범죄자들의 죄를 담당하여 자기 생명을 버렸기 때문입니다.

## 생각할 질문

- 이 예언은 누구를 묘사하는 것인가?
- 탄생에 대한 예언은 메시아를 어떻게 묘사하고 있는가? 그에게 어떤 특성이 있는가?
- '임마누엘'이라는 이름은 무슨 뜻인가? 그 이름은 어떤 면에서 우리에게 위로가 되는가? 그 이름이 가장 큰 위로와 격려가 되었을 때는 언제인가?
- 기묘자, 모사, 전능하신 하나님, 영존하시는 아버지, 평강의 왕으로 열거된 아기의 이름 중 당신에게 가장 뜻깊은 이름은 무엇인가? 그 이유는 무엇인가?
- 메시아의 통치는 얼마나 오랫동안 이어지는가? 그의 통치가 언제나 흥왕할 것이라는 말은 무슨 뜻인가? 그 일이 어떻게 가능한가? 그것은 어떤 면에서 우리에게 격려가 되는가?
- 죽음에 대한 예언은 메시아를 어떻게 묘사하는가? 그는 어떤 특성이 있는가? 그가 어떤 일을 겪게 될 것이라고 말하는가?
- 고난의 종이 당한 죽음은 하나님의 백성에게 어떤 유익을 주는가? 우리의 '슬픔'과 '허물' 때문에 고난과 죽음을 당한 그가 성취한 것은 무

엇인가?

- 메시아가 고난을 받아야 했던 이유는 무엇인가? 그의 영혼을 '속건 제물'로 드렸다는 말은 무슨 뜻인가? 모세의 율법에 비추어 볼 때 죄를 용서받기 위해 드리는 제물은 어떠해야 하는가? 예수님은 그 제물로 얼마나 잘 어울리시는가?
- 우리에게 고난의 종이 필요한 이유는 무엇인가? 이사야는 어떤 면에서 우리를 양으로 비유하고 있는가? 또 어떤 면에서 그는 예수님을 어린 양으로 비유하고 있는가?
- 죽음에 대한 예언의 끝 부분에서 고난의 종은 어떤 보상을 받는가?
- 예수님이 태어나시기 수백 년 전에 있었던 이 예언은 왜 중요한가?
- 이 예언은 인류를 구원하시려는 하나님의 계획에 대해 무엇을 말해 주는가? 하나님은 그 계획을 이루시려고 어떤 준비를 하셨는가?
- 이 예언은 미래에 관한 하나님의 주권에 대해 무엇을 가르쳐 주는가? 또한 우리의 미래를 주관하시는 하나님의 주권에 대해 어떻게 격려해 주는가?

## 가족이 함께 생각할 질문

- 아기가 태어날 것이라는 예언은 아기를 어떻게 묘사하는가? 그 아기의 이름은 무엇인가? 아기의 특별한 점은 무엇인가?
- 메시아는 얼마나 오랫동안 통치하시는가?
- 이사야는 예언에서 예수님의 외모를 어떻게 묘사하는가? 그 예언에 따르면 예수님은 평범한 사람처럼 보이는가, 아니면 하나님의 아들이라는 사실이 분명하게 드러나는 그런 외모를 가진 분처럼 보이는가?

- 예수님은 우리 죄를 담당하시고자 무엇을 하셔야 했는가? 우리는 어떤 면에서 양 같은가? 그분은 우리를 위해 어떤 고난을 당하셨는가?
- 예언에 따르면 예수님은 잘못이 있었는가? 예수님이 사람들로 하여금 자신을 죽이도록 허락하신 이유는 무엇인가?
- 하나님은 미래를 얼마나 멀리 내다보실 수 있는가? 하나님이 당신의 미래에 대해 무엇을 알고 계신다고 생각하는가? 하나님이 당신의 미래를 얼마나 잘 계획하고 계신다고 생각하는가?

**마음에 새기는 말씀**

"그가 찔림은 우리의 허물 때문이요 그가 상함은 우리의 죄악 때문이라 그가 징계를 받으므로 우리는 평화를 누리고 그가 채찍에 맞으므로 우리는 나음을 받았도다 우리는 다 양 같아서 그릇 행하여 각기 제 길로 갔거늘 여호와께서는 우리 모두의 죄악을 그에게 담당시키셨도다"(사 53:5-6).

**묵상**

하나님은 우리를 위해 목숨을 바치도록, 고난의 종이신 예수님을 세상에 보내셨다.

# 다니엘

## 타협 불가

*Story Thru the Bible*

**주제** 사람보다 하나님께 순종해야 한다.

**성경 본문** 다니엘 1장

**배경 설명** ❖ ❖ 하나님이 수많은 선지자를 하나님의 백성에게 보내셨지만, 그들은 하나님을 따르지 않았다. 결국 하나님은 적국의 침략을 통해 그들을 징계하셨다. 바벨론 사람들이 예루살렘을 파괴하고 그들을 포로로 잡아갔다. 그러나 하나님은 그분의 백성에게 계속해서 말씀하셨다. 하나님이 바벨론에 세우신 선지자

중 한 사람은 다니엘이라는 젊은이였다. 다니엘과 그의 친구들은 느부갓네살 왕의 왕실에서 섬기게 되었고, 다니엘은 바벨론에 거하는 동안 여러 차례 꿈과 환상을 해석했다. 이 장의 이야기는 다니엘의 성품과 하나님의 큰 목적을 위해 그분이 다니엘을 준비시키신 방법에 초점을 맞추고 있다.

**들어가는 말** ❖ ❖ 우리는 앞서 하나님이 그분을 섬기는 사람들의 성품을 다듬는 데 시간을 투자하시는 것을 보았다. 하나님은 그분이 계획하신 일을 위해 요셉과 다윗과 그 밖의 많은 사람을 오랫동안 준비시키셨다. 이번에 우리는 곤란한 입장에 처한 한 사람의 성품을 살펴보게 될 것이다. 매우 총명하고 뛰어난 유다의 많은 젊은이가 포로로 끌려가 바벨론 왕실에서 섬기게 되었다. 그중 다니엘은 타협을 요구하는 상황 속에서도 하나님을 향한 그의 신실함을 굳게 지켰다. 이야기를 살펴보면서 세상 사람들의 방식과 다협하고 싶은 유혹을 받았던 때를 생각해 보라. 그 상황 속에서 어떻게 했는가? 그런 압력에 어떻게 저항했는가? 다니엘은 그런 상황을 어떻게 이겨냈는지 잘 살펴보라.

**이야기 속으로** ❖ ❖ 바벨론 왕 느부갓네살이 예루살렘을 포위했습니다. 하나님은 그들이 유다 왕을 포로로 잡아가고 성전의 귀중한 물건을 빼앗아가도록 허락해 주셨습니다. 느부갓네살 왕은 유다의 보물을 자신이 섬기는 신의 신당으로 가져갔습니다. 또한 이스라엘의 왕족과 귀족 중에서 육체적으로 건강하고 지적으로 총명한 젊은이들을 그의 왕실로 데려오라고 환관장에게 지시했습니다. 환관장은 젊은이들이 왕실에서 섬길 수 있도록 삼 년 동안 그들에게 바벨론의 언어와 문예를 가르쳤고, 그들을 위해 왕실의 기름진 음식을 식단으로 마련했습니다.

그 젊은이 중에는 다니엘과 그의 세 친구, 하나냐와 미사엘과 아사랴도 포함되어 있었습니다. 환관장은 그들에게 바벨론식 이름을 지어 주었습니다. 다니엘은 벨드사살이라 불렸고 하나냐는 사드락, 미사엘은 메삭, 아사랴는 아벳느고라고 불렸습니다. 이 이름들은 모두 바벨론 신을 뜻하는 것이었습니다.

다니엘은 하나님이 지시하신 식사 규정을 지키고 싶었기에 바벨론 음식을 먹고 싶지 않았습니다. 그래서 환관장에게 자신을 더럽히지 않도록 허락해 줄 것을 요청했습니다. 하나님이 환관장의 마음을 움직이셨고 그는 다니엘에게 온정을 베풀었습니다. 그러나 환관장은 왕을 두려워했습니다. 왜냐하면 다니엘과 그의 세 친구가 건강해 보이지 않는다면 왕이 그 책임을 환관장에게 물을 것이기 때문이었습니다. 그래서 다니엘은 열흘 동안 물을 마시고 채식을 한 자신들과 왕실의 음식을 먹은 다른 사람들을 비교해 보는 실험을 해보자고 제안했습니다. 그 결과에 따라 식단을 결정하자는 것이었습니다. 환관장은 그 제안에 동의했습니다. 그리고 열흘 후 다니엘과 그의 세 친구는 그들의 동료들보다 더 건강해 보였습니다. 그래서 환관장은 그들이 유대인의 규정에 맞는 음식만 먹을 수 있도록 허락해 주었습니다.

하나님이 그 네 젊은이에게 지혜를 주시고 그들이 배우는 것을 다 깨닫게 하셨습니다. 특히 다니엘은 꿈과 환상을 해석할 수 있었습니다. 삼년 동안 준비 기간을 마친 후, 환관장은 그들을 왕에게 데려갔고 그들과 이야기를 나눈 왕은 그들로부터 매우 깊은 인상을 받았습니다. 왕은 그들의 지혜와 학식이 매우 탁월하여 바벨론의 모든 박수와 술객보다 훨씬 더 뛰어나다는 것을 알게 되었습니다.

## 생각할 질문

- 다니엘과 그의 세 친구가 느부갓네살 왕의 왕실에 있게 된 이유는 무엇인가? 그들이 바벨론으로 가기까지 무슨 일이 일었던 것인가?
- 다니엘과 그의 세 친구의 바벨론 이름은 무엇인가? 종종 이름으로 그 사람을 규정하는 사회에서 그들의 새로운 이름은 그들에게 어떤 영향을 미쳤겠는가?
- 다니엘과 그의 세 친구는 자신들을 위한 식단이 나왔을 때 어떤 곤경에 처하게 되었는가? 그것이 왜 문제였는가?
- 환관장은 무엇을 두려워했는가? 그런 상황에서 다니엘과 세 친구는 어떤 압박을 느꼈겠는가? 또 환관장은 어떤 어려움을 느꼈겠는가?
- 우리가 옳은 일을 하기로 결정할 때 그것은 우리 자신과 주변 사람들에게 모두 맞는 것인가? 그렇다면 혹은 그렇지 않다면 그 이유는 각각 무엇인가?
- 당신이 다니엘이었다면 어떻게 했을 것 같은가?
- 다니엘은 자신보다 높은 지위에 있는 사람들에게 어떻게 존경을 표했는가? 또한 그는 하나님에 대한 존경을 어떻게 표현했는가? 그는 그 두 가지를 어떻게 할 수 있었는가?
- 다니엘은 율법이 정한 규정에 어긋나는 음식을 먹지 않기 위해 환관장을 어떻게 설득했는가? 열흘 후에 다니엘과 그의 친구들이 다른 사람들보다 더 건강해 보이지 않았다면 그들에게 어떤 일이 벌어졌겠는가?
- 성경에 따르면 다니엘과 그의 친구들의 지혜와 총명은 어디서 온 것인가? 하나님이 그들에게 그런 호의를 베푸신 이유는 무엇인가?
- 하나님이 정하신 기준을 포기하면서 타협하고 싶은 유혹을 느낀 적

은 언제인가? 그 상황에서 어떻게 했는가? 타협했을 때 어떤 느낌이었는가? 또 그 유혹에 굽히지 않았을 때는 어떤 느낌이었는가? 그런 상황에서 하나님이 격려해 주시고 지지해 주시고 또 용서해 주시는 것을 어떻게 알 수 있었는가?

- 유혹을 받을 때나 시련을 겪을 때, 그런 과정이 더 큰 일을 위해 하나님이 당신을 준비시키시는 것이라는 사실을 깨닫게 되는가? 그 이유는 무엇인가? 그 깨달음은 시련 속에 있을 때 어떤 도움이 되는가?
- 신실한 성품과 충실함은 어떤 면에서 하나님을 섬기는 것과 깊은 관련이 있는가? 하나님은 어떤 방법으로 우리의 신실한 성품과 충실함을 다듬고 준비시키시는가?

## 가족이 함께 생각할 질문

- 다니엘과 그의 친구들은 왜 바벨론에 있었는가? 그들은 그곳에서 살고 싶어 했는가?
- 다니엘과 그의 친구들은 그들이 처한 상황에서 어떤 태도를 보였는가? 그런 상황에 대해 불평했는가? 성경은 그들의 생김새와 지혜를 어떻게 묘사하고 있는가?
- 왕의 환관장이 다니엘과 그의 친구들에게 요구한 일 중 하나님의 율법에 어긋나는 것은 무엇인가? 그들은 왜 그 일을 원하지 않았는가?
- 다니엘과 그의 친구들은 하나님께 순종하는 것과 왕에게 순종하는 것 중 어느 것을 더 중요하게 여겼는가? 그 이유는 무엇인가? 그들이 왕에게 불순종했다면 그들에게 어떤 일이 일어났겠는가?
- 하나님이 원치 않으시는 일을 해야 하는 유혹을 받은 적이 있는가? 있다면 언제인가? 그때 자신이나 다른 사람들로부터 어떤 강요나 압박

을 받았는가? 그런 상황을 어떻게 이겨냈는가?

- 하나님이 원치 않으시는 일이라는 것을 알면서도 그 일을 했을 때 어떤 마음이 드는가? 우리가 잘못했을 때 하나님께 용서를 구하면 그분은 우리를 용서해 주시는가? 하나님이 원하시는 일을 했을 때 어떤 마음이 드는가? 하나님은 우리가 그분께 순종하기로 결심하는 것을 기뻐하시는가?

- 이 이야기는 좋은 성품과 믿음을 지키는 것에 대해 무엇을 가르쳐 주는가? 하나님은 이러한 모습을 중요하게 생각하시는가? 하나님은 굳은 믿음으로 그분을 따르는 사람들을 어떻게 지지하고 축복하시는가?

**마음에 새기는 말씀**

"영원부터 영원까지 하나님의 이름을 찬송할 것은 지혜와 능력이 그에게 있음이로다 그는 때와 계절을 바꾸시며 왕들을 폐하시고 왕들을 세우시며 지혜자에게 지혜를 주시고 총명한 자에게 지식을 주시는도다 그는 깊고 은밀한 일을 나타내시고 어두운 데에 있는 것을 아시며 또 빛이 그와 함께 있도다"(단 2:20–22).

**묵상**

서로 상반되는 명령일 때, 우리는 사람보다 하나님을 따라야 한다.

STORY 25

# 에스더

## 두려움을 뛰어넘는 믿음

*Story Thru the Bible*

**주제** 하나님은 특별하고 유일한 순간을 위해
에스더를 부르셨다.

**성경 본문** 에스더 전체
(중심 구절: 에 3:1-7:10, 8:3-4, 7-8, 11-13, 9:1-4)

**배경 설명** ❖ ❖ 바벨론이 예루살렘을 멸망시키고 유대인들을 포로로 잡아간 후 긴 세월이 흘렀다. 바사가 다시 바벨론을 멸망시켰고 바사의 고레스 왕은 유대인들이 그들의 고향으로 돌아가 예루살렘을 재건할 수 있도록 허락해 주었다. 많은 유대인이 고향으로 돌아갔다. 그러나 또 많은 유대인은 바사 제국 곳곳에 흩어져 살았다. 이 이야기는 아하수에로 왕이 바사의 왕위에 있었을 때에 일어난 일이다. 아하수에로 왕은 잔치에서 그의 변덕스러운 마음을 만족시키지 못한 왕비를 내쫓았다. 그 후 그는 나라의 모든 여성을 대상으로 새로운 왕비를 찾기 시작했고 마침내 그의 마음을 흡족하게 한 젊은 유대인 여성 에스더를 왕비로 택했다. 한편 에스더의 삼촌 모르드개는 왕을 죽이려는 음모를 발각해서 폭로했는데 그 일은 궁중 일기에 충성스런 행동으로 기록되었다. 그러나 오래전 사울 왕이 전멸하지 않고 남겨두었던 아말렉 왕 아각의 후손이자 아하수에로 왕의 오른팔 역할을 하던 하만이라는 사람이 유대인인 모르드개를 적대시했다. 그래서 곧 그들의 맞대결이 폭발할 것 같은 분위기가 조성되고 있었다.

**들어가는 말** ✧ ✧

성패가 갈리는 위기의 순간, 또는 믿음이나 목숨까지 걸어야 하는 매우 위험한 상황에서 당신은 어떻게 하겠는가? 우리는 대부분 그런 순간에 성경이 말하는 담대한 믿음을 발휘할 것이라고 생각하고 싶을 것이다. 그러나 우리 중 많은 사람은 그렇게 힘든 자리를 피하고 싶어 한다. 믿음을 지키며 앞으로 나아가야 하는 것을 알지만 우리의 본능이 뒤로 물러서라고 하는 그런 상황이 벌어질 때가 있다. 이제 우리는 죽음을 무릅쓰고 앞으로 나아갔던 한 젊은 여성에 관한 이야기를 살펴볼 것이다. 만일 당신이 에스더의 입장이었다면 어떻게 했을지 생각해 보라.

**이야기 속으로** ✧ ✧

아하수에로 왕은 아각 사람 하만을 높여 자신의 오른팔로 삼았습니다. 대궐 문에 있던 모든 신하는 왕이 명령한 대로 하만에게 무릎을 꿇고 절했습니다. 그러나 유대인 모르드개는 무릎을 꿇지도 않고 경의를 표하지도 않았습니다. 왕의 신하들은 모르드개에게 어째서 왕의 명을 거역하느냐며 날마다 왕의 명을 따르라고 권했지만, 모르드개는 그렇게 하지 않았습니다. 그들은 하만에게 그 사실을 알렸고 그는 크게 노했습니다. 그는 모르드개를 죽이고 싶었습니다. 게다가 그것만으로는 만족할 수 없었습니다. 모르드개가 유대인이라는 것을 알고 있었기에, 그는 모든 유대인을 다 죽이고 싶어 했습니다. 그래서 그는 그 일을 실행할 가장 좋은 때를 알아보고자 제비(부르)를 뽑았습니다. 그 결과, 그 시기는 몇 달 후로 결정되었습니다.

하만은 전국에 흩어져 사는 유대인들의 문제를 거론하려고 왕을 찾아갔습니다. 그는 왕에게 그들이 유대인이라는 구체적인 언급은 하지 않았습니다. 다만 그들이 다른 풍습을 갖고 있으며 왕의 법률을 좇지 않으니 그대로 두어서는 안 된다고 설득했습니다. 그리고 그들을 진멸할 수 있도록 조서를 내려 달라고 요청한 후 그 일에 필요한 자금을 직접 내겠다고 제안했습니다. 왕은 유대인의 적인 하만에게 반지를 빼어 주며 "너의 소견에 좋을 대로 행하라"고 말했습니다. 하만은 아하수에로 왕의 이름으로 조서를 써서 왕의 인장으로 봉한 후 각 지역으로 보냈습니다. 유대인을 남녀노소 할 것 없이 하루 만에 다 진멸하고 그들의 재산을 모두 약탈하려는 계획이었습니다. 조서를 반포한 후 왕과 하만은 함께 앉아 술을 마셨고 수산 성은 큰 혼란에 빠졌습니다.

그 소식을 들은 모르드개는 성 안으로 들어가 대성통곡하며 대궐 문 앞까지 나아갔습니다. 유대인은 모두 금식하며 울고 부르짖으며 애통해 했습니다. 에스더는 모르드개와 유대인들이 크게 슬퍼하고 있다는 소식을 듣고 내시를 보내어 그 이유를 알아보게 했습니다. 모르드개는 그 내시에게 왕의 조서를 건넸습니다. 그리고 에스더에게 가서 민족을 위해 왕 앞에 나아가 간절히 구할 것을 전해달라고 부탁했습니다. 그 말에 놀란 에스더는 다시 내시를 모르드개에게 보냈습니다. 그리고 왕의 부름을 받지 않고는 그 누구도 왕의 안뜰로 들어가 그에게 나아갈 수 없으며 그렇게 했다가는 죽임을 당할 뿐이라는 사실을 알렸습니다. 예외는 왕이 그에게 나아온 사람에게 왕의 금 규를 내밀 때뿐이었습니다. 에스더는 이미 삼십 일 정도 왕의 부름을 받지 못하고 있었습니다. 그래서 왕이 여전히 자신에게 호의를 가지고 있는지도 알 수 없는 상태였습니다.

그 이야기를 들은 모르드개는 다시 에스더에게 다음과 같은 회답을 보냈습니다. "너는 왕궁에 있으니 모든 유다인 중에 홀로 목숨을 건지리라 생각하지 말라 이때에 네가 만일 잠잠하여 말이 없으면 유다인은 다른 데로 말미암아 놓임과 구원을 얻으려니와 너와 네 아버지 집은 멸망하리라 네가 왕후의 자리를 얻은 것이 이때를 위함이 아닌지 누가 알겠느냐." 에스더는 모르드개에게 전갈을 보냈습니다. 유대인을 모두 수도에 모으고 자신을 위해 금식하되 사흘 동안 밤낮으로 먹지도 마시지도 말 것을 요청했습니다. 그런 다음 비록 법에 어긋나는 일이라 할지라도 자신이 왕 앞으로 니아갈 것이라는 소식을 전하며 "죽으면 죽으리이다"라고 말했습니다. 모르드개는 에스더가 요청한 대로 했습니다.

사흘 후 에스더는 왕의 안뜰로 나아갔습니다. 왕은 에스더를 보았고 그의 금 규를 내밀어 왕후를 환영했습니다. 그리고 "그대의 소원이 무엇이며 요구가 무엇이냐 나라의 절반이라도 그대에게 주겠노라"고 말했습니다. 그러자 에스더는 왕과 하만을 자신이 베푼 잔치에 초대하고 싶다고 말했습니다. 왕은 그 초대에 흔쾌히 응했습니다. 그러나 에스더는 잔치가 다 끝날 때까지 자신의 청을 왕에게 말하지 않았습니다. 그리고 한 번 더 잔치에 와 줄 것을 요청하면서 그때 청을 이야기하겠다고 말했습니다. 한편 하만은 자신이 얼마나 중요한 존재인지를 그의 친구들에게 자랑하며 모르드개에 대한 불만을 늘어놓고 있었습니다. 하만의 아내와 친구들은 그에게 모르드개를 처형할 수 있는 교수대를 만들라고 제안했습니다. 하만은 좋은 아이디어라 생각하고 교수대를 만들었습니다.

그날 밤 왕은 잠이 오지 않았습니다. 그래서 역대 일기를 가져와 자기 앞에서 읽게 했습니다. 그 일기에는 아하수에로 왕을 암살하려는 음모를 모르드개가 고발했던 일이 기록되어 있었습니다. 그래서 왕은 그 일을 행한 모르드개에게 어떻게 보상해 주었는지를 물었습니다. 신하들은 아무런 보상도 해주지 않았다고 대답했습니다. 때마침 하만은 모르드개를 교수대에 매달도록 왕에게 허락을 받고자 왕궁에 와 있었습니다. 왕은 하만에게 존귀하게 높여주고 싶은 사람에게 어떻게 하는 것이 좋겠는지를 물었습니다. 하만은 왕이 자신을 염두에 두고 하는 말이라고 생각했습니다. 그래서 머리에 왕관을 씌우고 왕복을 입히고 왕이 타는 말을 타게 해 하루 동안 왕처럼 성중 거리를 다니게 할 것을 제안했습니다. 왕은 좋은 제안이라며 하만에게 모르드개를 위해 그 모든 의식을 준비하도록 명했습니다. 그래서 하만은 모르드개에게 왕복을 입히고 말에 태운 다음 성중 거리를 다니며 "왕이 존귀하게 하기를 원하시는 사람에게는 이같이 할 것이라"고 반포해야 했습니다. 이 일 후 하만은 번뇌하며 집으로 급히 돌아가 그의 아내와 친구들에게 그 모든 일을 이야기했습니다. 그의 아내는 그에게 모르드개가 과연 유대인의 후손이므로 그와 맞서다가는 도리어 화를 입게 될 것이라고 말했습니다.

하만은 아하수에로 왕과 함께 에스더가 마련한 잔치에 갔습니다. 왕은 또다시 에스더에게 원하는 것이 무엇인지를 물었습니다. 마침내 에스더는 자기 민족을 진멸하도록 명한 조서에 대해 이야기하며 자신의 목숨도 위험에 처해 있음을 알렸습니다. 아하수에로 왕은 진노하며 누가 감히 그런 일을 계획했는지 물었습니다. 에스더는 "대적과 원수는 이 악한 하만이니이다"라고 대답했습니다. 하만은 공포에 떨었습니다.

왕은 크게 노하며 밖으로 나갔습니다. 그러나 하만은 에스더에게 목숨을 구해 달라고 간청하고자 그 자리에 남아 있었습니다. 왕이 다시 방으로 돌아왔을 때 하만은 에스더가 앉아 있던 걸상 위에 엎드러져 있었습니다. 그 모습을 본 왕은 하만이 에스더를 추행하는 것으로 생각하고 그를 끌어내 그가 모르드개를 처형하려고 만든 바로 그 교수대에 매달았습니다.

왕은 모르드개를 하만의 자리에 앉히고 하만에게 빼앗은 반지를 모르드개에게 주었습니다. 그 후 에스더는 다시 왕에게 나아가 유대인을 진멸하도록 명한 조서를 폐해달라고 간청했습니다. 왕은 왕의 조서는 그 어떤 것도 폐할 수 없다고 말했습니다. 그러나 유대인들이 자신들을 보호할 수 있는 권리와 그들의 원수가 그들을 진멸하려고 계획했던 일을 오히려 그들의 원수들에게 행할 수 있는 권리를 쓰도록 모드르개에게 지시했습니다. 그래서 유대인들은 힘을 모아 그들을 공격하려던 이들과 맞서 싸울 수 있게 되었습니다.

마침내 두 조서를 모두 시행할 날이 되었습니다. 유대인의 원수들은 유대인을 진멸하고 싶어 했습니다. 그러나 상황은 역전되었고 유대인들이 우세했습니다. 각 성읍의 관리와 대신들을 포함한 많은 사람이 유대인들을 도왔습니다. 그리고 모르드개는 궁 안에서 왕 다음으로 큰 권세를 갖게 되었습니다.

## 생각할 질문

- 하만이 모르드개에게 격분한 이유는 무엇인가? 그가 분노를 모르드개 한 사람이 아니라 유대인 전체에 쏟으려고 한 이유는 무엇인가?
- 하만은 자신의 문제를 해결하려고 무엇을 제안했는가? 하만은 자신

의 제안이 좋은 계획이라는 사실을 어떻게 설득했는가? 아하수에로 왕은 왕후가 유대인이라는 사실을 알고 있었는가? 왕은 왜 하만의 심기를 건드린 사람에 대해 자세하게 묻지 않았는가?

- 에스더가 왕 앞으로 나아가 자기 백성을 위해 간청하기를 두려워했던 이유는 무엇인가? 모르드개는 그런 에스더를 설득하고자 어떤 말을 했는가? 에스더는 왕 앞으로 나아가기 전에 수산 성에 있는 유대인들에게 무엇을 요청했는가?
- 에스더는 자신의 목숨에 대해 어떤 자세를 취했는가? 그리고 자신의 믿음을 어떤 방식으로 드러냈는가?
- 두려움을 느끼면서 동시에 믿음을 갖는 것이 가능하다고 생각하는가? 그렇게 생각하는 이유는 무엇인가?
- 에스더가 첫 번째 잔치에서 소원을 말하지 않은 이유는 무엇인가?
- 에스더가 마련한 두 번의 잔치 사이에 하만에게는 무슨 일이 일어났는가? 그리고 모르드개에게는 무슨 일이 일어났는가? 또 왕에게는 무슨 일이 일어났는가?
- 이 이야기는 하나님이 그분의 백성을 보호하신다는 사실을 어떻게 보여주는가? 하만의 제비뽑기는 하나님의 백성에게 어떻게 유리했는가? 에스더가 첫 번째 잔치에서 소원을 말하지 않았기 때문에 상황은 어떻게 유리해졌는가? 아하수에로 왕이 잠들지 못한 것이 유대인에게 어떤 도움이 되었는가?
- 이 이야기는 우리의 삶을 주관하시는 하나님의 주권에 대해 무엇을 가르쳐 주는가?
- 당신의 실제적이거나 비유적인 '원수'를 다루시는 하나님의 능력에 대해, 당신은 얼마나 확신하는가? 당신은 하나님의 때에 맞춰 일하시는 그분의 능력을 얼마나 확신하는가? 이 두 가지 확신에서 우리의 믿음

이 부족할 때, 에스더 이야기는 우리를 어떻게 격려해 주는가?

- 우리는 삶 속에서 하나님이 정하신 순간, 다시 말해서 우리가 태어난 것이 바로 '그때'를 위한 것만 같은 그런 순간을 어떻게 알 수 있는가? 에스더 이야기는 그 순간을 제대로 활용할 수 있도록 어떻게 우리를 격려하는가?
- 그런 순간을 완벽하게 사용해야 하는 것에 얼마나 많은 부담을 느끼는가? 에스더의 이야기는 어떤 면에서 그런 부담감을 덜어주는가?

## 가족이 함께 생각할 질문

- 하만이 모르드개와 유대인들에게 몹시 화가 난 이유는 무엇인가? 하만은 모르드개와 유대인들을 모조리 없애려고 어떤 계획을 세웠는가?
- 유대인들이 하만의 계획에 대해 들었을 때 무슨 일이 일어났는가? 모르드개는 무엇을 했는가? 모르드개는 에스더에게 무엇을 요구했는가?
- 에스더는 왕 앞으로 나가는 것에 대해 어떻게 생각했는가? 에스더가 왕 앞으로 나아가는 것을 심각하게 고려한 이유는 무엇인가? 왕이 에스더가 왕 앞으로 나오는 것을 원치 않았다면 어떤 일이 일어났겠는가?
- 에스더는 어떻게 두려움을 극복했는가? 에스더가 두려워하면서도 그 일을 해낸 것은 용기 있는 일인가?
- 해야 할 일이라는 것을 알면서도 그 일을 두려워한 적이 있는가? 있다면 언제인가? 그때 어떻게 하기로 결정했는가?
- 하만의 계획은 그에게 어떤 결과를 불러왔는가? 하나님은 그분의 백성을 보호하신다는 사실을 어떻게 보여주셨는가?

- 이 이야기는 하나님이 우리를 돌보시는 방법에 대해 무엇을 가르쳐 주는가? 또 우리가 믿는 바를 위해 용기 있게 나아가는 것에 대해 무엇을 가르쳐 주는가?

**마음에 새기는 말씀**

"이때에 네가 만일 잠잠하여 말이 없으면 유다인은 다른 데로 말미암아 놓임과 구원을 얻으려니와 너와 네 아버지 집은 멸망하리라 네가 왕후의 자리를 얻은 것이 이 때를 위함이 아닌지 누가 알겠느냐"(에 4:14).

**묵상**

하나님은 우리 각자를 우리의 시대에 신실하게 살아가도록 부르셨다.

# 느헤미야

## 견고한 믿음

*Story Thru the Bible*

**주제** 하나님은 느헤미야를 예루살렘 성벽 재건을 이끄는 데 사용하셨다.

**성경 본문** 느헤미야 1장 1절-2장 20절, 4장 1절-6장 19절, 7장 1-5절, 8장 1-12절

**배경 설명** ❖ ❖

많은 유대인이 예루살렘으로 돌아갔다. 그러나 도성을 재건하고 성전에서 하나님을 섬기는 예배를 회복하는 일은 장기간에 걸친 과정이었다. 에스더 이후 삼십 년 정도 지나서 느헤미야는 에스라 제사장과 합세하여 예루살렘 성을 재건하는 일을 하고자 예루살렘으로 돌아왔다. 그는 무너진 도성과 여전히

파손된 상태로 있는 성전과 구멍이 난 채 깨진 조각과 함께 부분적으로만 남아 있는 성벽을 보게 되었다. 해야 할 일이 많았고, 하나님은 그 일을 주도해 가도록 느헤미야를 그곳에 보내신 것이었다.

**들어가는 말** ❖ ❖

처음부터 우리는 하나님이 이 세상에서 하실 일이 있다는 것을 볼 수 있었다. 그리고 하나님은 그 일에 참여하도록 그분의 백성을 부르신다는 것도 알게 되었다. 그러나 우리는 하나님을 섬기려고 할 때 대부분 몇 가지 장벽에 부딪힌다. 방해와 위협을 받기도 하고, 해야 할 일의 규모에 놀라기도 하며, 그 일을 반대하는 사람들 때문에 당황하기도 한다. 이제 우리는 그 어떤 장벽에도 하나님이 맡기신 일을 감당하며 뒤로 물러서지 않았던 사람을 보게 될 것이다. 이야기를 살펴보면서 다음 질문을 생각해 보라. 하나님을 온전히 따르지 못하게 나를 방해하는 것은 무엇인가? 느헤미야의 성품 중 내가 하나님을 좀 더 신실하게 따르는 데 도움이 되는 부분은 무엇인가?

**이야기 속으로** ❖ ❖

느헤미야의 동생과 몇몇 사람이 유다에서 바사의 수도 수산 성으로 왔을 때 느헤미야는 그들에게 예루살렘에 살고 있는 유대인들의 소식을 물었습니다. 그들은 유대인들이 겪고 있는 어려움을 이야기하며 예루살렘 성벽은 무너진 상태로 있고 성문 역시 불에 탄 그대로 남아 있다고 전했습니다. 느헤미야는 마음이 무거웠습니다. 그래서 수일 동안 애통해하며 금식하고 기도했습니다.

느헤미야는 하나님 앞으로 나아가 이스라엘의 죄를 자백했고 하나님이 약속하신 대로 죄를 자백한 포로들을 고향으로 돌려보내 주시기를 간청했습니다. 그리고 왕의 술 관원으로 고문 역할을 하고 있었던 그는 왕이 자신에게 호의를 베풀게 해주시기를 기도했습니다.

얼마 지나지 않아 느헤미야는 아닥사스다 왕에게 포도주를 올렸습니다. 그때까지 그는 왕 앞에서 슬픈 기색을 보인 적이 한 번도 없었습니다. 그래서 왕은 느헤미야가 수심이 있다는 것을 바로 알아차리고 그 이유를 물었습니다. 그는 왕 앞에서 슬픈 기색을 보이는 것이 적절치 못한 일이었기에 두려움을 느끼면서도 자기 선조의 도시 예루살렘에서 온 참담한 소식을 왕에게 전했습니다. 그러자 왕은 "네가 무엇을 원하느냐?"고 물었습니다. 느헤미야는 잠시 하나님께 기도한 다음 "왕이 만일 좋게 여기시고 종이 왕의 목전에서 은혜를 얻었사오면 나를 유다 땅 나의 조상들의 묘실이 있는 성읍에 보내어 그 성을 건축하게 하옵소서"라고 대답했습니다.

왕은 느헤미야의 청을 허락해 주었고 그가 예루살렘까지 안전하게 여행하고 재건에 필요한 물자를 가져갈 수 있도록 조서를 써 주었습니다. 하나님의 손이 느헤미야와 함께하셨기 때문에 왕은 군대 장관과 마병까지 함께 보내 주었습니다. 그러나 느헤미야가 하고자 하는 일에 불만을 품은 사람들이 있었습니다. 그들은 예루살렘 근방을 다스리던 산발랏과 도비야로 이 일을 매우 불쾌해했습니다.

예루살렘에 도착한 느헤미야는 자신이 왜 그곳에 왔는지 아무에게도 알리지 않고 사흘 동안 도성과 성벽과 성문을 돌아보았습니다. 보수 공사를 하던 유대인과 제사장과 관리들은 그가 그곳에 온 이유를 알지 못했습니다. 느헤미야는 폐허와도 같은 도성의 상태를 지적하고 그곳을 재건하도록 왕이 허락해 준 일을 그들에게 설명했습니다. 그들은 함께 힘을 모아 일을 하기 시작했습니다.

그러나 그 소식을 들은 산발랏과 도비야와 아라비아 사람 게셈이 비웃고 조롱하기 시작했습니다. 심지어 그들은 느헤미야와 유대인들이 왕에게 반역을 저지르고 있다고 고발하기까지 했습니다. 그러나 느헤미야는

"하늘의 하나님이 우리를 형통하게 하시리니 그의 종들인 우리가 일어나 건축하려니와 오직 너희에게는 예루살렘에서 아무 기업도 없고 권리도 없고 기억되는 바도 없다"라고 대답했습니다. 하지만 반대하는 사람들은 계속에서 "미약한 유다 사람들"이라고 조롱했고 그들이 건축하는 돌 성벽은 여우가 올라가도 무너질 정도로 부실할 것이라고 비웃었습니다.

느헤미야는 하나님께 방해하는 사람들의 조롱을 그들의 머리로 되돌리시기를 기도했습니다. 예루살렘 성읍 사람들은 성벽 높이의 절반 정도를 재건한 상태에서 열의를 가지고 계속 성벽을 보수했습니다. 산발랏과 도비야와 아라비아 사람들과 암몬 사람들과 블레셋 사람들은 크게 화를 내며 예루살렘을 공격해 문제를 일으키려고 했습니다. 느헤미야는 그런 위험을 감지하고 밤낮으로 보초를 서게 했습니다.

그러나 사람들이 점점 낙담하기 시작했습니다. 점점 쌓이는 피로와 길을 막고 있는 수많은 흙무더기들과 그들을 방해하고 공격하는 사람들의 위협이 그들을 힘들게 했습니다. 그래서 느헤미야는 사람들을 성벽 뒤쪽의 낮고 넓은 곳에 칼과 창을 들고 서 있게 했습니다. 그리고 "너희는 그들을 두려워하지 말고 지극히 크시고 두려우신 주를 기억하고 너희 형제와 자녀와 아내와 집을 위하여 싸우라"고 백성을 격려했습니다. 한편 그들의 적들은 유대인들이 그들의 계략을 알고 맞서기를 대비하고 있다는 소식을 들었고, 그 사실을 알게 된 백성은 다시 그들의 일을 계속했습니다. 하지만 그날 이후 남자들의 절반은 성벽 쌓는 일을 했고 나머지 절반은 무기를 들고 보초를 섰습니다. 한 손으로는 일을 하면서 다른 한 손에는 무기를 들고 있는 사람이 많았습니다. 나팔을 부는 사람들은 경보를 울릴 태세를 취하고 느헤미야와 함께 있었습니다. 그들은 밤낮으로 부지런히 일했고 언제나 자신들을 방어할 준비 태세를 취하고 있었습니다.

성벽이 건축되어 허물어진 틈새가 없다는 사실을 알게 된 적들은 느헤미야에게 평지의 한 촌에서 만나자고 했습니다. 그러나 느헤미야는 그것이 자신을 해하기 위한 그들의 음모라는 사실을 간파했습니다. 그래서 중요한 일을 두고 자리를 뜰 수 없다는 회신을 보냈습니다. 그들은 똑같은 메시지를 네 번이나 보냈고 느헤미야도 똑같은 회신을 네 번 보냈습니다. 그러자 산발랏은 느헤미야가 바사를 배신하고 스스로 유다의 왕이 되려 한다고 비난하는 다섯 번째 메시지를 보내며 왕도 들을 수 있도록 그 소문을 퍼뜨릴 것이라고 협박했습니다. 그러나 느헤미야는 조금도 흔들리지 않았습니다. 그는 산발랏이 그에게 위협을 가해 일을 포기하게 만들려고 한다는 것을 알고 있었습니다. 그래서 그는 하나님이 그의 손을 힘 있게 해주시기를 기도했습니다.

어느 날 한 사람이 느헤미야에게 그를 암살하려는 음모가 있으니 성전 안으로 들어가 몸을 숨기라고 말했습니다. 그러나 느헤미야는 그렇게 하기를 거부했습니다. 그는 그 사람이 하나님이 보낸 사람이 아니라 산발랏과 도비야가 고용한 '선지자'라는 것을 알고 있었습니다. 그들은 느헤미야가 피해 숨었다는 것을 빌미로 그에게 죄를 뒤집어씌우고 그의 평판을 해칠 수 있는 기회를 잡고 싶었기 때문이었습니다.

마침내 오십이 일 만에 성벽 재건이 끝났습니다. 이 소식을 들은 주변 국가들과 재건을 방해하던 모든 적은 하나님이 유대인들의 재건을 돕고 계신다는 사실을 깨닫고 두려워했습니다. 도비야에게 충성을 맹세하고 동의했던 유다의 귀족들은 도비야가 좋은 사람이고 훌륭한 동맹이 될 수 있을 것이라며 느헤미야를 설득하려고 했습니다. 그리고 도비야 역시 느헤미야를 위협하려고 계속 편지를 보냈습니다.

성벽이 완성되고 성문의 문까지 다 달고 난 후 성 문지기들과 제사장들이 임명되었습니다. 느헤미야는 자기 동생과 하나님을 경외하는 성채의 관원에게 예루살렘 성을 관할하게 했습니다. 성읍은 광대했지만 아직 가옥들은 다 복구하지 못했기 때문에 그곳에 사는 주민의 수는 많지 않았습니다. 하나님은 느헤미야에게 귀족과 관리들과 백성을 모아 그 계보대로 등록하게 하려는 마음을 갖게 하셨습니다.

모든 사람이 광장에 모였을 때 학사 에스라가 모세의 율법 책을 가져와 온 백성 앞에서 낭독했고 백성은 그 이야기에 귀를 기울였습니다. 포로 생활을 마치고 돌아온 사람들이 모두 다 히브리어를 이해할 수 있었던 것은 아니었기 때문에 레위인들이 통역을 했습니다. 백성은 두 손을 들고 "아멘, 아멘" 하며 응답했습니다. 그들은 무릎을 꿇고 얼굴을 땅에 대고 하나님을 경배했습니다. 에스라가 낭독하고 레위인들이 통역하고 가르치는 동안 백성은 울음을 터뜨리기 시작했습니다. 그러나 느헤미야와 지도자들은 "오늘은 너희 하나님 여호와의 성일이니 슬퍼하지 말며 울지 말라. 여호와로 인하여 기뻐하는 것이 너희의 힘이니라"고 말하며 가서 먹고 즐거워하라고 격려했습니다. 백싱은 낭독하는 밀씀을 이해하고 크게 기뻐하며 축하했습니다.

## 생각할 질문

- 느헤미야는 예루살렘에 관한 소식을 듣고 어떻게 했는가? 그가 그렇게 느낀 이유는 무엇인가?
- 느헤미야는 하나님께 어떤 용서를 구했는가? 하나님이 백성 전체를 위해 간구하는 한 사람의 기도를 받으신다고 생각하는가? 그렇게 생각하는 이유는 무엇인가?

- 하나님이 느헤미야의 기도에 응답하사 지도자로 세우신 사람은 누구인가? 하나님은 종종 기도한 사람을 그 기도에 대한 응답으로 사용하시는가? 그렇게 생각하는 이유는 무엇인가?
- 느헤미야가 일을 시작하기 전에 성을 먼저 돌아본 이유는 무엇인가?
- 그들의 적들은 유대인의 일을 방해하려고 어떤 계략을 세웠는가? 느헤미야와 그의 동족들은 그 계략에 어떻게 대처했는가?
- 하나님의 백성이 하는 일을 막는 장벽으로 어떤 문제가 있었는가? 느헤미야와 그를 따르는 사람들은 그 장벽을 어떻게 극복했는가?
- 느헤미야가 보여준 본보기에 따르면, 우리는 우리에 대한 거짓 소문을 어떻게 다루어야 하는가?
- 느헤미야는 적들의 제안이 자신을 해치려고 그들이 세운 계략이라는 것을 어떻게 알았는가? 방해와 소동이 하나님으로부터 온 것인지 아니면 하나님의 일을 가로막는 것인지 어떻게 분별할 수 있는가? 누군가와 맺게 될 동맹이 유익한 것인지 아니면 하나의 타협이 될지 어떻게 알 수 있는가?
- 한 손으로는 일을 하면서 다른 한 손에는 무기를 들고 있는 전략은 우리의 영적 생활에 어떻게 적용할 수 있는가? 느헤미야의 이야기는 자기 훈련과 근면에 대해 무엇을 가르쳐 주는가? 또 사명에 집중하는 것에 대해 무엇을 가르쳐 주는가?
- 백성은 왜 율법 책을 낭독하는 것을 듣고 눈물을 흘리며 슬퍼했는가? 느헤미야가 그런 그들에게 기뻐하라고 말한 이유는 무엇인가? 백성은 그의 말에 어떻게 반응했는가?
- 당신을 향한 하나님의 계획 중 중요한 한 부분을 소홀히 했다는 사실을 깨닫게 될 때 어떻게 느끼는가? 진리를 깨달았을 때 어떻게 느끼는가? 또 그것에 대해 무엇을 해야 하는가?

- 하나님이 당신에게 영구적으로 맡기신 일이 무엇인지 알고 있는가? 알고 있다면 그 일에 대한 헌신을 새롭게 하고 그 일에 집중하는 데 당신이 할 수 있는 것은 무엇인가? 모르고 있다면 그 일이 무엇인지 알려 주시기를 하나님께 기도하라.

## 가족이 함께 생각할 질문

- 느헤미야가 예루살렘 소식을 듣고 슬퍼한 이유는 무엇인가? 그는 어떻게 기도했는가? 그는 그 문제에 대해 어떻게 하기 원했는가?
- 느헤미야가 성벽을 재건하지 못하도록 그의 적들은 어떻게 방해했는가? 느헤미야는 그런 그들에게 어떻게 반응했는가?
- 느헤미야가 하던 일을 마치기까지 그 일에 집중하기로 굳게 다짐한 이유는 무엇인가? 그는 적들의 방해에 대처하려고 어떻게 했는가?
- 느헤미야의 적들은 그에 대해 어떤 거짓말을 했는가? 그들은 그가 몸을 피해 숨게 하려고 어떤 계획을 세웠는가?
- 느헤미야의 적들이 예루살렘에서 일어나는 일을 막을 수 없다는 사실을 깨달았을 때, 어떤 일이 벌어졌는가?
- 모든 백성은 왜 하나님의 말씀을 낭독하는 것을 듣고 눈물을 흘렸는가? 그들은 어떤 잘못을 깨닫게 된 것인가? 느헤미야가 그들에게 기뻐하라고 말한 이유는 무엇인가?

**마음에 새기는 말씀**

"백성이 율법의 말씀을 듣고 다 우는지라…느헤미야가 또 그들에게 이르기를 너희는 가서 살진 것을 먹고 단 것을 마시되 준비하지 못한 자에게는 나누어 주라 이 날은 우리 주의 성일이니 근심하지 말라 여호와로 인하여 기뻐하는 것이 너희의 힘이니라 하고"(느 8:9-10).

**묵상**

하나님은 영원한 것을 세우시고 영광을 받으시기 위해 우리를 사용하기 원하신다.

# 베들레헴-탄생

## 성취된 약속과 예언

Story Thru the Bible

**주제** 예수님이 베들레헴에서 탄생하셨다.

**성경 본문** 마태복음 1장 18-24절,
누가복음 1장 26-38절, 2장 1-20절

**배경 설명** ❖ ❖ 구약 성경의 마지막 책이 기록되고 약 사백년이 흐른 뒤 오랫동안 기다렸던 메시아가 탄생했다. 선지자들은 메시아의 삶과 사역을 자세하게 예언했다. 그래서 로마의 지배를 받고 있던 이스라엘 사람들 사이에서는 구원자를 고대하는 기대감이 높았다. 그러나 어떤 메시아를 기대해야 할지 또는 구체적으로 언제 메시아가 올지에 대해 정확하게 아는 사람은 아무도 없었다. 복음서를 기록한 두 기자가 우리에게 메시아의 탄생 이야기를 들려준다.

**들어가는 말** ❖ ❖ 아담과 하와가 죄를 범한 후 하나님이 그들에게 하신 약속 중 하나는 뱀의 머리를 상하게 할 누군가를 보내시겠다고 한 것이었다. 아마도 그 약속을 기억할 것이다. 수천 년이 지난 후 하나님은 예수님을 우리의 구세주로 이 세상에 보내셨다. 이야기를 살펴보면서 예수님의 탄생이 얼마나 특별한 것인지 주목해 보라. 그리고 다음 질문을 생각해 보라. 하나님은 이 땅에서 그분의 아들의 부모가 될 사람으로 어떤 사람을 택하셨는가? 하나님은 그분의 복음을 가장 먼저 받아들일 사람들로 어떤 사람을 택하셨는가?

**이야기 속으로** ❖ ❖ 하나님은 마리아라는 젊은 처녀에게 천사 가브리엘을 보내셨습니다. 가브리엘은 "네가 하나님께 은혜를 입었느니라"는 말로 마리아에게 인사했습니다. 왜 그렇게 인사하는지를 알지 못했던 마리아는 그 말을 듣고 매우 놀랐습니다. 천사는 놀라지 말라고 하면서 마리아가 하나님의 은혜를 받은 사람이라는 것을 재차 언급했습니다. 그리고 이제 아기를 잉태하게 될 것이라고 말하며 그 아기에게 예수라는 이름을 지어 주라고 지시했습니다. 또 "그가 큰 자가 되고 지극히 높으신 이의 아들이라 일컬어질 것"이고, 그의 조상 다윗의 왕위에서 다스릴 것이며, 그의 나라가 무궁할 것이라고 말했습니다.

마리아는 처녀였기 때문에 어떻게 그런 일이 일어날 수 있는지 의아했습니다. 가브리엘은 마리아에게 아기의 아버지가 될 성령이 임하실 것이라고 설명한 후, 하나님께는 능치 못한 일이 없으므로 나이 많은 마리아의 친척 엘리사벳도 노년에 아기를 낳게 될 것이라고 말했습니다. 그 아기는 나중에 세례 요한이 되었습니다.

마리아는 "주의 여종이오니 말씀대로 내게 이루어지이다"라고 대답했고 천사는 그 곁을 떠나갔습니다.

한편 마리아와 결혼하기로 한 요셉은 마리아가 임신했다는 사실을 알고 조용히 헤어지려고 했습니다. 그런데 천사가 꿈에서 나타나 그 아기가 성령으로 잉태되었음을 알려 주었습니다. 천사는 "아들을 낳으리니 이름을 예수라 하라 이는 그가 자기 백성을 그들의 죄에서 구원할 자이심이라"고 말했습니다. 그리고 그 일로 처녀가 잉태하여 아들을 낳을 것이며 그 이름은 임마누엘, 즉 "하나님이 우리와 함께 계시다"가 될 것이라고 한 이사야의 예언이 이루어질 것이라고 설명했습니다. 요셉은 성경에 대해서도, 또한 예언에 대해서도 잘 알고 있었습니다. 그래서 천사가 말한 대로 마리아를 아내로 맞이했습니다.

몇 달 후 요셉과 마리아는 조상들의 고향이었던 유대 땅 베들레헴으로 갔는데 그 이유는 가이사 아구스도가 호적하라는 명을 내렸기 때문이었습니다. 그들이 베들레헴에 있는 동안 시간이 흘렀고 곧 마리아가 해산할 때가 되었습니다. 동네는 호적하러 온 사람들로 붐벼서 여관에는 빈방이 없었고, 묵을 곳을 찾지 못한 요셉과 마리아는 마구간에 머물러야 했습니다. 마리아는 아기를 낳아 강보에 싸서 동물들의 여물통인 구유에 눕혔습니다.

그날 밤 그 지역 들판에서 양 떼를 지키던 목자들에게 한 천사가 나타났습니다. 목자들은 하나님의 영광에 둘러싸인 천사의 모습을 보고 놀랐습니다. 천사는 그들에게 두려워하지 말라고 안심시킨 후 "내가 온 백성에게 미칠 큰 기쁨의 좋은 소식을 너희에게 전하노라"고 말했습니다. 천사는 그날 다윗의 동네 베들레헴에 구주, 곧 메시아가 나셨다고 선포했습니다. 그리고 강보에 싸여 구유에 누인 아기를 보면 그 아기가 구주라는 것을 알게 될 것이라고 말했습니다. 그러자 갑자기 더 많은 천사가 나타나서 "지극히 높은 곳에서는 하나님께 영광이요 땅에서는 하나님이 기뻐하신 사람들 중에 평화로다"라고 노래하며 하나님을 찬송했습니다.

천사들이 떠난 후 목자들은 아기를 보려고 베들레헴으로 갔습니다. 그들은 마리아와 요셉과 아기 예수를 보고 천사가 자기들에게 이 아기에 대하여 한 말을 전했습니다. 목자들의 이야기를 들은 사람들은 모두 놀랐습니다. 목자들은 하나님을 찬양하며 들판으로 돌아갔고 마리아는 그 모든 말을 마음속에 소중하게 새겨두었습니다.

## 생각할 질문

- 천사 가브리엘은 마리아에게 어떤 말로 인사했는가? 마리아가 '은혜를 입은' 이유는 무엇인가? 마리아가 놀란 이유는 무엇인가?
- 가브리엘은 마리아에게 예수님에 대해 어떻게 말했는가? 요셉에게 나타난 천사는 예수님에 대해 어떻게 말했는가?
- 예수님의 탄생은 어떤 면에서 기적이라고 할 수 있는가? 예수님의 특별한 탄생은 그분이 어떤 분이신지에 대해 무엇을 알려 주는가?
- 마리아는 자신의 삶에서 어떤 계획을 가지고 있었겠는가? 하나님의 계획은 마리아의 삶을 어떻게 변화시켰는가?
- 하나님의 계획 때문에 마리아는 어떤 어려움에 부딪혔는가? 당신이 마리아의 입장이었다면 어떤 마음이었겠는가?
- 하나님의 계획 때문에 요셉은 어떤 어려움에 부딪혔는가? 당신이 요셉의 입장이었다면 어떤 마음이었겠는가?

- 요셉은 마리아가 임신했다는 소식을 듣고 어떻게 하려고 했는가? 천사의 말에 요셉은 어떻게 반응했는가?

- 임마누엘이라는 말은 무슨 뜻인가? 예수님의 이 이름을 우리 삶에 어떻게 적용할 수 있는가? 하나님이 그렇게 이상하고 초라한 환경에서 예수님을 태어나게 하신 이유는 무엇인가? 그것은 하나님의 계획에 대해 무엇을 말해 주는가?

- 예수님이 태어났을 때 천사들은 기쁨의 좋은 소식을 누구에게 가장 먼저 선포했는가? 그들은 무엇을 하고 있었는가? 하나님은 왜 그들에게 먼저 알리고자 하셨는가?

- 천사들은 목자들에게 무슨 말을 했는가? 예수님의 탄생이 기쁨의 '좋은 소식'이었던 이유는 무엇인가?

- 목자들은 천사들이 전한 좋은 소식에 어떻게 반응했는가? 또 그들은 예수님을 보고 난 후 어떻게 반응했는가? 그들은 누구에게 자신들이 보고 들은 것을 이야기했는가? 그들의 반응은 어떤 면에서 좋은 본보기가 되는가?

- 예수님의 탄생은 에덴동산에서 일어난 아담과 하와의 이야기와 어떤 관련이 있는가? 아담과 하와가 죄를 범한 후 하나님은 그들에게 어떤 약속을 하셨는가? 어떤 면에서 예수님이 그 약속을 성취하셨다고 할 수 있는가?

- 예수님의 탄생은 약속을 지키시는 하나님의 신실하심에 대해 무엇을 알려 주는가? 또 우리를 불쌍히 여기시는 하나님의 마음에 대해 무엇을 알려 주는가?

## 가족이 함께 생각할 질문

- 누가 마리아에게 하나님이 하실 일을 말해 주었는가? 마리아는 그 천사를 보고 어떻게 느꼈는가?
- 천사는 마리아에게 무엇을 말했는가?
- 예수님이 다른 사람과 달리 특별한 점은 무엇인가? 예수님의 참 아버지는 누구신가?
- 임마누엘이라는 이름의 뜻은 무엇인가?
- 예수님이 마구간에서 태어나신 이유는 무엇인가? 하나님이 그분의 아들을 그런 곳에서 태어나게 하신 이유는 무엇인가? 예수님은 어떤 사람을 도우려고 오셨는가?
- 예수님이 태어나신 후 그분을 가장 먼저 찾아온 사람들은 누구인가? 천사들이 예수님의 탄생을 선포했을 때 그들은 무엇을 하고 있었는가? 천사들이 가장 먼저 그들에게 그 소식을 알려 준 이유는 무엇인가?
- 예수님을 보고 목자들은 어떻게 했는가? 그들은 누구에게 보고 들은 것을 이야기했는가?
- 예수님이 누구신지를 알게 된 우리는 무엇을 해야 하는가? 우리는 누구에게 이야기를 전해야 하는가?

**마음에 새기는 말씀**

"이 모든 일이 된 것은 주께서 선지자로 하신 말씀을 이루려 하심이니 이르시되 보라 처녀가 잉태하여 아들을 낳을 것이요 그의 이름은 임마누엘이라 하리라 하셨으니 이를 번역한즉 하나님이 우리와 함께 계시다 함이라"(마 1:22-23).

**묵상**

하나님이신 예수님은 우리를 위해 인간이 되셨다.

# 요단강-세례

## 하나님의 보증

*Story Thru the Bible*

**주제** 예수님이 세례 요한에게 세례를 받으셨다.

**성경 본문** 마태복음 3장 1-6, 11-17절,
요한복음 1장 19-34절

**배경 설명** ❖ ❖ 우리는 예수님이 태어나신 후 공개적으로 사역을 시작하시기 전까지 약 삼십 년 동안 그분이 어떤 삶을 사셨는지에 대해 거의 모른다. 그 기간에 있었던 일 중에서 우리가 아는 유일한 사건은 예수님이 가족과 함께 예루살렘을 방문했을 때 벌어진 이야기이다. 예수님의 부모가 아이였던 예수님이 없어진 것을

모르다가 성전에서 랍비들의 이야기를 들으며 그들에게 날카로운 질문을 던지고 있는 그분을 찾게 된 사건이다. 이 일 외에는 “아기가 자라며 강하여지고 지혜가 충만하며 하나님의 은혜가 그의 위에 있더라”는 진술과 “예수는 지혜와 키가 자라가며 하나님과 사람에게 더욱 사랑스러워 가시더라”는 기록이 우리가 알고 있는 전부이다(눅 2:40, 52).

**들어가는 말** ❖ ❖

세례 요한이 광야에서 설교하고 있었고 사람들은 그를 보려고 모였다. 그는 죄에서 돌이켜야 한다고 외쳤고 그 메시지를 믿는 사람들에게 세례를 주었다. 예수님이 그를 찾아오셨을 때 그는 그 이유를 궁금해하며 이상하게 여겼다. 이야기를 살펴보면서 예수님이 요한의 질문에 어떻게 대답하셨는지에 주목하라. 그리고 예수님이 하나님의 아들이시라는 사실을 하나님이 어떻게 증명해 주셨는지도 살펴보라.

**이야기 속으로** ❖ ❖

이사야가 예언했던 대로 세례 요한이 메시아의 길을 예비하고자 광야에서 설교하고 있었습니다. 그는 사람들에게 “회개하라, 천국이 가까이 왔느니라”고 전파했습니다. 그는 광야에서 낙타 털 옷을 입고 메뚜기와 석청을 먹고 살았으며 사람들은 그를 보려고 사방에서 모여들었습니다. 그리고 그들은 죄를 회개하고 요단강에서 세례 요한이 베푸는 세례를 받았습니다.

세례 요한이 어쩌면 메시아, 즉 그리스도일지도 모른다고 생각하는 사람들도 있었습니다. 하지만 그는 분명히 아니라고 밝혔고 참 메시아로 오실 분이 따로 있다고 말했습니다. 그는 “나는 너희로 회개하게 하기 위하여 물로 세례를 베풀거니와” 메시아는 성령과 불로 세례를 베푸실 것이라고 설명했습니다. 그리고 알곡은 모아 곳간에 들이고 쭉정이는 꺼지지 않는 불에 태우기 위해 오실 메시아를 묘사했습니다. 그러면서 자신은 구세주의 신을 들고 다니기에도 합당하지 못하다고 말했습니다.

어느 날 예수님이 세례 요한에게 세례를 받고자 갈릴리로부터 내려오셨습니다. 세례 요한은 그런 예수님을 이해할 수 없었습니다. 그는 자신이 예수님에게 세례를 받아야 한다고 생각했습니다. 그러나 예수님은 세례를 받는 것이 "모든 의를 이루기 위해 합당하니라"고 말씀하셨습니다. 그래서 세례 요한도 동의하고 세례를 베풀었습니다.

예수님이 세례를 받고 물에서 올라오시자마자 하늘이 열리고 하나님의 성령이 비둘기처럼 내려와 예수님 위에 임하셨습니다. 그리고 "이는 내 사랑하는 아들이요 내 기뻐하는 자라"는 소리가 하늘에서 들려왔습니다. 그것은 요한에게 예수님이 그리스도라는 사실을 확실하게 보여주는 하나의 신호였습니다. 왜냐하면 하나님이 이미 세례 요한에게 "성령이 내려서 누구 위에든지 머무는 것을 보거든 그가 곧 성령으로 세례를 베푸는 이인 줄 알라"고 말씀하셨기 때문이었습니다. 세례 요한은 예수님을 "세상 죄를 지고 가는 하나님의 어린양"이라고 불렀습니다.

## 생각할 질문

- 세례 요한은 누구인가? 그리고 그가 전한 메시지는 무엇인가? 그는 누구를 위해 어떻게 예비하고 있었는가?
- 세례 요한의 기이한 옷차림과 생활 방식에 비추어 볼 때, 사람들이 그를 찾아간 이유는 무엇이라고 생각하는가? 그의 메시지가 사람들의 마음에 영향을 미친 이유는 무엇인가?
- 세례 요한이 예수님을 "성령과 불로"(마 3:11) 세례를 베푸시는 분이라

고 말한 의미는 무엇인가?

- 예수님은 왜 세례 요한에게 세례를 받으셔야 한다고 말씀하셨는가? 그 말씀의 의미는 무엇인가?
- 예수님이 세례를 받으신 후 무슨 일이 일어났는가? 예수님과 세례 요한이 본 것은 무엇인가? 하늘에서 들려온 음성은 무엇이었는가?
- 하나님은 왜 예수님이 세례 받으시는 자리에서 그분의 임재를 눈으로 보고 귀로 들을 수 있게 하셨는가? 이 사건 속에서 하나님 아버지와 아들과 성령이 분명하게 함께하셨다는 사실은 왜 중요한가?
- 세례 요한은 하나님의 어린양이 무엇을 하실 것이라고 말했는가?
- 예수님이 세례를 받으신 것은 오늘날 우리에게 왜 중요한가?
- 당신은 "성령과 불로" 세례 받은 경험이 있는가? 있다면 그 경험을 이야기해 보라. 없다면 혹 그런 경험을 해보고 싶은가? 하나님께 그런 일이 일어나도록 요청한다면 그분은 어떻게 반응하시겠는가?

## 가족이 함께 생각할 질문

- 세례 요한은 어떤 사람이었는가? 그는 사람들에게 무엇을 말했는가? 사람들은 세례 요한이 설교하는 것을 듣고 어떻게 했는가?
- 세례 요한은 예수님에 대해 어떻게 말했는가? 예수님은 세례 요한과 무엇이 다른가?
- 요한을 만나려고 강가로 오신 예수님은 세례 요한에게 무엇을 요청했는가? 요한은 어떻게 대답했는가? 세례 요한은 예수님이 요청하신 대로 했는가?

- 예수님이 세례 받으실 때 무슨 일이 일어났는가? 성령은 무엇을 하셨는가? 하나님은 무엇을 하셨는가?
- 하늘에서 들린 음성은 예수님을 어떻게 설명했는가?
- 세례 요한은 예수님을 어떤 동물에 비유했는가? 세례 요한은 예수님이 세상 죄를 어떻게 하실 것이라고 말했는가?

**마음에 새기는 말씀**

"내 뒤에 오시는 이는 나보다 능력이 많으시니 나는 그의 신을 들기도 감당하지 못하겠노라 그는 성령과 불로 너희에게 세례를 베푸실 것이요"(마 3:11).

"예수께서 세례를 받으시고 곧 물에서 올라오실새 하늘이 열리고 하나님의 성령이 비둘기 같이 내려 자기 위에 임하심을 보시더니 하늘로부터 소리가 있어 말씀하시되 이는 내 사랑하는 아들이요 내 기뻐하는 자라 하시니라"(마 3:16-17).

**묵상**

세례는 하나님이 우리와 맺으신 언약의 징표이다.

# 광야-시험

## 입증된 진리

Story Thru the Bible

**주제** 예수님은 유혹을 이겨내는 방법을 보여주셨다.

**성경 본문** 마태복음 4장 1-11절

**배경 설명** ❖ ❖ 예수님은 세례를 받으신 후 공개적으로 사역을 시작하셨다. 그러나 타락한 세상에서 하나님의 일은 언제나 방해를 받았다. 그리고 예수님이 하나님의 사랑하시는 아들이라는 말씀이 도전을 받게 되었다. 성령이 예수님을 광야로 이끌어가셨다. 그리고 그곳에서 예수님은 수백 년 전 하나님이 모세에게 율법을 주셨을 때 그가 했던 것처럼(출 34:28) 사십 일을 밤낮으로 금식하셨다.

**들어가는 말** ❖ ❖ 예수님은 사십 일을 금식하신 후 몹시 허기진 상태에서 하나님의 백성이 약해지는 순간을 노리는 사탄의 유혹을 받으셨다. 이 이야기를 통해 예수님이 그분을 시험하려는 유혹을 어떻게 다루셨는지 잘 살펴보라. 그리고 당신이 시험받았던 때를 떠올려 보고 그런 상황에 어떻게 대처했는지 기억해 보라. 예수님의 반응을 통해 무엇을 배울 수 있는가? 우리가 예수님이 하셨던 것처럼 대처한다면 어떤 일이 일어나겠는가? 이 이야기는 예수님이 시련 속에서 어떻게 원수를 물리치셨는지 보여준다.

**이야기 속으로** ❖ ❖ 예수님이 세례를 받으신 후 성령은 예수님을 광야로 이끌어가셨습니다. 그리고 그곳에서 예수님은 마귀에게 시험을 받으셨습니다. 예수님은 사십 일 동안 밤낮으로 금식하셔서 매우 주린 상태셨습니다. 바로 그때 시험하는 자가 예수님을 찾아와 "네가 만일 하나님의 아들이어든 명하여 이 돌들로 떡덩이가 되게 하라"고 제안했습니다. 예수님은 성경을 인용해 "사람이 떡으로만 살 것이 아니요 하나님의 입으로부터 나오는 모든 말씀으로 살 것이라 하였느니라"고 대답하셨습니다.

그러자 마귀는 예수님을 예루살렘으로 데려가 성전 꼭대기에 서시게 한 다음 "네가 만일 하나님의 아들이어든 뛰어내리라"고 제안하며 성경을 인용해 "기록되었으되 그가 너를 위하여 그의 사자들을 명하시리니 그들이 손으로 너를 받들어 발이 돌에 부딪치지 않게 하리로다 하였느니라"고 말했습니다. 예수님은 "또 기록되었으되 주 너의 하나님을 시험하지 말라 하였느니라"고 대답하셨습니다.

또다시 마귀는 예수님을 높은 산으로 데리고 가서 세상을 가리켜 보이며 자신에게 엎드려 절하고 경배하면 그 모든 것을 다 주겠노라고 제안했습니다. 예수님은 사탄에게 물러나라고 하시며 "기록되었으되 주 너의 하나님께 경배하고 다만 그를 섬기라 하였느니라"고 대답하셨습니다. 그러자 마귀는 예수님을 떠났고 천사들이 와서 예수님의 시중을 들었습니다.

## 생각할 질문

- 예수님이 광야로 가신 이유는 무엇인가? 누가 예수님을 그곳으로 이끄셨는가? 성령이 그렇게 하신 이유는 무엇인가?
- 마귀는 예수님이 광야에 가셨을 때 바로 시험하지 않고 사십 일 동안 금식하신 후에 예수님을 시험했다. 그 이유는 무엇인가? 마귀의 그러한 행동을 통해 우리는 그의 전략에 대해 무엇을 알 수 있는가?
- 예수님은 어떤 면에서 우리와 같은 분이셨는가? 예수님은 어떤 면에서 연약해지셨는가?
- 마귀가 예수님에게 가장 먼저 제안한 것은 무엇인가? 그 제안은 예수님이 세례를 받으신 이야기와 어떤 관련이 있는가? 사탄은 왜 그 사실을 바탕으로 예수님을 시험했는가?
- 마귀는 왜 예수님이 돌을 떡이 되게 하시기를 원했는가? 예수님은 그 일을 하셨는가? 그렇게 하지 않으신 이유는 무엇인가?
- 예수님이 사탄에게 가장 먼저 하신 말씀은 무엇인가? 예수님이 그렇

게 말씀하신 이유는 무엇이라고 생각하는가?

- 마귀는 왜 예수님이 성전 꼭대기에서 뛰어내리시기를 원했는가? 예수님은 왜 그렇게 하지 않으셨는가?
- 마귀가 한 두 번째 제안과 예수님이 하신 세 차례 대답의 공통점은 무엇인가?
- 마귀는 세 번째로 예수님에게 어떤 제안을 해서 그분을 시험하려고 했는가? 그가 그런 제안을 할 수 있었던 이유는 무엇인가? 예수님은 왜 그 제안을 받아들이지 않으셨는가?
- 시험이 끝난 후 누가 예수님을 시중들었는가?
- 마귀가 예수님을 시험했던 것과 같이 우리도 시험한다고 생각하는가? 그는 어떤 전략을 사용하는가?
- 시험받을 때 우리는 예수님이 보여주신 본보기를 따라 어떻게 반응해야 하는가? 그때 우리는 하나님께 어떤 도움을 기대할 수 있는가?

## 가족이 함께 생각할 질문

- 예수님은 얼마 동안 금식하셨는가? 그렇게 금식하신 예수님은 얼마나 배고프셨겠는가?
- 누가 예수님을 시험했는가?
- 마귀는 예수님에게 무엇을 요구했는가? 예수님은 왜 마귀가 말한 대로 하지 않으셨는가?
- 예수님이 시험 받으실 때 하나님의 말씀을 알고 계셨던 것이 중요한 이유는 무엇인가요? 우리가 하나님의 말씀을 아는 것이 중요한 이유

는 무엇인가?

- 마귀가 떠난 후 누가 예수님을 시중들려고 왔는가?
- 당신은 어떤 면에서 하나님을 거역하고 싶은 유혹을 받는가? 그런 시험을 받을 때 우리는 어떻게 해야 하는가?

**마음에 새기는 말씀**

"기록되었으되 사람이 떡으로만 살 것이 아니요 하나님의 입으로부터 나오는 모든 말씀으로 살 것이라 하였느니라"(마 4:4).

"또 기록되었으되 주 너의 하나님을 시험하지 말라 하였느니라"(마 4:7).

"기록되었으되 주 너의 하나님께 경배하고 다만 그를 섬기라 하였느니라"(마 4:10).

**묵상**

우리는 하나님의 말씀을 통해 시험을 이겨낼 수 있다.

STORY 30

# 열두 제자

## 따르는 자들

Story Thru the Bible

**주제** 예수님은 사람들을 부르셔서 그분을 따르게 하셨다.

**성경 본문** 누가복음 5장 1-11절

**배경 설명** ❖ ❖ 많은 사람이 예수님 주위로 모여들기 시작했다. 그들은 예수님이 가르치시는 것을 듣고 병 고침을 받고 그분이 행하시는 기적을 보고자 예수님을 따라다녔다. 그러나 예수님은 그 당시 많은 교사처럼 열두 사람을 부르시고 그들과 특별한 관계를 맺으셨다. 그들은 예수님이 어느 곳으로 가시든지 그분을 따랐고, 그분의 방식대로 훈련을 받았으며, 그분이 사명을 어떻게 수행하시는지를 배웠다.

**들어가는 말** ❖ ❖ 당신이 하는 모든 일을 내려놓을 수 있을 만큼 그렇게 좋은 소식을 들어본 적이 있는가? 누군가를 만나자마자 그 사람 때문에 당신의 입장이나 계획을 모두 다 바꿨던 적이 있는가? 이 장의 이야기에서 예수님은 그분이 하시는 일을 보고, 말씀을 듣고, 즉시 자신의 삶을 바꾼 몇 사람을 만났다. 그리고 그 후 그들은 이전과 전혀 다른 삶을 살게 되었다. 이야기를 살펴보면서 당신이 그 사람들 중 한 사람이었다면 어떠했을지 상상해 보라.

**이야기 속으로** ❖ ❖ 예수님은 갈릴리 바닷가에서 가르치셨고 사람들은 그분의 말씀을 듣기 위해 모여들었습니다. 물가에는 그물을 씻던 어부들의 배 두 척이 있었습니다. 예수님은 그 두 척 중에 시몬이라는 사람이 소유한 배에 올라타신 후, 그에게 그 배를 육지에서 조금 떼어달라고 부탁하셨습니다. 예수님은 배 안에 자리를 잡으시고 그곳에서 사람들을 가르치기 시작하셨습니다.

그리고 가르치기를 마치신 후 시몬에게 바다 깊은 곳으로 가서 그물을 내려 고기를 잡으라고 말씀하셨습니다. 시몬은 동료 어부들과 함께 밤새도록 고기를 잡으려고 애썼지만 한 마리도 잡지 못했다고 예수님에게 대답했습니다. 그러나 예수님이 말씀하시니 다시 시도해 보겠노라고 동의했습니다.

시몬과 그의 동료들이 그물을 내리자 그물이 찢어질 만큼 많은 물고기가 잡혔습니다. 그들은 다른 배에 있는 어부들에게 와서 도와달라고 요청했습니다. 그리고 두 배가 거의 다 물에 잠길 정도로 많은 물고기를 잡았습니다.

그 일을 경험한 어부들은 모두 놀랐습니다. 시몬은(시몬 베드로 또는 베드로라고 불리기도 함) 예수님 앞에 무릎을 꿇고 "주여 나를 떠나소서 나는 죄인이로소이다"라고 말할 정도로 깊은 감동을 받았습니다. 시몬의 동업자였던 야고보와 요한 역시 크게 놀랐습니다. 그러나 예수님은 "무서워하지 말라 이제 후로는 네가 사람을 취하리라"고 말씀하셨습니다. 어부들은 배를 육지로 댄 후 그들의 가족과 친구와 배와 그물과 그들이 하던 일을 비롯해 모든 것을 다 버리고 예수님을 따랐습니다.

## 생각할 질문

- 예수님은 어디서 가르치셨는가? 사람들은 왜 예수님이 계신 곳으로 모여들었는가?
- 예수님이 가르치시는 동안 어부들은 무엇을 하고 있었는가?
- 예수님은 왜 배에 오르셨는가? 예수님이 타신 배의 주인은 누구였는가? 예수님은 그 배의 주인에게 무엇을 부탁하셨는가?
- 예수님이 깊은 곳으로 가서 그물을 내리라고 말씀하셨을 때 시몬은 어떻게 말했는가? 예수님이 하신 명령이 이상했던 이유는 무엇인가? 시몬이 예수님의 말씀에 동의한 이유는 무엇인가?
- 예수님이 당신의 경험이나 전문성에 반하는 아주 이상한 일을 하라고 말씀하신다면 당신은 어떻게 반응할 것인가? 예수님을 믿고 그분의 말씀대로 할 것인가? 그 이유는 무엇인가?
- 예수님은 어부들이 많은 물고기를 잡게 될 것을 어떻게 알고 계셨는

가? 어부들은 많은 물고기를 잡은 것을 통해 예수님의 어떤 면을 확실히 알게 되었는가?

- 시몬은 왜 자신을 죄인이라고 말하면서 예수님에게 떠나실 것을 청했는가? 예수님은 그런 그에게 어떻게 반응하셨는가?
- 예수님은 어부들에게 "이제 후로는 네가 사람을 취하리라"고 말씀하셨다. 그 말씀의 의미는 무엇인가?
- 어부들이 예수님을 따르려고 뒤로한 것은 무엇인가? 예수님을 따르기 위해 당신은 얼마나 많은 것을 포기해야 하는가?
- 예수님은 어부들에게 그분이 믿을 만하다는 사실을 어떻게 증명해 주셨는가? 예수님은 어부들의 삶을 인도하실 수 있을 만큼 충분히 믿을 만한 분이신가? 예수님은 그분이 당신의 삶을 인도하실 수 있을 만큼 충분히 믿을 만하다는 사실을 어떻게 증명해 주셨는가?
- 예수님을 온전히 따르는 것은 어떤 것인가?

## 가족이 함께 생각할 질문

- 사람들은 왜 예수님이 계시는 곳에 모여들었는가? 그런 상황에서 예수님은 어떻게 하셨는가?
- 예수님이 오르신 배의 주인은 누구였는가? 예수님은 배에서 가르침을 마치시고 그 배 주인에게 무엇을 말씀하셨는가?
- 시몬이 깊은 곳으로 가서 그물을 내리고 싶어 하지 않았던 이유는 무엇인가? 그가 예수님의 말씀에 동의한 이유는 무엇인가? 그가 예수님을 믿은 것인가? 그렇게 생각하는 이유는 무엇인가?
- 어부들이 그물을 내렸을 때 어떤 일이 일어났는가?

- 시몬은 많은 물고기가 잡힌 것을 보고 예수님에게 무슨 말을 했는가? 그 말에 예수님은 어떻게 대답하셨는가?
- 예수님이 어부들에게 사람을 취하게 될 거라고 하신 말씀은 무슨 뜻인가?
- 시몬과 그의 동업자들은 예수님을 따르기 위해 무엇을 포기했는가? 그들은 예수님이 그들을 가르치고 인도해 주실 것이라고 믿었겠는가?
- 우리는 예수님이 우리를 가르치시고 인도해 주실 거라고 믿고 있다는 사실을 어떻게 보여드릴 수 있는가?

**마음에 새기는 말씀**

"무서워하지 말라 이제 후로는 네가 사람을 취하리라"(눅 5:10).

**묵상**

우리는 예수님의 초청에 귀를 기울이고 그분을 따라야 한다.

# 중풍병자

## 치유와 죄 용서의 권세

*Story Thru the Bible*

**주제** 예수님은 치유하시고
용서하실 수 있는 능력을 갖고 계신다.

**성경 본문** 마가복음 2장 1-12절

**배경 설명** ❖ ❖ 가버나움은 지난 이야기에 소개된 제자들의 고향으로, 예수님의 초기 사역에서 본부와 같은 역할을 했다. 예수님이 이웃 마을들을 방문하신 후 갈릴리 바닷가에 위치한 가버나움으로 돌아오시면 사람들은 그분의 말씀을 들으려고 모여들었다. 많은 사람이 이미 예수님의 명성을 들어 알고 있었다. 예수님은 세례를 받으실 때 하늘에서 난 소리를 통해 하나님의 아들이라고 불리셨다. 또 그분이 어떤 사람에게서 쫓아낸 귀신은 예수님을 "하나님의 거룩한 자"(막 1:24)라고 불렀다. 그리고 예수님은 질병을 다스리시는 권세가 있음을 이미 증명하셨다. 그래서 사람들은 예수님이 어떤 분인지 정확히는 알지 못해도 아주 특별한 분이라는 사실은 알고 있었다. 그들은 예수님에게 큰 기대를 하고 있었다.

**들어가는 말** ❖ ❖

우리에게 큰 소원과 절실한 필요가 있다면 그것을 채우기 위해 우리는 어떤 힘든 일도 감수하려고 할 것이다. 또 방해가 되는 장벽도 기꺼이 극복하려고 할 것이다. 친구의 병이 낫기를 간절히 바랐던 한 중풍병자의 친구들은 의사를 만나기 위해 몸을 사리지 않았다. 그러나 막상 의사 앞에 섰을 때 그들은 친구에게 더 심각한 문제가 있다는 것을 알게 되었다. 이번 이야기 속에서 예수님에게 나아온 사람들이 보여준 믿음의 증거들을 찾아보라. 그리고 예수님이 그들에게 어떻게 반응하셨는지, 그리고 그분이 그들의 더 심각한 문제를 어떻게 감지하셨는지 알아보라.

**이야기 속으로** ❖ ❖

예수님은 여러 마을을 다니신 후 다시 가버나움으로 가셨습니다. 예수님이 오셨다는 소식을 들은 사람들이 예수님에게 모여들었습니다. 많은 사람이 그분이 머무시던 집을 가득 메웠기 때문에 문 앞까지도 들어설 자리가 없었습니다. 예수님에게 좀 더 가까이 갈 수 있는 여지가 조금도 없었습니다.

한 중풍병자의 친구들이 병든 친구를 예수님에게 데려왔습니다. 그러나 사람들이 너무 많아서 예수님에게 가까이 갈 수 없었습니다. 그래서 그들은 지붕으로 올라가 거기에 구멍을 내고 침상에 누워 있는 중풍병자 친구를 예수님이 계신 곳으로 내려보냈습니다. 이러한 그들의 믿음을 보신 예수님은 그 중풍병자에게 "작은 자야 네 죄 사함을 받았느니라"고 말씀하셨습니다.

그때 그곳에서 예수님의 말씀에 귀를 기울이고 있던 종교 지도자들이 불끈했습니다. 그러나 그들은 아무 말도 하지 않았고, 그저 속으로만 예수님이 신성을 모독하는 죄를 범했다고 생각했습니다. 그들이 그렇게 생각한 것은 하나님 외에 그 누구도 죄를 용서할 수 없다고 생각했기 때문이었습니다.

예수님은 그들이 마음속으로 무슨 생각을 하고 있는지 알고 계셨습니다. 그래서 그 문제를 공개적으로 제기하시며 "중풍병자에게 네 죄 사함을 받았느니라 하는 말과 일어나 네 상을 가지고 걸어가라 하는 말 중에서 어느 것이 쉽겠느냐?"라고 물으셨습니다. 그리고 죄를 용서할 수 있는 권세가 그분에게 있음을 알려 주기 위함이었다고 하시며 중풍병자에게 일어나 침상을 갖고 집으로 가라고 말씀하셨습니다. 그러자 중풍병자는 정말로 일어나 나갔습니다. 그는 자리에서 일어나 그를 바라보는 모든 사람들 앞으로 걸어갔습니다. 모든 사람이 그 광경을 보고 놀랐습니다. 그들은 이전에 그런 일을 한 번도 본 적이 없었으므로 하나님을 높이며 찬양했습니다.

## 생각할 질문

- 사람들이 중풍병자를 예수님이 계신 곳으로 데려왔을 때, 예수님은 무슨 일을 하고 계셨는가? 그들이 예수님에게 가까이 갈 수 없었던 이유는 무엇인가?

- 중풍병자를 데려온 친구들은 예수님이 중풍병자를 어떻게 해주시기를 기대했는가? 그들은 예수님이 병에 걸린 친구를 확실히 보실 수 있도록 어떻게 했는가?

- 예수님은 누구의 믿음에 주목하셨는가? 중풍병자의 믿음인가, 아니면 그 친구들의 믿음인가? 당신은 그 믿음을 어떻게 묘사할 수 있는가? 그 믿음에 예수님은 어떻게 반응하셨는가?

- 예수님은 중풍병자를 위해 구체적으로 어떤 일을 먼저 하셨는가? 예수님이 그 일을 먼저 하신 이유는 무엇인가? 이것은 우리의 가장 절실한 필요에 대해 무엇을 말해 주는가?

- 종교 지도자들은 그 일에 대해 어떻게 생각했는가? 예수님은 그들이 무엇을 생각하는지 어떻게 아셨는가?

- 종교 지도자들의 생각에 예수님은 어떻게 반응하셨는가? 그들의 생각을 무시하셨는가, 아니면 공개적으로 드러내셨는가? 그렇게 하신 이유는 무엇인가?

- 예수님은 죄를 용서할 수 있는 권세가 있다는 사실을 증명하고자 어떻게 하셨는가? 예수님의 그 모습은 그분이 어떤 분이신지에 대해 무엇을 말해 주는가?

- 사람들은 중풍병자였던 사람이 일어나 걸어 나가는 것을 보고 어떤 반응을 보였는가? 당신이 그 자리에서 예수님이 하신 일을 목격했다면 당신은 그분을 어떻게 생각했겠는가?

## 가족이 함께 생각할 질문

- 중풍병자의 친구들은 예수님에게 무엇을 원했는가?

- 그들이 처음에 예수님에게 가까이 다가갈 수 없었던 이유는 무엇인가? 그들은 예수님에게 가까이 다가가기 위해 어떻게 했는가?
- 그들이 한 일은 어떤 면에서 그들이 예수님을 믿고 있었다는 사실을 보여주는가? 예수님은 그들의 믿음을 어떻게 생각하셨는가?
- 예수님은 중풍병자를 바로 고쳐 주셨는가? 예수님은 그를 위해 먼저 무엇을 하셨는가?
- 모든 사람이 다 예수님이 중풍병자에게 하신 말씀을 좋아했는가? 종교 지도자들은 예수님의 말씀을 어떻게 생각했는가?
- 예수님이 중풍병자에게 일어나 걸어가라고 말씀하셨을 때 어떤 일이 일어났는가? 그 광경을 본 사람들은 어떤 생각을 했는가? 당신이 그 자리에 있었다면 어떤 생각을 했겠는가?
- 예수님은 이 이야기를 통해 그분이 우리를 용서하시고, 우리의 문제를 해결해 주실 수 있다는 사실을 어떻게 보여주시는가?

**마음에 새기는 말씀**

"그러나 인자가 땅에서 죄를 사하는 권세가 있는 줄을 너희로 알게 하려 하노라 하시고 중풍병자에게 말씀하시되 내가 네게 이르노니 일어나 네 상을 가지고 집으로 가라 하시니 그가 일어나 곧 상을 가지고 모든 사람 앞에서 나가거늘"(막 2:10-12).

**묵상**

우리는 언제든지 예수님이 그분의 뜻대로 우리를 치유해 주시기를 기도할 수 있다.

STORY 32

# 예루살렘-거듭남

## 니고데모의 거듭남

*Story Thru the Bible*

**주제** 예수님은 거듭남의 필요성을 가르치신다.

**성경 본문** 요한복음 3장 1-21절

**배경 설명** ❖ ❖ 예수님은 평범한 사람들에게 인기가 많으셨다. 그러나 그 당시 많은 종교 지도자와 서기관과 학자들은 예수님을 의심했고 심지어는 적대시하기까지 했다. 하지만 그들 중에는 이야기에 나오는 것처럼 예수님의 가르침에 순수한 관심을 가졌던 사람들도 있었다. 예수님은 모세의 율법을 잘 알고 있는 한 사람과 이야기하시며 그분이 이 땅에 오신 이유를 설명하시고자 모세의 삶에서 일어난 사건을 언급하셨다. 오래전 하나님의 백성은 광야를 지나며 그분에게 불평을 늘어놓았다. 그래서 하나님이 그들에게 독사를 보내셨고 모세에게 구리 뱀을 만들어 장대에 매달라고 지시하셨다. 그리고 독사에 물린 사람들이 저주를 피하고 치유를 받으려면 그 구리 뱀을 바라보라고 말씀하셨다. 만일 그렇게 하지 않는 사람은 죽게 될 것이라고 경고하셨다.

**들어가는 말** ❖ ❖ '내가 죽으면 어떤 일이 일어날 것인가?'라는 질문은 인간으로서 우리가 알고 싶어 하는 중요한 질문 중 하나이다. 그 이유는 우리에게 영원을 사모하는 마음이 있기 때문이다. 예수님은 사역 초기에 영원한 생명을 얻을 수 있는 방법에 대해 종종 설명하셨다. 그런데 예수님과 이야기를 나눈 사람들 가운데 은밀하게 예수님을 찾아온 종교 지도자 한 사람이 있었다. 그는 하나님의 말씀, 다시 말해 모세를 통해 주신 율법을 잘 알고 있었다. 그러나 하나님의 성령의 깊은 것에 대해서는 알지 못했다. 그래서 예수님을 만나서 듣게 된 말씀 중 많은 부분이 그를 놀라게 했다. 이 이야기를 살펴보면서 예수님이 그에게 하신 말씀을 당신이 생전 처음 들었다면 어떻게 반응했을지 생각해 보라. 그 말씀을 이해했을 것 같은가? 그 말씀을 믿었을 것이라고 생각하는가?

**이야기 속으로** ❖ ❖ 니고데모는 유대인으로 유대인의 경전과 율법을 잘 아는 전문가였고 지방 의회의 일원이었습니다. 한밤중에 그는 예수님을 찾아가 자기의 동료 지도자들 중에도 예수님을 하나님이 보내신 분으로 알고 있는 사람들이 있다고 털어놓았습니다.

그는 예수님에게 “하나님이 함께하시지 아니하시면 당신이 행하시는 이 표적을 아무도 할 수 없음이니이다”라고 말했습니다.

예수님은 그에게 “사람이 거듭나지 아니하면 하나님의 나라를 볼 수 없느니라”고 말씀하셨습니다. 니고데모는 예수님이 하신 말씀을 이해할 수 없었습니다. 그래서 어떻게 늙은 사람이 다시 태어날 수 있는지를 물었습니다. 그러나 예수님은 그런 의미로 하신 것이 아니었습니다. 그분은 ‘물과 성령으로’ 나지 않으면 하나님의 나라에 들어갈 수 없다고 말씀하신 것이었습니다. 예수님은 육체적인 탄생과 영적인 탄생에는 차이가 있다고 설명하시며 “내가 네게 거듭나야 하겠다 하는 말을 놀랍게 여기지 말라 바람이 임의로 불매 네가 그 소리는 들어도 어디서 와서 어디로 가는지 알지 못하나니 성령으로 난 사람도 다 그러하니라”고 말씀하셨습니다.

니고데모는 여전히 이해할 수 없었습니다. 이스라엘의 랍비였던 니고데모는 거듭남에 대해 분명히 이해하지 못했습니다. 예수님은 사람들이 알고 있는 것에 대해서만, 즉 그들이 경험한 것에 대해서만 말한다는 사실을 지적하셨습니다. 예수님은 그에게 하나님의 일, 즉 하늘의 진리를 가르치고 있음을 말씀하셨습니다. 또 예수님은 그분 자신이 하늘에서 내려온 자이며 또 하늘로 올라간 자라고 말씀하셨습니다. 그리고 모세가 광야에서 저주 아래에 있는 사람들이 목숨을 구할 수 있도록 구리 뱀을 높이 들었던 것처럼 사람들이 예수님을 바라보고 영생을 얻을 수 있도록 그분 자신도 높이 들려야 한다고 말씀하셨습니다.

“하나님이 세상을 이처럼 사랑하사 독생자를 주셨으니 이는 그를 믿는 자마다 멸망하지 않고 영생을 얻게 하려 하심이라.” 예수님은 이렇게 말씀하셨습니다. 그리고 예수님을 믿는 사람은 누구든지 멸망하지 않을 것이라고 약속하셨습니다. 하나님이 그분의 아들을 세상에 보내신 것은 세상을 심판하시기 위해서가 아니라 구원하시기 위해서였습니다. 그러나 예수님을 믿지 않는 사람은 하나님의 독생자를 거부하는 것이기 때문에 심판을 받게 됩니다. 하나님의 아들 예수님은 세상에 온 빛입니다. 그런데 어떤 사람들은 자신의 악한 행위가 드러날까 봐 어둠을 빛보다 더 사랑합니다. 그러나 진리를 따르는 사람은 빛으로 나아갑니다.

## 생각할 질문

- 니고데모는 누구인가? 당시에 그는 예수님의 어떤 부분을 믿는다고 말했는가?
- 니고데모가 예수님을 찾아간 이유는 무엇인가? 그가 낮에 예수님을 찾아가지 않은 이유는 무엇인가?
- 예수님은 니고데모에게 하나님의 나라를 보려면 어떻게 해야 한다고 말씀하셨는가? 예수님은 어떤 탄생에 대해 말씀하신 것인가?
- 예수님이 성령으로 거듭나야 한다고 하신 말씀은 무슨 의미인가? 니고데모는 그 말씀을 얼마나 잘 이해했는가?
- 예수님이 "바람이 임의로 불매"라고 말씀하시며 언급하신 것은 무엇인가? 그것은 성령으로 난 사람에게 어떻게 적용된다고 생각하는가?
- 우리는 어떻게 성령으로 날 수 있는가?
- 예수님은 어떤 면에서 모세가 이스라엘 백성을 위해 들어 올렸던 구리 뱀과 같다고 할 수 있는가? 예수님은 그분을 바라보고 믿는 사람들에게 어떤 일이 일어날 것이라고 말씀하셨는가?
- 세상을 사랑하시는 하나님은 세상을 위해 무엇을 하셨는가?

- 예수님이 이 세상에 오신 이유는 무엇인가? 세상을 심판하기 위해서인가, 아니면 구원하기 위해서인가? 심판받지 않으려면 어떻게 해야 하는가? 이 이야기에 따르면 예수님을 믿는 사람에게는 어떤 유익이 있는가?
- 이 세상에 온 빛은 누구인가? 왜 어떤 사람들은 어둠 속에 남기를 택하는가? 어떤 사람이 빛으로 나아가는가?
- 이 이야기에서 빛과 어둠이 나타내는 것은 무엇인가?

## 가족이 함께 생각할 질문

- 니고데모는 언제 예수님을 찾아갔는가? 그는 왜 그때 예수님을 찾아간 것인가?
- 예수님은 니고데모에게 하나님의 나라를 보려면 어떻게 해야 한다고 말씀하셨는가?
- 니고데모는 예수님이 하신 말씀을 이해했는가? 그렇게 말할 수 있는 근거는 무엇인가?
- 예수님이 거듭나야 한다고 말씀하신 것은 어떤 의미인가? 몸이 다시 태어나야 한다는 뜻인가? 그게 아니라면 그것은 어떻게 태어나는 것을 의미하는 것인가?
- 하나님은 그분이 만드신 세상과 그 세상에 사는 사람들에 대해 어떻게 느끼시는가? 하나님은 그분이 사랑하시는 사람들을 위해 무엇을 하셨는가?
- 하나님과 영생을 누리려면 우리는 어떻게 해야 하는가?
- 세상에 온 빛은 누구인가? 우리는 진리를 사랑한다는 사실을 어떻게

드러낼 수 있는가?

**마음에 새기는 말씀**

"진실로 진실로 네게 이르노니 사람이 거듭나지 아니하면 하나님의 나라를 볼 수 없느니라"(요 3:3).

"하나님이 세상을 이처럼 사랑하사 독생자를 주셨으니 이는 그를 믿는 자마다 멸망하지 않고 영생을 얻게 하려 하심이라 하나님이 그 아들을 세상에 보내신 것은 세상을 심판하려 하심이 아니요 그로 말미암아 세상이 구원을 받게 하려 하심이라"(요 3:16-17).

**묵상**

우리는 거듭나야 한다.

# 수가-우물가 여인

## 생수

Story Thru the Bible

**주제** 예수님은 우리를 새롭게 하는 용서를 베푸신다.

**성경 본문** 요한복음 4장 4-42절

**배경 설명** ❖ ❖ 유대인과 사마리아인은 사이가 별로 좋지 않았다. 유대인은 사마리아인을 참 믿음을 저버리고 진정한 예배의 중심지인 예루살렘을 거부한 타락한 혼혈족으로 여기며 그들을 무시했다. 심지어 유대인 중에는 사마리아 지역을 통과하는 것이 가장 빠른 길인데도 그 지역을 지나지 않으려고 했던 사람들도 있었다. 그러나 예수님은 인종과 문화적 차이를 상관하지 않으셨다. 예수님은 선한 사마리아인과 감사를 표했던 사마리아 문둥병자를 언급하시며 사마리아인을 긍정적인 시각으로 바라보셨다. 이제 살펴볼 이야기에서 예수님은 곤경에 처한 한 사마리아인을 위해 특별히 시간을 내셨다.

**들어가는 말** ✥ ✥

예수님이 사람들과 대화를 나누실 때, 그들은 종종 서로 다른 차원의 이야기를 주고받았다. 예수님은 언제나 사람들의 가장 절실한 필요에 초점을 맞추시고 그들이 좀 더 깊게 영적 진리를 볼 수 있도록 도와주셨다. 이야기에 나오는 서로 다른 차원의 주고받는 대화에 귀 기울이며 다음 질문을 생각해 보라. 겉으로 보기에 그들은 어떤 이야기를 나누었는가? 그 대화의 속뜻은 무엇인가? 이 평범한 대화는 한 여인의 삶을 어떻게 바꾸었는가?

**이야기 속으로** ✥ ✥

예수님은 제자들과 사마리아 지역을 지나시다가 수가라는 동네에 이르렀습니다. 그곳에는 사람들에게 잘 알려진 야곱의 우물이 있었습니다. 여행길에 피곤해지신 예수님은 그곳에 자리를 잡고 앉으셨습니다. 때는 정오쯤이었고 제자들은 먹을 것을 사려고 동네 안으로 들어갔습니다.

사마리아 여자가 물을 길으러 우물을 찾아왔고 예수님은 그 여자에게 물을 좀 달라고 부탁하셨습니다. 그 부탁에 놀란 여자는 "당신은 유대인으로서 어찌하여 사마리아 여자인 나에게 물을 달라 하나이까?"라고 물었습니다. 그 여자가 그렇게 말한 것은 유대인과 사마리아인의 사이가 그리 좋지 않았기 때문이었습니다. 예수님은 여자에게 물을 달라고 하는 사람이 정말로 누구인지를 안다면 오히려 물을 달라고 요청할 것이며 그러면 생수를 얻게 되었을 거라고 말씀하셨습니다.

여자는 예수님이 물에 대해 이야기하는 것이라 생각하고 그릇도 없으면서 어떻게 물을 길을 수 있느냐고 물었습니다. 예수님에게는 깊은 샘물을 길어 올릴 수 있는 도구가 아무것도 없었기 때문이었습니다. 여자는 예수님께 그 생수를 어디서 길어 올 것인지를 물었습니다. 그리고 예수님이 야곱보다 더 크신 분이냐고 물으며 지금 예수님이 사마리아에서 가장 유명한 우물 앞에 계신다는 사실을 상기시켜 드렸습니다. 그 우물은 이스라엘의 조상인 야곱이 그의 가족과 가축에게 물을 먹였던 것이었습니다. 그러나 예수님은 그 우물에서 나는 물은 평범한 물일 뿐이며 그 우물에서 나는 물을 마신 사람은 나중에 다시 목이 마를 것이라고 말씀하셨습니다. 그리고 "내가 주는 물을 마시는 자는 영원히 목마르지 아니하리니 내가 주는 물은 그 속에서 영생하도록 솟아나는 샘물이 되리라"고 말씀하셨습니다.

여자는 그렇게 놀라운 물을 마시기 원했습니다. 그래서 예수님에게 매일 우물가에 나오지 않아도 되도록 그 물을 달라고 요청했습니다. 그러나 예수님은 "네 남편을 불러오라"는 말로 화제를 바꾸셨습니다. 여자는 자신에게 남편이 없다는 사실을 이야기했습니다. 그런데 예수님은 이미 그 사실을 알고 있다고 말씀하시며 여자를 놀라게 하셨습니다. 또한 예수님은 여자에게 남편이 다섯 명 있었지만 현재까지 남편으로 남아 있는 사람은 아무도 없다는 사실을 말씀하셨습니다.

그러자 여자는 "주여 내가 보니 선지자로소이다"라고 말했습니다. 그리고 선지자에게 물을 법한 그런 질문을 예수님에게 던졌습니다. 여자는 사마리아 사람은 그곳에서 가까운 산(그리심 산)에서 예배를 드리는데 유대인은 예루살렘을 진정한 예배 처소라고 주장한다며 어느 편이 옳은지 물었습니다.

예수님은 그 질문에 바로 대답하지 않으셨습니다. 대신 그리심 산이든 예루살렘이든 하나님을 예배하는 장소는 아무 문제가 되지 않을 때가 올 것이라고 말씀하셨습니다. 그리고 사마리아 사람은 알지 못하는 것을 예배하고 있으니 구원은 유대인을 통해 오게 될 것이라고 말씀하셨습니다. 그러나 진정으로 예배하는 사람들은 영과 진리로 예배한다고 설명하시며 "아버지께서는 자기에게 이렇게 예배하는 자들을 찾으시느니라 하나님은 영이시니 예배하는 자가 영과 진리로 예배할지니라"고 말씀하셨습니다.

그 여자는 메시아가 오실 줄을 알고 있다며 "그가 오시면 모든 것을 우리에게 알려 주시리이다"라고 말했습니다. 그러자 예수님은 "네게 말하는 내가 그라"고 대답하셨습니다. 그때 제자들이 돌아왔습니다. 그들은 여자와 이야기하시는 예수님을 보고 기겁했습니다. 그러나 예수님이 왜 그렇게 이상한 일을 하고 계시는지를 묻는 사람은 아무도 없었습니다. 그 여인은 물동이를 두고 동네로 가서 사람들에게 예수님을 만나 보라고 밀했습니다. 그리고 예수님이 지신의 과거를 다 알고 말씀하시니 그분이 그리스도인지를 직접 확인해 보라고 말했습니다. 그래서 사람들은 무슨 일이 일어나고 있는지를 알아보려고 예수님이 계신 곳으로 왔습니다.

사람들이 오는 것을 본 제자들은 예수님에게 음식을 좀 드시라고 권했지만 그분은 "내게는 너희가 알지 못하는 먹을 양식이 있느니라"고 말씀하셨습니다. 제자들은 누가 예수님에게 드실 것을 갖다 드렸느냐고 서로 물었습니다. 그러나 예수님은 "나의 양식은 나를 보내신 이의 뜻을 행하며 그의 일을 온전히 이루는 이것이니라"고 말씀하셨습니다. 그리고 곡식을 추수해야 할 때가 있듯이 영적으로도 추수해야 할 때가 있다고 설명하시며 "너희 눈을 들어 밭을 보라 희어져 추수하게 되었도다"라고 말씀하셨습니다. 예수님은 영적인 씨앗을 뿌리는 데 수고한 사람들이 많이 있었고 이제는 제자들이 영적인 추수를 거두어야 할 때라고 설명하셨습니다. 한편 예수님을 보기 위해 나아온 많은 사마리아 사람은 그 여인의 증언을 듣고 예수님을 믿었습니다. 그래서 예수님은 그곳에 이틀을 더 머무셨고, 그들은 더 많은 것을 말씀해 주시기를 청했습니다. 그들은 예수님의 말씀을 듣고 그분을 더욱 믿게 되었고, "그가 참으로 세상의 구주신 줄 앎이라"고 고백했습니다.

## 생각할 질문

- 길을 가시던 예수님이 쉬려고 멈추신 곳은 어디였는가? 그 장소를 주목해야 할 이유는 무엇인가?
- 우물가에서 예수님은 누구를 만나셨는가? 예수님은 그에게 어떤 부탁을 하셨는가?
- 예수님이 부탁하신 것은 왜 그 여인을 놀라게 했는가? 여자는 무슨 말을 했는가? 예수님은 여인에게 어떻게 대답하셨는가?
- 그 여인은 예수님이 어떤 물에 대해 이야기하신다고 생각했는가? 예수님이 정말로 말씀하신 물은 어떤 물인가? 예수님이 말씀하신 '생수'의 뜻은 무엇인가?
- 예수님이 하신 말씀에 따르면 생수를 마신 사람에게는 어떤 일이 일어나는가? 그렇게 된다면 얼마나 흡족할 것 같은가? 그 물을 마신 사람들의 내면에는 어떤 일이 일어나는가?
- 그 여인은 그 물을 마시기 원했는가? 그래서 여인은 어떤 반응을 보였는가? 당신이 그런 물이 있다는 사실을 듣는다면 당신은 어떻게 반응할 것 같은가?

- 그 여인이 생수를 요청했을 때 예수님은 어떤 말씀을 하셨는가? 여자가 예수님 앞에서 인정할 수밖에 없었던 사실은 무엇인가?
- 그 여인이 예수님을 선지자라고 생각한 것은 그분이 무슨 말씀을 하셨기 때문인가? 하나님이 우리의 삶에 대해 얼마나 잘 알고 계신다고 생각하는가? 하나님이 우리를 얼마나 주의 깊게 지켜보신다고 생각하는가?
- 예수님을 선지자라고 생각한 여인은 그분에게 어떤 질문을 했는가?
- 그 질문에 예수님은 얼마나 직접적으로 대답하셨는가? 예수님은 예배에 대해 어떻게 말씀하셨는가? 하나님은 어떻게 예배하는 사람들을 찾으시는가? 영과 진리로 예배한다는 말의 의미는 무엇인가?
- 제자들이 돌아와 여인과 이야기하시는 예수님을 보고 놀란 이유는 무엇인가?
- 예수님이 그분 자신을 메시아라고 말씀하시자 그 여인은 어떻게 반응했는가?
- 제자들이 예수님에게 음식을 드시라고 권했을 때 그분은 뭐라고 하셨는가? 그 말씀은 무슨 뜻인가?
- 예수님은 추수와 추수 밭에 대해 무슨 말씀을 하셨는가? 예수님이 말씀하신 추수는 어떤 것인가? 예수님이 그 추수에 대해 말씀하시는 동안 동네 사람들에게는 어떤 일이 일어났는가? 예수님이 말씀하시는 추수에서 그분을 따르는 사람들이 맡은 역할은 무엇인가?
- 예수님을 보러 나온 동네 사람들은 그분에게 어떻게 반응했는가? 그들이 예수님에게 청한 것은 무엇인가? 그곳에서 예수님이 하신 일은 어떤 결과를 가져왔는가?
- 예수님이 여인과 나눈 대화를 당신은 어떻게 묘사하고 싶은가? 예수님은 실제적인 문제를 다루면서 여인의 진정한 필요에 초점을 맞추기

위해 어떻게 하셨는가? 이 이야기에서 여인이 예수님이 약속하신 것을 받았다는 증거를 찾을 수 있는가?

- 당신의 갈증을 해소해 줄 수 있는 물은 어떤 물인가? 예수님은 당신이 그 물을 얻을 수 있도록 어떻게 말씀하시는가? 당신은 만족하며 충만한 삶을 살기 위해 어떻게 해야 하는가?

## 가족이 함께 생각할 질문

- 길을 가시던 예수님은 어디서 멈추셨는가? 그곳에서 예수님은 누구를 만나셨는가? 예수님은 그 사람에게 무엇을 부탁하셨는가?
- 그 여인은 왜 예수님이 자신에게 부탁하시는 것을 이상하게 생각했는가? 예수님은 그 여자가 자신이 누구와 이야기하고 있는지 안다면 어떻게 했을 것이라고 말씀하셨는가?
- 그 여인은 예수님이 어떤 물에 대해 이야기하신다고 생각했는가? 예수님이 이야기하신 물은 어떤 물인가? 예수님이 말씀하신 '생수'의 의미는 무엇인가'?
- 예수님이 말씀하신 생수를 마신 사람에게는 어떤 일이 벌어지는가? 그 물을 우리는 어떻게 얻을 수 있는가?
- 예수님은 그 여인의 과거에 대해 얼마나 알고 계셨는가? 하나님은 우리의 삶에 대해 얼마나 많이 알고 계시겠는가?
- 하나님은 어떻게 예배하는 사람들을 찾으시는가? 하나님은 우리가 언제 어디서 예배하는지를 까다롭게 따지는 분이신가? 하나님은 우리가 어떤 마음으로 예배드리기를 원하시는가?
- 예수님은 그 여인과 이야기하고 있는 사람이 실제로 누구라고 말씀하

셨는가? 여인은 그분을 믿었는가? 예수님이 그 말씀을 하시자 여인은 어디로 갔는가?

- 예수님은 그분의 '양식'에 대해 어떻게 말씀하셨는가? 그 말씀의 의미는 무엇이라고 생각하는가?
- 예수님이 그분에게 나아온 동네 사람들에게 말씀하신 추수는 어떤 것인가? 예수님이 그들을 가르치실 때 그들은 예수님을 믿었는가?

**마음에 새기는 말씀**

"내가 주는 물을 마시는 자는 영원히 목마르지 아니하리니 내가 주는 물은 그 속에서 영생하도록 솟아나는 샘물이 되리라"(요 4:14).

"아버지께 참되게 예배하는 자들은 영과 진리로 예배할 때가 오나니 곧 이 때라 아버지께서는 자기에게 이렇게 예배하는 자들을 찾으시느니라 하나님은 영이시니 예배하는 자가 영과 진리로 예배할지니라"(요 4:23-24).

**묵상**

우리는 우리를 새롭게 하시는 예수님의 용서를 오늘 바로 경험할 수 있다.

STORY 34

# 폭풍아 잠잠하라

## 창조주이신 예수님의 권능

*Story Thru the Bible*

**주제** 예수님은 자연을 다스리시는
능력이 있음을 보여주셨다.

**성경 본문** 마가복음 4장 35-41절

**배경 설명** ❖ ❖ 예수님은 종종 갈릴리 바다를 제자들을 가르치는 교실처럼 사용하셨다. 앞서 살펴본 이야기에서 제자들이 많은 물고기를 잡을 수 있도록 도우셨던 곳도, 예수님이 물 위를 걸으셨던 곳도 바로 그곳이었다. 그리고 이 장에서 자연을 다스리시는 예수님의 능력을 제자들에게 보여주신 곳도 바로 그곳이다. 갈릴리 바다에서는 흔히 오늘날에도 그렇듯이 폭풍우가 갑작스럽게 일어났다. 그 폭풍우는 생명을 위협할 만큼 매우 거세기도 했다. 그런 폭풍우는 예수님이 제자들에게 두려움과 믿음에 관한 교훈을 가르치시기에 완벽한 상황이었다.

**들어가는 말** ❖ ❖ 어려운 상황 속에서 우리는 종종 하나님께 기도한다. 그리고 때로는 하나님이 우리의 필요를 채워 주실 수 있을지 궁금해한다. 하지만 대개 우리는 하나님이 기꺼이 그렇게 하실지를 알고 싶어 한다. 이 이야기는 예수님이 제자들을 기꺼이 도우시고 또 도우실 수 있다는 것을 보여줄 것이다. 제자들이 예수님을 무심하다고 생각하고 있을 때에도 예수님은 그들을 도우셨고 또 도우실 수 있었다. 이야기를 살펴보면서 당신의 삶에 불어닥칠 수도 있는 폭풍우를 생각해 보라. 그런 폭풍우 속에서 예수님은 개입하고 싶어 하시는가? 그렇다면 어떻게 개입하고 싶어 하시는가? 예수님의 제자들이 공포에 질려 있었던 날에 그분이 어떻게 하셨는지 주목해 보라.

**이야기 속으로** ❖ ❖ 예수님은 바닷가에서 가르치신 다음 날 제자들에게 바다 건너편으로 갈 때가 되었다고 말씀하셨습니다. 그래서 제자들은 무리를 뒤로하고 배에 올라 다른 배들과 함께 바다로 나아갔습니다. 그런데 갑자기 거센 폭풍우가 몰아쳤고 배가 위험에 빠지게 되었습니다. 파도가 덮치고 배에 물이 들어찼습니다. 그러나 예수님은 그런 위태로운 상황 속에서도 배 고물에 누워 주무셨습니다.

결국 제자들이 예수님을 깨우며 "우리가 죽게 된 것을 돌보지 아니하시나이까?"라고 물었습니다. 그래서 예수님은 잠에서 깨어나셨고 바다와 파도를 향해 잠잠하라고 말씀하셨습니다. 그러자 갑자기 바람이 그

치고 파도가 물러가고 바다가 잔잔해졌습니다.

예수님은 제자들을 향해 "어찌하여 이렇게 무서워하느냐 너희가 어찌 믿음이 없느냐?"라고 말씀하셨습니다. 그러나 제자들은 자신들 앞에서 벌어진 일 때문에 심히 두려워하여 "예수님이 도대체 누구이기에 바람과 바다도 순종하는가?"라고 서로 말했습니다.

## 생각할 질문

- 예수님과 제자들이 배 안에 있었던 이유는 무엇인가? 누가 배를 타고 가자고 결정했는가?
- 그들이 바다 한가운데 있을 때 어떤 일이 일어났는가? 그때는 얼마나 심각한 상태였는가?
- 제자들은 그 상황을 어떻게 받아들이고 있었는가? 제자들이 그 위기에 대처하고 있는 동안 예수님은 무엇을 하셨는가?
- 예수님이 잠에서 깨어나셨을 때 제자들은 그분을 어떻게 비난했는가? 제자들이 처한 위태로운 상황에서 예수님이 그들을 돌보셨다고 생각하는가? 그렇게 생각하는 이유는 무엇인가?
- 예수님은 그 상황 때문에 걱정하셨는가? 예수님은 그 상황을 해결하려고 어떻게 하셨는가? 예수님이 말씀하실 때 어떤 일이 일어났는가?
- 예수님은 제자들에게 어떤 질문을 하셨는가? 예수님은 제자들이 어떻게 생각하고 믿기를 기대하셨는가?
- 당신이 예수님의 제자 중 한 사람이었다면 예수님에게 어떤 대답을 했겠는가? 예수님의 제자들은 어떻게 반응했는가? 예수님의 제자들이

크게 놀란 이유는 무엇인가?

- 예수님은 우리에게 살아가면서 폭풍우를 만나지 않을 것이라고 약속하시는가? 우리에게 위기가 닥쳤을 때 예수님은 우리가 어떻게 생각하고 믿기를 기대하시는가?

- 하나님이 당신에게 무슨 일이 일어나는지 아무 상관도 하지 않으신다고 느낀 적이 있는가? 다시 말해서 당신이 위기에 처해 있을 때 하나님이 주무시고 계신 것처럼 느낀 적이 있는가? 이 이야기는 그런 당신의 생각에 대해 무엇을 말해 주는가?

- 지금 당신에게는 어떤 폭풍우가 몰아치고 있는가? 예수님이 그 폭풍우를 어떻게 다루고 싶어 하시는가? 그 상황에서 예수님은 당신이 어떤 태도를 갖기 원하시는가?

- 이 이야기는 예수님의 권위에 대해 무엇을 알려 주는가? 그리고 예수님을 사랑하는 사람들을 긍휼히 여기시는 그분의 마음에 대해 무엇을 알려 주는가? 또한 우리가 살아가면서 느끼는 두려움을 어떻게 다루어야 하는지에 대해 무엇을 알려 주는가?

## 가족이 함께 생각할 질문

- 예수님과 제자들이 바다 한가운데 있을 때 무슨 일이 일어났는가? 그들은 위험한 상황에 있었는가? 그 상황은 얼마나 심각했는가?

- 그 일이 일어났을 때 예수님은 무엇을 하고 계셨는가? 그 일이 일어났을 때 예수님은 제자들을 돌보셨는가? 제자들은 예수님이 그들에게 마음을 쓰고 있다는 사실을 알고 있었는가?

- 예수님은 그 문제를 어떻게 해결하셨는가? 그분이 말씀하실 때 무슨 일이 일어났는가?

- 예수님은 제자들에게 어떤 질문을 하셨는가? 예수님은 제자들이 두려워하길 바라셨는가, 아니면 예수님을 믿고 신뢰하길 바라셨는가? 그 이유는 무엇인가?
- 당신의 삶 속에서 두려워하는 상황이 벌어졌을 때 예수님은 당신이 어떻게 하길 바라시는가? 그런 상황에서 당신은 예수님이 도와주실 것을 믿고 그분을 신뢰할 수 있는가?
- 예수님이 도와주시기 바라는 그런 문제가 있는가? 예수님이 당신의 그 문제에 관심을 갖고 당신을 돌보신다고 생각하는가? 예수님은 그 문제에 대해 당신을 어떻게 도와주고 싶어 하시겠는가?

**마음에 새기는 말씀**

"어찌하여 이렇게 무서워하느냐 너희가 어찌 믿음이 없느냐"(막 4:40).

**묵상**

우리는 만물을 다스리시는 주 예수님을 인정하고 경배해야 한다.

# 무리를 먹이심

## 생명의 떡

*Story Thru the Bible*

**주제** 예수님은 사람들의 필요를
채워 주실 수 있는 능력을 보여주셨다.

**성경 본문** 요한복음 6장
(중심 구절: 요 6:1-5, 24-40)

**배경 설명** ❖ ❖ 사람들은 한 번에 며칠씩 예수님을 따라다녔다. 그것은 때때로 집을 떠나 며칠 동안 시골의 한 지역에서 보내는 것을 의미하기도 했다. 그때마다 예수님은 그분의 말씀을 들으려고 모인 사람들을 불쌍히 여기셨다. 그들은 하루 중 예수님이 가르치고 병을 고쳐 주시는 일을 마치실 즈음에 배가 고팠다. 하지만 집이 멀리 떨어져 있었기 때문에 음식을 구할 수 없는 경우가 적어도 두세 번 있었다. 그러나 그것은 그들에게 큰 문제가 아니었다. 굶주릴 정도는 아니기 때문이었다. 그러나 예수님은 그들이 그분과 함께 있는 동안 모든 면에서 풍족하기를 바라셨다.

**들어가는 말** ❖ ❖

당신이 갈망하는 것은 무엇인가? 끊임없이 아주 절실하게 필요한 것은 무엇인가? 우리는 그것이 무엇이든지 예수님이 그 필요를 채워 주실 수 있다는 사실을 알고 있다. 그러나 종종 예수님은 실제적인 것을 통해 영적인 축복을 비유적으로 보여주셨다. 우물가에서 만난 여인을 위해 하신 일이 바로 그런 것이었다. 그 여인의 영적인 갈증을 생수로 해소해 주셨다. 그리고 우리를 위해서도 그렇게 하실 것이다. 이야기를 살펴보면서 예수님이 당신의 물질적 · 영적 필요를 모두 채워 주고 싶어 하신다는 사실을 기억하라. 그리고 작은 양의 음식으로 수많은 사람을 먹이신 예수님의 기적을 우리 삶에 적용할 수 있는 여러 가지 방법을 생각해 보라.

**이야기 속으로** ❖ ❖

예수님은 갈릴리 바닷가에서 멀리 떨어진 곳에 계셨고, 예수님이 많은 사람을 고치시는 것을 본 큰 무리가 그분을 따르고 있었습니다. 예수님은 제자들과 함께 한 산으로 올라가 앉으셨습니다. 무리가 따르자 예수님은 빌립에게 그 모인 사람들이 다 먹을 수 있을 만큼의 떡을 어디서 살 수 있는지 물으셨습니다. 예수님은 이미 기적을 행하기로 마음을 정하신 후 빌립을 시험하려고 그 질문을 하신 것이었습니다. 빌립은 여덟 달 동안 먹을 음식을 다 모아도 그렇게 많은 사람을 다 먹일 수는 없을 거라고 대답했습니다. 그 때 시몬 베드로의 동생 안드레가 떡 다섯 덩어리와 물고기 두 마리를 가지고 있는 소년을 가리켰습니다. 그는 그 소년이 가진 음식의 양이 얼마 되지 않는 것을 알고 있었습니다.

예수님은 제자들에게 사람들을 자리에 앉히라고 지시하셨습니다. 그래서 오천 명이나 되는 사람들이 풀밭 위에 자리를 잡고 앉았습니다. 여자와 어린아이들까지 다 합하면 그 숫자가 어마어마했습니다. 예수님은 소년이 가지고 있던 떡 덩어리를 들고 하나님께 감사드리신 후, 그 떡을 떼어 그곳에 모인 사람들에게 나눠 주시기 시작했습니다. 그리고 물고기도 동일하게 하셨습니다. 그런데 놀랍게도 그곳에 있던 모든 사람이 다 양껏 먹을 수 있었습니다.

무리가 다 먹고 난 후 예수님은 제자들에게 남은 떡을 모으라고 지시하셨습니다. 제자들이 모은 떡의 양은 열두 바구니였습니다. 무리는 모든 사람이 오실 거라고 기대하는 선지자가 예수님으로, 그분이 자신들의 원수를 물리칠 수 있는 분이 틀림없다고 이야기했습니다. 그러나 예수님은 무리가 자신을 그들의 왕으로 삼고 싶어 하는 것을 보시고 혼자 산으로 떠나셨습니다.

예수님은 제자들을 바다 건너편으로 먼저 보내셨습니다. 그리고 나중에 물 위를 걸어 제자들에게 가셨습니다. 예수님이 소년이 가지고 있던 떡 덩어리와 물고기로 먹이셨던 무리가 그분을 찾아다녔습니다. 바다 건너편에서 예수님을 만난 그 무리는 예수님에게 어째서 그곳에 와 계시는지를 물었습니다. 예수님은 그 질문에 대답하지 않으셨고 대신에 그들이 왜 예수님을 찾아다니는지 알고 있다고 말씀하셨습니다. 그들이 예수님을 찾는 까닭은 그분이 그들의 배를 부르게 해주셨기 때문이라고 지적하셨습니다. 그리고 "썩을 양식을 위하여 일하지 말고 영생하도록 있는 양식을 위하여 하라"고 말씀하셨습니다.

그러자 사람들은 어떻게 하는 것이 하나님의 일을 하는 것인지 예수님에게 물었습니다. '하나님의 일'은 바로 그분이 보내신 예수님을 믿는 것이라고 대답하셨습니다. 그러자 그들은 예수님을 믿을 수 있도록 표적을 보여 달라고 말했습니다. 자신들의 조상은 하늘에서 내리는 만나를 먹었는데 그것은 모든 사람이 볼 수 있는 기적으로 모세가 하나님이 보내신 사람임을 증명했다고 주장했습니다. 그러면서 예수님에게 어떤 증거를 보여주실 수 있는지 물었습니다.

예수님은 광야에서 이스라엘 백성에게 떡을 준 것은 모세가 아니라 사람들을 배불리 먹게 하신 하나님 아버지이셨다고 분명히 말씀하셨습니다. 그리고 예수님 자신이 하늘에서 내려온 떡으로 세상 사람들에게 생명을 줄 것이라고 말씀하셨습니다.

사람들은 그 떡을 달라고 했습니다. 예수님은 그들에게 "나는 생명의 떡이니 내게 오는 자는 결코 주리지 아니할 터이요 나를 믿는 자는 영원히 목마르지 아니하리라"고 말씀하셨습니다. 그러나 많은 사람이 예수님을 보고도 믿지 않는다고 하시며, 아버지가 많은 사람을 예수님에게 주실 것인데 결코 그들을 내쫓지 않겠다고 말씀하셨습니다. 또 예수님은 그분 자신의 뜻이 아니라 하나님의 뜻을 행하려고 하늘에서 내려왔다며, 하나님의 뜻은 사람들을 아들에게 주사 그중 하나도 잃지 않게 하시고 마지막 날에 모두 다시 살리는 것이라고 말씀하셨습니다. 그리고 예수님을 보고 믿는 사람은 누구나 영생을 얻을 것이며 죽음에서 다시 살아날 것이라고 덧붙이셨습니다.

## 생각할 질문

- 많은 무리가 산으로 올라오는 것을 보시고 예수님은 빌립에게 어떤 질문을 하셨는가? 그 질문을 하신 이유는 무엇인가?
- 빌립은 어떻게 대답했는가? 그는 예수님의 질문을 어떻게 생각했는가?
- 그 상황에서 안드레는 어떻게 말했는가? 안드레가 그렇게 적은 양의 음식을 언급한 이유는 무엇이었는가? 빌립과 안드레 중 믿음을 더 드러낸 사람은 누구인가?
- 얼마나 많은 사람이 모여 있었는가? 안드레가 떡과 물고기를 가진 소년을 예수님에게 데려갔을 때 그분은 어떻게 하셨는가? 당신이 제자들 중 한 사람이었다면 음식을 나누어 주면서 무슨 생각을 했을 것 같은가?
- 모인 사람들은 얼마나 먹을 수 있었는가? 그들이 다 배불리 먹고 난 후 음식은 얼마나 남았는가? 예수님이 충분한 것 이상으로 기적을 베푸신 이유는 무엇이겠는가?
- 그 기적을 목격한 사람들은 예수님을 어떻게 대했는가? 예수님은 그런 그들에게 어떻게 반응하셨는가? 그렇게 반응하신 이유는 무엇인가?
- 예수님은 사람들에게 어떤 양식을 위해 일하라고 말씀하셨는가? 그 말의 의미는 무엇인가?
- 예수님이 말씀하신 '하나님의 일'은 무엇인가?
- 사람들은 예수님이 하늘에서 내려온 떡으로 세상 사람들에게 생명을 주실 분이라는 사실을 입증해 주는 증거로 무엇을 원했는가? 그들이 원하는 것과 같은 표적으로 언급한 구약 성경의 이야기는 무엇인가?
- 예수님은 그들의 요구에 어떻게 반응하셨는가? 예수님은 사람들이 기

억하고 있는 구약 성경의 표적과 자신을 어떻게 비교하셨는가? 예수님은 어떤 면에서 그 표적보다 더 우월하신가?

- 생명의 떡은 누구인가? 그 떡을 먹은 사람에게는 어떤 일이 일어나는가? 생명의 떡을 먹는다는 것은 어떤 의미인가?
- 예수님을 믿는 사람에게 그분은 무엇을 약속하셨는가?
- 이 이야기는 사람들의 필요를 채워 주고자 하시는 예수님의 열망에 대해 무엇을 가르쳐 주는가?
- 이 이야기는 우리가 하나님께 드린 것을 그분이 어떻게 사용하시는지에 대해 무엇을 가르쳐 주는가? 하나님의 일 중에서 우리가 맡아서 해야 할 부분은 어느 정도인가? 그리고 하나님이 하셔야 할 부분은 어느 정도인가?

## 가족이 함께 생각할 질문

- 예수님은 사람들의 어떤 필요를 채워 주기를 원하셨는가? 예수님이 그들의 필요를 채워 주기 원하셨던 이유는 무엇인가?
- 예수님은 빌립에게 어떤 질문을 하셨는가? 빌립은 그 질문을 어떻게 생각했는가? 그때 안드레는 무슨 말을 했는가? 빌립과 안드레 중 누가 믿음을 더 잘 드러냈다고 생각하는가?
- 떡 다섯 덩어리와 물고기 두 마리로 예수님은 무엇을 하셨는가? 그것으로 얼마나 많은 사람을 먹이셨는가? 사람들이 다 먹고 난 후 떡은 얼마나 남았는가?
- 그 기적을 행하신 후 예수님은 왜 혼자 떠나셨는가? 사람들은 예수님에게 무엇을 기대했는가?

- 예수님은 우리가 무엇을 하기 원하시는가? 우리가 예수님을 믿을 때, 하나님이 기뻐하시는 이유는 무엇인가?
- 예수님은 자신을 어떤 음식에 비유하셨는가? '생명의 떡'은 무엇인가? 그 떡을 먹은 사람들에게는 어떤 일이 일어나는가?
- 예수님을 믿는 사람들에게 그분은 무엇을 약속하셨는가? 그들을 위해 예수님은 어떤 일을 하시는가? 그들을 돌보실 것에 대해 어떻게 약속하셨는가?

**마음에 새기는 말씀**

"하나님께서 보내신 이를 믿는 것이 하나님의 일이니라"(요 6:29).

"나는 생명의 떡이니 내게 오는 자는 결코 주리지 아니할 터이요 나를 믿는 자는 영원히 목마르지 아니하리라"(요 6:35).

**묵상**

예수님은 우리의 모든 필요를 알고 계신다.

# 나사로야 일어나라

## 최후의 원수를 이긴 승리

*Story Thru the Bible*

**주제** 예수님은 죽음을 다스리는
능력이 있음을 보여주셨다.

**성경 본문** 요한복음 11장 1–45절

**배경 설명** ❖ ❖ 예수님은 베다니에 사는 한 가정과 깊은 친분을 맺고 계셨다. 그 집에는 나사로라는 오라버니와 마르다와 마리아라는 두 자매가 살고 있었다. 한 번은 예수님이 그 집에서 가르치시는 동안 손님 접대로 분주했던 마르다와 예수님 곁에 앉아 그분의 가르침을 듣고 있던 마리아 사이에 다툼이 벌어졌다. 예수님은 그분으로부터 배우고자 하는 마리아의 열의를 칭찬하셨다(눅 10:38-42). 그런데 얼마 후 그 두 사람의 오라버니였던 나사로가 심한 병에 걸렸다. 그래서 마리아와 마르다는 기적을 행하는 그들의 친구에게 그 소식을 전했다.

**들어가는 말** ❖ ❖ 당신이 가장 두려워하는 것은 무엇인가? 많은 사람들처럼 당신도 죽음 앞에서 근심하며 두려워할 것이다. 이야기를 살펴보면서 예수님이 우리가 두려워하는 죽음을 어떻게 극복하셨는지 생각해 보라. 예수님은 죽음을 이길 수 있는 어떤 권세를 가지셨는가? 예수님은 죽음 이후의 삶에 대해 어떤 약속을 해주시는가? 또한 죽음을 두려워하는 대신 영원한 삶을 기대할 때 당신의 삶이 어떻게 달라질 수 있을지도 함께 생각해 보라.

**이야기 속으로** ❖ ❖ 베다니에 사는 예수님의 친구 나사로가 큰 병에 걸렸습니다. 나사로의 누이들 마리아와 마르다는 예수님이 그들을 도와주거나 나사로를 고치러 오실 수 있는지를 알아보려고 그분에게 소식을 전했습니다. 그들은 나사로를 '사랑하시는 자'라고 부르며 상기시켜 드렸습니다. 그 소식을 들은 예수님은 제자들에게 나사로의 병은 죽을병이 아니라고 말씀하셨습니다. 실제로 하나님이 그 병을 통해 영광을 받으실 거라고 말씀하셨습니다. 그리고 계시던 곳에서 이틀을 더 머무셨습니다.

마침내 예수님은 나사로가 있는 유대로 향하셨습니다. 유대는 예수님이 계시는 동안 종교 지도자들이 예수님을 죽이려 한 곳이었습니다. 예수님은 그 일로 제자들이 유대로 다시 돌아가는 것을 막지 못하게 하셨습니다. 그분은 하나님이 주신 '빛'을 따라 걷고 계셨으므로 그곳에 가도

괜찮다는 것을 알고 계셨습니다. 예수님은 제자들에게 자고 있는 나사로를 깨우러 가자고 말씀하셨습니다. 제자들은 그 말씀을 이해하지 못하고 정말로 나사로가 잠을 자고 있는 줄 여기신다고 생각했습니다. 그러나 예수님은 나사로가 이미 죽었다는 사실을 알고 계셨고 그 점을 제자들에게 분명하게 말씀하셨습니다. 그리고 그 자리에 예수님이 계시지 않았던 것을 기쁘게 생각하신다고까지 말씀하셨는데, 그 이유는 제자들이 예수님을 믿고 신뢰하는 것을 배울 수 있는 기회가 될 수 있기 때문이었습니다. 하지만 도마는 다시 유대로 돌아가는 것을 매우 위험한 일이라고 여겨 그곳에 가서 죽게 될 수도 있을 것이라고 생각했습니다.

유대에 도착했을 때 예수님은 나사로가 이미 나흘 전에 무덤에 묻혔다는 이야기를 들으셨습니다. 마르다는 예수님을 맞이하려고 집 밖으로 나왔지만 마리아는 집 안에 남아 있었습니다. 마르다는 예수님이 좀 더 일찍 오지 않으신 것에 의아해하며 "주께서 여기 계셨더라면 내 오라버니가 죽지 아니하였겠나이다"라고 말했습니다. 하지만 마르다는 여전히 예수님이 무언가 좋은 일을 하실 것이라는 믿음이 있었습니다. 예수님은 나사로가 다시 살아날 것이라고 분명히 말씀하셨습니다. 마르다는 예수님이 마지막 날에 있을 부활을 말씀하시는 것이라고 생각했습니다. 그러나 예수님은 마르다에게 "나는 부활이요 생명이니 나를 믿는 자는 죽어도 살겠고 무릇 살아서 나를 믿는 자는 영원히 죽지 아니하리니 이것을 네가 믿느냐?"라고 물으셨습니다. 마르다는 믿는다고 대답하며 예수님이 그리스도시요 세상에 오시는 하나님의 아들이시라는 사실도 믿는다고 말했습니다.

마르다는 집 안으로 들어가 예수님이 마리아를 찾으신다고 말했습니다. 그래서 마리아는 자리에서 일어나 급히 예수님을 만나러 나갔습니다. 예수님은 마르다를 만났던 마을 어귀에 여전히 계셨습니다. 나사로의 가족을 위로하러 온 사람들은 마리아가 급히 나가는 것을 보고 곡을 하러 무덤에 간다고 생각하여 그 뒤를 따랐습니다. 마리아는 예수님을 보고 마르다가 했던 것과 똑같은 말을 했습니다. "주께서 여기 계셨더라면 내 오라버니가 죽지 아니하였겠나이다." 예수님은 울고 있는 마리아와 따라온 사람들을 보시고 그들과 함께 슬퍼하셨습니다. 그리고 그들에게 나사로가 묻힌 곳이 어디인지 물으셨습니다. 그러자 그들은 "주여, 와서 보옵소서"라고 대답했고 예수님은 눈물을 흘리셨습니다.

예수님이 눈물 흘리시는 것을 본 사람들은 그분이 나사로를 크게 사랑하셨기 때문이라 생각하기도 하고, 기적을 행할 수 있는데 왜 자기 친구를 위해 아무것도 하지 않았는지 의아해하기도 했습니다. 예수님은 여전히 비통해하시며 입구를 큰 돌로 막아 놓은 동굴로 된 무덤으로 가셨습니다. 그리고 그 돌을 치우라고 말씀하셨습니다.

예수님은 눈을 들어 하늘을 우러러보시며 기도하셨습니다. 그분의 말을 들으시는 하나님께 감사드렸습니다. 예수님은 하나님이 항상 그분의 말에 귀를 기울이신다는 것을 알고 계셨습니다. 그러나 모든 사람이 듣고 예수님을 믿을 수 있도록 소리 내어 기도하신 것이었습니다. 그런 다음 큰 소리로 외치셨습니다. "나사로야, 나오라!" 그러자 나사로가 베에 동인 몸과 수건에 싸인 얼굴 모습 그대로 걸어 나왔습니다. 예수님은 사람들에게 나사로가 돌아다닐 수 있도록 그 베와 수건을 풀어 주라고 지시하셨고 그 일을 본 많은 사람이 예수님을 믿게 되었습니다.

## 생각할 질문

• 마리아와 마르다와 나사로는 예수님과 어떤 사이였는가? 마리아와

마르다는 나사로를 향한 예수님의 마음을 어떻게 묘사했는가?

- 예수님은 나사로가 병들었다는 소식을 듣고 제자들에게 무엇을 말씀하셨는가? 그 일이 어떻게 마무리될 거라고 말씀하셨는가?
- 예수님은 나사로가 병들었다는 소식을 듣고 어떻게 하셨는가? 곧바로 나사로가 있는 곳으로 향하셨는가? 그 이유는 무엇인가?
- 예수님은 제자들에게 나사로의 상태를 어떻게 말씀하셨는가? 나사로에게 어떻게 하실 거라고 말씀하셨는가? 제자들은 그 말씀을 어떻게 생각했는가?
- 예수님은 나사로가 어떤 상태였는지 알고 계셨는가? 그 자리에 있지 않았던 것을 기뻐한다고 말씀하신 이유는 무엇인가?
- 도마와 몇몇 제자들이 다시 유대로 가는 것을 염려한 이유는 무엇인가? 예수님이 다시 유대로 가기로 하신 이유는 무엇인가?
- 나사로는 얼마 동안 무덤 속에 있었는가?
- 예수님을 만나러 먼저 나온 사람은 누구인가? 그는 무슨 말을 했는가? 그는 사후 세계에 대해 어떻게 믿고 있었는가? 그는 예수님이 무슨 말씀을 하실지 알고 있었는가? 그렇게 생각하는 이유는 무엇인가? 예수님은 그에게 무엇을 하라고 말씀하셨는가?
- 예수님은 마르다에게 그분 자신을 어떻게 묘사하셨는가? 예수님을 믿는 사람들에 대해 어떻게 말씀하셨는가?
- 예수님을 만나러 나온 마리아는 그분에게 무슨 말을 했는가? 예수님은 울고 있는 마리아와 그와 함께 있는 사람들을 보시고 어떻게 반응하셨는가?
- 예수님의 반응은 우리를 불쌍히 여기시는 그분의 마음에 대해 무엇을 말해 주는가? 죽은 나사로가 다시 살아나게 될 것을 미리 아셨던 예

수님이 비통해하신 이유는 무엇인가?

- 예수님은 마르다가 믿으면 무엇을 보게 될 거라고 말씀하셨는가? 마르다는 그것을 어떻게 보게 되었는가?
- 예수님이 소리 내어 기도하신 이유는 무엇인가? 예수님이 나사로를 부르셨을 때 어떤 일이 일어났는가? 그 기적을 본 사람들은 어떻게 반응했는가?
- 이 이야기는 죽음을 다스리시는 예수님의 권세에 대해 무엇을 말해 주는가? 또 사후 세계에 대해서 무엇을 말해 주는가? 어떻게 하면 영생을 얻을 수 있는가?
- 이 이야기는 죽은 사람을 애도하며 슬퍼할 때 어떻게 위로가 되는가? 이 이야기를 통해 미래를 바라보며 살아가는 우리의 시각은 어떻게 변했는가?

## 가족이 함께 생각할 질문

- 이 이야기에서 예수님이 사랑하신 친구는 누구인가? 그 친구에게 무슨 일이 일어났는가?
- 예수님은 친구가 병들었다는 소식을 듣고 바로 그 친구를 찾아갔는가? 그렇게 하신, 또는 그렇게 하지 않으신 이유는 무엇인가?
- 예수님은 제자들에게 앞으로 하실 일에 대해 어떻게 말씀하셨는가? 예수님이 행하신 기적이 자는 사람을 깨우는 것과 무엇이 같은가?
- 예수님이 베다니에 도착하셨을 때 나사로는 살아 있었는가? 나사로의 여동생들은 예수님에게 무슨 말을 했는가? 그들은 예수님이 어떻게 해주시기를 원했는가?

- 예수님을 믿는 사람이 죽으면 그들에게 어떤 일이 일어나는가? 죽은 상태로 남아 있겠는가, 아니면 다시 살아나겠는가?
- 마리아와 그의 친구들이 우는 것을 보시고 예수님은 왜 우셨는가? 우리가 울 때 예수님은 어떤 마음이시겠는가?
- 예수님이 기도하고 큰 소리로 나사로를 부르셨을 때 어떤 일이 일어났는가? 나사로는 어떤 모습으로 걸어 나왔는가?
- 당신이 그 자리에 있었다면 어떤 생각을 했겠는가? 당신은 죽은 나사로가 걸어 나오는 것을 보고 예수님을 믿었겠는가?
- 이 이야기가 죽음을 두려워하지 않는 데 도움이 되는가? 그 이유는 무엇인가? 죽음과 예수님의 능력 중 어느 쪽이 더 강한가?

**마음에 새기는 말씀**

"예수께서 이르시되 나는 부활이요 생명이니 나를 믿는 자는 죽어도 살겠고 무릇 살아서 나를 믿는 자는 영원히 죽지 아니하리니 이것을 네가 믿느냐"(요 11:25-26).

**묵상**

예수님이 죽음을 이기셨기 때문에, 우리는 이제 죽음을 두려워할 필요가 없다.

# 삭개오야 내려오라

## 삶을 변화시키는 만남

*Story Thru the Bible*

**주제** 예수님은 회개한 죄인을 칭찬하셨다.

**성경 본문** 누가복음 19장 1-10절

**배경 설명** ❖ ❖ 유대인들은 세리를 미워했다. 세리는 그들의 동족 유대인이 증오하는 로마 정부를 위해 일하며 돈을 벌었기 때문에 반역자 취급을 받았다. 실제로 그들은 종종 정해진 돈보다 더 많은 돈을 벌었다. 그 이유는 로마인들이 그들에게 원래 걷어야 할 금액 이상의 세금을 걷을 수 있는 권한을 주었기 때문이었다.

예수님이 레위 또는 마태라 불리는 세리를 제자로 부르셨을 때, 많은 사람이 그분이 죄인을 가까이하신다는 사실에 충격을 받았다. 그리고 예수님이 여리고에서 무리 중에 있는 세리 한 사람을 보시고 그의 집에 식사하러 가셨을 때도, 많은 사람이 매우 불쾌해했다.

**들어가는 말** ❖ ❖ 예수님이 사람들을 대부분 사랑하시지만 당신에 대해서는 다를 거라고 생각하는가? 놀랍게도 많은 사람이 그렇게 생각한다. 자신이 예수님의 사랑을 받을 만큼 그렇게 훌륭하지 못하다고 느끼기 때문이다. 이야기를 살펴보면서 예수님이 함께 시간을 보내시기로 한 사람이 어떤 사람인지 눈여겨보라. 그리고 그 사람의 삶이 예수님과 함께 시간을 보내고 어떻게 달라졌는지 주목해 보라. 또한 당신도 예수님과 그런 관계를 맺고 싶은지, 그런 관계를 맺으려면 어떤 자질이 있어야 하는지 생각해 보라.

**이야기 속으로** ❖ ❖ 예수님은 여리고 지방으로 가셨습니다. 예수님이 성 안으로 가시는 동안 많은 사람이 모여들어 예수님을 에워쌌습니다. 삭개오라는 사람도 거기 있었습니다. 지위가 높은 세리였던 그는 큰 부자로 키가 아주 작았습니다. 그는 키가 작아 사람들 너머로 예수님을 볼 수 없었습니다. 그래서 예수님이 지나가실 거라고 생각하는 곳으로 앞서 달려가 예수님을 잘 볼 수 있도록 돌 무화과나무 위로 올라갔습니다.

그곳을 지나시던 예수님은 나무 위에 있는 삭개오를 보시고 그에게 말씀하셨습니다. "삭개오야 속히 내려오라 내가 오늘 네 집에 유하여야 하겠다." 삭개오는 나무에서 내려와 즐거워하며 예수님을 영접했습니다.

그 모습을 본 많은 사람이 수군거리기 시작했습니다. 그들은 삭개오의 평판이 좋지 않다는 것을 알고 있었습니다. 그들 중 많은 사람이 예수님의 방문을 받기에는 삭개오보다 자신이 더 합당하다고 생각했을 것입니다. 그들은 "죄인의 집에 유하러 들어갔도다"라고 수군거렸습니다. 그러나 삭개오는 자기 재산의 절반을 가난한 사람들에게 나누어 줄 것이며 자신이 누구의 것을 속여 빼앗은 일이 있으면 그 네 배로 갚아줄 것이라고 예수님에게 말했습니다.

예수님은 삭개오를 참 유대인으로 인정하시며 '아브라함의 자손'이라고 부르셨습니다. 그리고 "오늘 구원이 이 집에 이르렀다. 인자가 온 것은 잃어버린 자를 찾아 구원하려 함이니라"고 선포하셨습니다.

## 생각할 질문

- 이 이야기는 삭개오를 어떤 사람으로 묘사하고 있는가? 여리고 사람들은 그 세리를 어떻게 생각했는가? 그는 어떻게 큰 부자가 되었는가?
- 삭개오가 예수님을 볼 수 없었던 이유는 무엇인가? 그가 예수님을 보고 싶어 했던 이유는 무엇이라고 생각하는가?
- 예수님을 보기 위해 삭개오는 어떻게 했는가? 그런 그의 행동은 그의 열망이나 믿음에 대해 무엇을 말해 주는가? 당신은 얼마나 절실하게 예수님을 보고 싶어 하는가? 예수님을 더 잘 알기 위해 당신이 감수해야 하는 것은 무엇인가?
- 예수님은 삭개오를 보고 무슨 말씀을 하셨는가? 삭개오에게 어떻게 하라고 말씀하셨는가? 예수님은 삭개오와 함께 무엇을 하기를 원하셨는가?
- 그런 예수님의 요청에 삭개오는 어떻게 반응했는가? 또 다른 사람들

은 어떤 반응을 보였는가?

- 예수님이 관심 없으실 것 같은 그런 사람을 본 적이 있는가? 이 이야기는 당신의 그런 생각에 대해 무엇을 말해 주는가?

- 예수님과 이야기한 후 삭개오는 무엇을 다짐했는가? 그것은 예수님을 만나기 전 그의 삶과 어떻게 다른가? 그의 마음에 변화가 일어났는가? 우리는 그것을 어떻게 알 수 있는가?

- 삭개오는 그의 돈을 나누어 주기로 했기 때문에 용서를 받은 것인가? 그렇게 생각하는 이유는 무엇인가? 앞서 살펴본 이야기에 따르면 구원받는 데 필요한 것은 무엇인가? 삭개오의 반응은 어떤 면에서 그가 정말로 믿었다는 것을 증명해 주는가?

- 우리가 누군가에게 잘못을 범했을 때 하나님은 우리가 어떻게 하기를 원하시는가? 그 잘못을 바로 잡기 위해 우리는 무엇을 할 수 있는가?

- 예수님은 삭개오의 가정에 대해 어떻게 말씀하셨는가? 예수님은 삭개오를 어떻게 부르셨는가?

- 예수님은 그분의 사명을 무엇이라고 말씀하셨는가? 예수님이 이 땅에 오신 이유는 무엇인가? 예수님은 어떤 사람을 찾으시는가?

- 이 이야기에 따르면 예수님을 영접하기에 적합한 사람은 누구인가? 예수님을 영접하면 어떤 일이 일어나는가?

## 가족이 함께 생각할 질문

- 사람들은 삭개오를 좋아했는가? 그 이유는 무엇인가?

- 예수님이 삭개오를 좋아하셨다고 생각하는가? 그렇게 생각하는 이유는 무엇인가?

- 삭개오가 예수님을 볼 수 없었던 이유는 무엇인가? 그는 예수님을 보려고 어떻게 했는가?
- 예수님은 삭개오를 보고 어떻게 하셨는가? 예수님이 삭개오의 집으로 가겠다고 하셨을 때 그는 어떤 마음이었겠는가? 또 다른 사람들은 어떻게 생각했는가?
- 삭개오는 예수님을 만난 후 자신의 재산을 어떻게 하기로 했는가? 돈에 대한 그의 마음이 달라진 이유는 무엇인가? 그의 마음속에 어떤 일이 일어난 것인가?
- 우리가 누군가에게 잘못을 범했을 때 하나님은 우리가 어떻게 하기를 원하시는가?
- 예수님은 어떤 사람을 위해 이 땅에 오셨는가? 삭개오도 그런 사람들 중 한 사람이었는가?
- 예수님이 돕기 원하시지 않는 사람도 있겠는가? 그렇게 생각하는 이유는 무엇인가?

**마음에 새기는 말씀**

"인자가 온 것은 잃어버린 자를 찾아 구원하려 함이니라"(눅 19:10).

**묵상**

하나님은 우리가 다른 사람에게 저지른 잘못을 회개하고 손해를 보상할 때 기뻐하신다.

# 귀신 들린 자를 고치심

## 자유를 주는 믿음

*Story Thru the Bible*

**주제** 예수님만이 우리를
사탄의 권세에서 해방하실 수 있다.

**성경 본문** 마가복음 5장 1-20절

**배경 설명** ❖ ❖ 유대인들은 메시아가 이방인들과는 아무 상관이 없을 거라고 생각했다. 그리고 예수님의 사역도 대부분 유대인들을 위한 것이었다. 그러나 때로는 이방인 중에서 더 큰 믿음을 가진 사람들을 만나셨고 유대인들보다는 이방인들을 위해 사역할 수 있는 기회를 더 많이 가지셨다. 이 이야기에서도 예수님은 이방인들이 사는 지역에서 한 사람을 만나셨다. 그는 이방인이었을 뿐 아니라 무덤들 사이에서 살면서 귀신에게 괴롭힘을 당하고 돼지 떼에게 둘러싸여 있었다. 유대인들이 보기에 그곳은 하나님이 일하실 만한 그런 곳이 아니었다.

**들어가는 말** ❖ ❖ 많은 사람이 얽매여 있다는 느낌을 받으며 살아간다. 심각한 중독 증세에서 헤어나지 못하거나 바람직하지 못한 인간관계나 행동 방식에 얽매여 있기도 하고, 그저 환경의 제한을 받고 있는 경우도 있다. 때로는 사탄이 우리를 직접 공격하기도 한다. 이제 우리는 최악의 상태에서 고통 받고 있는 한 사람을 만나게 될 것이다. 그는 귀신에게 괴롭힘을 당하면서 무덤들 사이에서 살아가야만 했다. 이야기를 살펴보면서 다음 질문을 생각해 보라. 예수님이 그런 사람도 자유롭게 해주시는데, 당신의 삶에서 해결해 주실 수 없는 어려운 일이 있겠는가? 예수님보다 더 큰 능력을 가지고 당신을 직대시할 수 있는 존재가 있겠는가? 이제 예수님이 한 사람의 삶을 극적으로 바꾸신 이야기를 통해 용기와 힘을 얻기 바란다.

**이야기 속으로** ❖ ❖ 예수님은 제자들과 함께 갈릴리 바닷가 건너편에 있는 거라사인의 지방으로 가셨습니다. 그곳은 다양한 종교를 가진 이방인이 모여 사는 곳이었습니다. 예수님이 배에서 내리시자 귀신 들린 사람이 근처 무덤들 사이에서 나왔습니다. 많은 사람이 그를 쇠사슬로 묶어 두려 했지만 아무도 그를 제어할 수 없었습니다. 그는 사람들과 함께 살기에는 너무 포악해서 무덤들 사이나 산에서 살았고 소리를 지르거나 돌로 자기 몸을 해치면서 지냈습니다.

예수님을 본 그 사람은 그분에게 달려와 무릎을 꿇고 "지극히 높으신 하나님의 아들 예수여 나와 당신이 무슨 상관이 있나이까?"라고 큰 소리로 울부짖으며 자신을 괴롭히지 말 것을 간청했습니다. 그 이유는 예수님이 귀신에게 그 사람에게서 나올 것을 명하셨기 때문이었습니다.

예수님은 그에게 "네 이름이 무엇이냐?"라고 물으셨습니다. 그 사람은 이름을 말하는 대신 로마 군대의 숫자만큼 많은 귀신이 자기 안에 있다고 대답했습니다. 귀신은 계속해서 자신들을 그 지역에서 내쫓지 말아 달라고 간청하면서 그 사람 대신 근처 산에 있는 돼지 떼에게로 들어갈 것을 주장했습니다. 예수님이 동의하시자 귀신은 곧 그 사람을 떠나 돼지 떼에게로 들어갔습니다. 그리고 이천 마리나 되는 돼지 떼는 비탈을 내리 달아 바다에서 몰사했습니다.

돼지 떼를 치던 사람들이 읍내와 여러 마을로 달려가 무슨 일이 일어났는지 알렸고 많은 사람이 그 일을 확인하려고 달려 나왔습니다. 그들은 귀신 들렸던 사람이 온전한 정신으로 앉아 있는 것을 보았습니다. 그 사건을 직접 본 사람들이 달려온 사람들에게 그곳에서 일어난 모든 일을 설명했습니다. 그러자 사람들은 두려워하여 예수님에게 그곳에서 떠나달라고 간청했습니다.

예수님이 배에 오르시자 귀신 들렸던 그 사람이 함께 갈 수 있게 해달라고 간청했습니다. 그러나 예수님은 허락하지 않으셨습니다. 대신 그 사람에게 집으로 돌아가 하나님이 하신 일과 그분이 얼마나 자비로운 분이신지를 가족 모두에게 알리라고 말씀하셨습니다. 그래서 그 사람은 그 지역을 두루 다니며 예수님이 하신 일을 이야기했고, 그 이야기를 들은 모든 사람은 그 일을 놀랍게 여겼습니다.

## 생각할 질문

- 예수님은 갈릴리 바닷가 건너편에서 누구를 만나셨는가? 그 사람은 어떻게 묘사되어 있는가? 그 사람은 어떤 괴로움을 당하고 있었는가? 그 지역 사람들은 그 사람이 좋아질 수 있을 거라고 얼마나 기대했는가?
- 그 사람이 예수님에게 온 이유는 무엇인가? 예수님은 그 사람에게 어떤 말씀을 하셨는가? 그 사람이 예수님에게 소리 지르며 울부짖은 이유는 무엇인가?
- 예수님은 그 사람에게 어떤 질문을 하셨는가? 그 사람은 예수님에게 어떻게 대답했는가?
- 귀신들은 왜 그냥 쫓겨나는 대신 돼지 떼 안으로 들어가고 싶어 했는가? 예수님은 그 요청을 들어주셨는가?
- 그곳에 있던 돼지는 몇 마리였는가? 귀신이 돼지 떼에 들어가자 어떤 일이 벌어졌는가? 돼지를 치던 사람들은 그 광경을 보고 어떻게 반응했는가?
- 읍내 사람들은 그 소식을 듣고 어떻게 반응했는가? 그들이 그 사건이 일어난 곳으로 갔을 때 귀신 들렸던 사람은 어떠했는가? 그 사람은 어떻게 달라졌는가?
- 무슨 일이 일어났는지를 알게 된 사람들은 왜 두려워했는가? 그들이 예수님에게 떠나달라고 요청한 이유는 무엇인가?
- 귀신 들렸던 사람은 어떻게 하기를 원했는가? 예수님은 그런 그에게 어떻게 말씀하셨는가? 그 사람은 예수님의 말씀을 어떻게 행했는가? 그 결과 어떤 일이 일어났는가?

- 이 이야기는 고통 받는 사람들을 불쌍히 여기시는 예수님의 마음에 대해 무엇을 말해 주는가? 또 예수님이 우리에게 원하시는 자유에 대해 무엇을 알 수 있는가?

- 이 이야기는 사탄을 이기시는 예수님의 권세에 대해 무엇을 말해 주는가? 그 놀라운 예수님의 권세를 우리의 삶에 어떻게 적용할 수 있는가? 사탄은 어떤 면에서 우리에게 영향을 미칠 수 있는가? 영적인 공격을 받을 때 우리는 예수님에게 어떻게 요청할 수 있는가? 또 그때 우리는 그분이 어떻게 하실 것을 기대할 수 있는가?

- 이 이야기는 예수님을 증언하기에 알맞은 사람에 대해 무엇을 말해 주는가? 귀신 들렸던 사람은 어떤 자질이 있었는가? 우리의 자질은 어떠한가?

## 가족이 함께 생각할 질문

- 배에서 내린 예수님은 누구를 만나셨는가? 그 사람은 어떤 사람인가? 그 사람은 어떤 행동을 했는가?

- 그 사람이 아주 이상한 행동을 한 이유는 무엇인가? 그 사람에게는 어떤 문제가 있었는가? 누가 그 사람을 다스리고 있었는가?

- 그 사람 안에 있던 귀신은 예수님에게 무엇을 요청했는가? 예수님은 그에게 무엇을 명령하셨는가?

- 귀신이 그 사람에게서 나와 돼지 떼에게 들어갔을 때 어떤 일이 일어났는가? 당신이 그 일을 보았다면 어떻게 생각했을 것 같은가?

- 예수님이 그 사람에게서 귀신을 쫓아내신 후 그는 어떻게 되었는가? 돼지 떼를 치던 사람들이 전한 소식을 듣고 달려온 읍내 사람들은 그 사람을 보고 어떻게 반응했는가? 그들이 두려워한 이유는 무엇인가?

- 귀신 들렸던 사람은 예수님을 위해 어떻게 하고 싶어 했는가? 예수님은 그 사람에게 어떻게 말씀하셨는가?
- 이 이야기는 심각한 문제가 있는 사람들을 긍휼히 여기시는 예수님의 마음에 대해 무엇을 알려 주는가? 또 악을 이기시는 예수님의 능력에 대해 무엇을 가르쳐 주는가?

**마음에 새기는 말씀**

"집으로 돌아가 주께서 네게 어떻게 큰일을 행하사 너를 불쌍히 여기신 것을 네 가족에게 알리라 하시니"(막 5:19).

**묵상**

예수님은 사탄의 공격으로부터 우리를 자유롭게 하신다.

# 예수님이 가르쳐 주신 기도

## 우선순위, 약속, 인내

Story Thru the Bible

**주제** 예수님은 어떻게 기도해야 하는지를 가르쳐 주셨다.

**성경 본문** 마태복음 6장 5-13절, 누가복음 11장 1-13절

**배경 설명** ❖ ❖ 제자들은 예수님의 기도 생활이 특별하다는 사실을 알았다. 때때로 예수님은 한밤중에도 기도하러 가셨고 제자들은 나중에야 예수님을 찾아 나서곤 했다. 예수님이 기도하시면 늘 무언가 일이 벌어졌다. 하나님이 응답하셨고 기적이 일어났다. 제자들은 예수님이 기도하시는 것처럼 하나님과 대화할 수 있는

비결을 알고 싶었다.

**들어가는 말** ❖ ❖

당신의 기도가 천장을 치고 그냥 다시 내려오는 듯한 느낌을 받아본 적이 있는가? 당신의 기도에는 성경이 말하고 있는 기도의 능력이 없다고 느낀 적이 있는가? 또 다른 사람들이 당신보다 더 많은 기도 응답을 받고 있다고 느낀 적이 있는가? 제자들도 그렇게 느끼고 있었던 것 같다. 그래서 그들은 예수님에게 어떻게 기도해야 하는지를 가르쳐 달라고 요청했다. 그 요청에 대한 예수님의 대답을 들어 보라. 그리고 우리가 기도하면서 중요시하는 요소를 예수님도 중요하게 여기시는지 살펴보라. 당신의 기도는 예수님이 가르쳐 주신 기도와 얼마나 비슷한가? 기도에 대한 당신의 마음가짐은 예수님의 말씀에 얼마나 적합한가?

**이야기 속으로** ❖ ❖

어느 날 예수님이 기도를 마치시자 제자들 중 한 사람이 어떻게 기도해야 하는지 가르쳐 주시기를 청했습니다. 세례 요한이 그의 제자들에게 가르쳤던 것처럼 예수님의 제자들도 예수님께 기도를 배우고 싶었습니다. 그래서 예수님은 기도에 어떤 내용이 들어가야 하는지를 본보기로 알려 주셨습니다.

"하늘에 계신 우리 아버지여 이름이 거룩히 여김을 받으시오며 나라가 임하시오며 뜻이 하늘에서 이루어진 것같이 땅에서도 이루어지이다 오늘 우리에게 일용할 양식을 주시옵고 우리가 우리에게 죄 지은 자를 사하여 준 것같이 우리 죄를 사하여 주시옵고 우리를 시험에 들게 하지 마시옵고 다만 악에서 구하시옵소서."

예수님은 제자들에게 외식하는 사람처럼 기도하지 말라고 말씀하셨습니다. 다시 말해서 다른 사람들에게 좋은 인상을 남기려 하거나 '영적인'

사람처럼 보이려고 기도하지 말라는 것이었습니다. 그렇게 기도하는 사람들은 그들이 원하는 다른 사람들의 평판을 이미 보상받은 것이라고 말씀하시며, 진정한 기도는 혼자 있을 때 하는 것이라고 덧붙이셨습니다. 실제로 골방에서 가장 효과적인 기도를 하게 됩니다. 하나님은 우리가 사람들의 눈에 띄지 않게 하는 일을 보시고 그 일에 대해 보상해 주십니다. 또 예수님은 마치 말을 많이 해야 하나님이 들으시는 것처럼 같은 말을 반복하며 중언부언하지 말라고 경고하시며, 하나님이 이미 우리가 구하기도 전에 우리에게 필요한 것을 알고 계신다고 말씀하셨습니다.

그런 다음 예수님은 하나의 이야기를 들어 기도를 설명해 주셨습니다. 먼 여행길에 오른 사람이 밤늦게 친구의 집을 찾아갔습니다. 하지만 그 친구는 손님에게 대접할 음식이 없었습니다. 그래서 그는 한밤중이었지만 손님에게 결례가 되지 않으려고 대접할 음식을 구하러 이웃집으로 갔습니다. 그러나 이미 불을 다 끄고 잠자리에 든 이웃 사람은 "나를 괴롭게 하지 말라 문이 이미 닫혔고 아이들이 나와 함께 침실에 누웠으니 일어나 네게 줄 수가 없노라"고 대답했습니다. 그러나 그 사람은 끈질기게 계속 문을 두들겼습니다. 그 사람이 포기하지 않고 계속해서 요청했기 때문에, 마침내 이웃 사람은 자리에서 일어나 그에게 필요한 만큼 음식을 주었습니다.

예수님은 "구하라 그러면 너희에게 주실 것이요 찾으라 그러면 찾아낼 것이요 문을 두드리라 그러면 너희에게 열릴 것이니"라고 그 이야기의 핵심을 요약하셨습니다. 다시 말해서 기도는 여러 방식으로 응답받을 것이라는 말씀이었습니다.

그리고 그 응답은 좋은 결과로 나타날 것이라고 말씀하셨습니다. 예수님은 생선을 달라고 하는 아들에게 뱀을 주는 아버지가 없고, 달걀을 달라고 하는 아들에게 전갈을 주는 아버지는 없다는 사실을 지적하셨습니다. 그리고 부족하고 흠이 있는 아버지라도 자기 자녀에게는 좋은 것을 주려고 하는데, 하물며 하나님 아버지가 그 자녀들에게 좋은 것을 주시지 않겠느냐고 설명하셨습니다. 그리고 하나님 아버지는 구하는 사람에게 특별히 성령을 주실 것이라고 말씀하셨습니다.

## 생각할 질문

- 제자들은 예수님에게 무엇을 부탁했는가? 그들이 그것을 부탁한 이유는 무엇인가?
- 예수님이 본보기로 알려 주신 기도에서 그분은 하나님을 어떻게 부르셨는가? 예수님이 우리가 하나님을 그렇게 부르기 원하시는 이유가 무엇이라고 생각하는가?
- 예수님이 가르쳐 주신 기도에서 첫 번째 간구는 어디에 초점을 맞추고 있는가? 사람들은 대부분 기도하면서 하나님의 나라에 가장 먼저 초점을 맞추는가? 그렇게 생각하는 이유는 무엇인가?
- 그 기도는 또 다른 어떤 간구를 포함하고 있는가? 예수님이 우리에게 구하라고 하신 것은 무엇인가? 당신은 기도할 때 그런 내용을 구하는가? 왜 그런가, 또는 왜 그렇지 않은가?
- 우리는 기도하면서 그 기도에 있는 간구만 할 수 있는 것인가, 아니면 그 간구의 내용은 단순히 우리가 기도하면서 구해야 할 우선순위에 대한 조언인가? 우리가 그 기도의 본보기를 어떻게 따라야 한다고 생각하는가?
- 예수님이 그 기도를 하나의 공식처럼 따라하게 하셨다고 생각하는가?
- 예수님은 기도할 때 어떤 마음을 가져야 한다고 말씀하셨는가? 우리

는 기도하면서 그 기도를 듣고 있을 다른 사람을 얼마나 의식해야 하는가? 또 얼마나 많은 말을 해야 하는가? 그 이유는 무엇인가?

- 한밤중에 이웃을 찾아가 음식을 요청하는 이야기에서 그 사람은 결국 이웃에게 어떤 대답을 이끌어냈는가? 예수님은 마지못해 좋은 것을 주시는 하나님을 보여주려고 그 이야기를 말씀하셨는가? 그 이야기의 핵심은 무엇인가? 그 핵심을 우리 기도에 어떻게 적용할 수 있는가?

- 예수님은 구하고 찾고 두드리는 사람들에게 어떤 약속을 하셨는가? '문이 열릴 것'이라고 하신 그 말씀이 뜻하는 바는 무엇인가?

- 기도하면서 우리는 어떤 응답을 기대할 수 있는가? 하나님 아버지는 그분의 자녀를 향해 어떤 마음을 갖고 계시는가?

- 예수님이 끈질기게 기도하는 사람들에게 특별히 약속하신 것은 무엇인가? 당신의 삶이 성령으로 충만하기 위해 어떻게 기도해 왔는가?

- 이 성경 말씀은 우리가 기도하면서 생각해야 할 하나님의 우선순위에 대해 무엇을 가르쳐 주는가?

- 하나님이 우리 기도에 응답하실 거라고 얼마나 확신할 수 있는가? 하나님이 좋은 것으로 응답하실 거라고 얼마나 확신할 수 있는가?

## 가족이 함께 생각할 질문

- 예수님은 기도를 가르치시며 하나님을 어떻게 부르셨는가? 당신은 하나님을 어떤 아버지라고 생각하는가? 하나님이 그분의 자녀들을 얼마나 사랑하신다고 생각하는가?

- 예수님이 본보기로 우리에게 가르쳐 주신 기도에서 그분은 무엇을 구하셨는가? 우리도 예수님이 구하신 것을 구해야 하는가? 그 이유는 무엇인가?

- 예수님은 기도하면서 다른 사람들에게 좋은 인상을 줘야 한다고 말씀하셨는가? 기도하면서 우리는 누구를 생각해야 하는가?
- 우리는 필요한 것을 하나님에게 알리기 위해 많은 말을 해야 하는가? 그 이유는 무엇인가?
- 한밤중에 이웃에게 음식을 요청했던 사람의 이야기에서 그 사람은 이웃이 그의 부탁을 들어주도록 어떻게 했는가? 우리는 그 사람의 그런 행동을 기도에 어떻게 적용할 수 있는가?
- 구하고 찾고 두드리는 사람에게 예수님은 무엇을 약속하셨는가? 그들을 위해 하나님은 어떻게 하시겠는가?
- 하나님이 그분의 자녀에게 좋은 것을 주신다는 사실을 어떻게 알 수 있는가?
- 하나님이 우리 기도에 응답하신다는 것을 어떻게 알 수 있는가?
- 하나님은 우리를 도와주시기 위해 누구를 보내신다고 약속하셨는가?

**마음에 새기는 말씀**

"내가 또 너희에게 이르노니 구하라 그러면 너희에게 주실 것이요 찾으라 그러면 찾아낼 것이요 문을 두드리라 그러면 너희에게 열릴 것이니 구하는 이마다 받을 것이요 찾는 이는 찾아낼 것이요 두드리는 이에게는 열릴 것이니라"(눅 11:9-10).

**묵상**

기도는 우리와 예수님의 관계가 깊어지는 데 중요한 역할을 한다.

STORY 40

# 잃은 것을 찾으심

## 예상치 못한 사명

*Story Thru the Bible*

**주제** 예수님은 잃어버린 자를 찾는 방법을 가르치셨다.

**성경 본문** 누가복음 15장

**배경 설명** ❖ ❖ 바리새인들은 손을 잘 씻고 의식적으로 부정한 사람들이나 비천한 사람들과 접촉하지 않는 등 외적인 신성함을 유지하기 위해 그들이 정해 놓은 기준을 철저하게 따랐다. 그래서 그들은 예수님이 '죄인들'이라고 알려진 사람들과 같이 식사하시는 것을 보고 상당히 놀랐다. 그들이 보기에 그런 행동은 랍비,

특히 자신을 메시아라고 끊임없이 주장하는 사람에게 적합한 모습이 아니었다. 그들은 메시아가 이스라엘에서 의를 행하고 의의 나라를 세워 불의한 사람들을 징계하시러 오실 것이라고 생각했다. 따라서 그들은 예수님이 그분이 주장하는 사명과 반대로 행동하고 있다고 생각했다. 그래서 예수님은 그분이 오신 진짜 이유를 그들에게 알려 주셔야 했다.

**들어가는 말** ❖ ❖

많은 사람이 하나님을, 은총을 베푸는 일에 인색하신 분으로 여긴다. 그들은 하나님 보시기에 합당하게 행동할 때에만 그분이 축복하신다고 생각한다. 심지어 하나님의 은혜를 알고 있는 사람들도 종종 그분이 은혜 베풀기를 보류하신다고 생각한다. 그러나 예수님은 하나님이 전혀 그런 분이 아니라고 말씀하신다. 당신을 향한 하나님의 마음이 어떤지 알고 있는가? 이 장에 나오는 세 가지 이야기를 살펴보면서 하나님을 어떤 분으로 그리고 있는지 주목해 보라. 하나님은 당신을 어떻게 생각하시는가? 하나님은 당신을 그분께 가까이 이끌려고 얼마나 많이 노력하시는가? 그리고 하나님은 우리가 그분을 떠나 길을 잃고 헤매는 사람들을 어떻게 바라보길 원하시는지, 또 우리가 하나님의 일에 참여하면서 어떻게 그분을 도울 수 있는지 스스로 질문해 보라.

**이야기 속으로** ❖ ❖

예수님 주위에는 많은 사람이 모였습니다. 심지어 타락한 세리들과 죄인들도 함께 있었습니다. 예수님은 그들과 함께 식사하시는 것을 아무렇지 않게 여기셨습니다. 이 일들로 바리새인들의 심기가 몹시 사나워졌습니다. 그들은 부정한 사람들과의 접촉을 피하라는 의례적인 율법을 철저하게 지켰기 때문이었습니다. 그래서 예수님은 그런 그들의 문제를 다루고자 비유를 들어 이야기를 시작하셨습니다.

첫 번째 비유에서 예수님은 잃어버린 양 한 마리를 찾기 위해 양 떼를 두고 들로 나가 찾아다니는 선한 목자를 그들에게 설명해 주셨습니다. "그 목자는 백 마리 양 가운데 아흔아홉 마리가 있는 것에 만족하면서 그냥 집으로 돌아가지 않을 것이다. 잃은 양 한 마리를 찾다가 그것을 찾으면 흡족해하며 집으로 돌아갈 것이다. 그렇게 되면 그의 친구들도 그와 함께 기뻐할 것이다." 그와 마찬가지로 죄인 한 사람이 회개하고 하나님께 돌아오면 하늘에서 축제가 벌어진다는 내용이었습니다.

또 다른 예로 은전 열 개를 갖고 있다가 한 개를 잃어버린 여인의 이야기를 들려주셨습니다. "그 여인이 열 개의 은전 중 아홉 개가 남아 있는 것에 만족하겠는가? 여인은 등불을 켜고 그것을 찾을 때까지 온 집안을 샅샅이 뒤질 것이다. 그리고 그 잃어버린 은전을 찾게 되면 친구과 함께 기뻐할 것이다." 그와 마찬가지로 죄인 한 사람이 회개하면 천사들이 크게 기뻐할 것이라는 내용이었습니다.

그런 다음 예수님은 두 아들을 둔 아버지에 대해 이야기하셨습니다. 그 내용은 이러합니다. 그 사람의 작은아들은 아버지가 세상을 뜨기도 전에 자신이 상속받게 될 재산을 달라고 아버지에게 요청했습니다. 아버지는 그렇게 해주었습니다. 두 아들을 위해 재산을 나눈 다음 작은아들에게 돌아갈 유산을 내어 주었습니다. 그러나 작은아들은 그 재산을 가지고 나가 허랑방탕하게 낭비해 버렸습니다. 그가 돈을 다 잃기까지는 그리 오랜 세월이 걸리지 않았습니다. 그가 돈을 탕진했을 때 온 나라에 흉년이 들었고 그는 더 궁핍한 생활을 할 수밖에 없었습니다.

작은아들은 들에서 돼지 치는 일을 했습니다. 그는 돼지가 먹는 쥐엄열매로라도 배를 채우려고 했지만 그것마저도 주는 사람이 없었습니다. 결국 그는 정신을 차렸습니다. 아버지 집에서 일하는 사람들이 자신보다 더 풍족하게 살아가고 있다는 사실을 깨달았습니다. 그래서 집으로 돌아가 아버지에게 사죄하고 아들이 아니라 일꾼 중 한 사람으로 일해야겠다고 마음먹었습니다.

집까지는 아직 한참 더 가야 했지만 아버지가 멀리서 그를 보고 측은히 여겨 달려와 얼싸안고 입을 맞추었습니다. 그 아들은 "아버지 내가 하늘과 아버지께 죄를 지었사오니 지금부터는 아버지의 아들이라 일컬음을 감당하지 못하겠나이다"라고 말했습니다. 그러나 아버지는 아들이 온 것에 신이 나서 하인들에게 아들에게 입힐 가장 좋은 옷과 신발을 가져오라고 지시했습니다. 그리고 살진 송아지를 잡고 잔치를 준비하라고 명하며 "이 내 아들은 죽었다가 다시 살아났으며 내가 잃었다가 다시 얻었노라"고 말했습니다. 그래서 그들은 모두 축제를 벌이며 기뻐했습니다.

잔치가 벌어지고 있는 동안 큰아들은 들에서 일을 하고 있었습니다. 집으로 돌아온 그는 흥겨운 잔치 소리를 듣게 되었고 하인 한 사람에게 무슨 일이 벌어지고 있는지를 물었습니다. 그리고 모든 사실을 알게 된 그는 분노하며 집으로 들어가려고 하지 않았습니다. 결국 아버지가 나와 작은아들의 사정을 이야기하려고 했지만 큰아들은 들으려고 하지도 않았습니다. 그리고 "내가 여러 해 아버지를 섬겨 명을 어김이 없거늘 내게는 염소 새끼라도 주어 나와 내 벗으로 즐기게 하신 일이 없더니 아버지의 살림을 창녀들과 함께 삼켜 버린 이 아들이 돌아오매 이를 위하여 살진 송아지를 잡으셨나이다"라며 마음을 토로했습니다.

그 말을 듣고 아버지는 큰아들에게 그가 항상 아버지와 함께 있었으며 아버지의 것이 다 그의 것임을 알려 주었습니다. 그리고 그의 동생은 죽었다가 살아났으니 즐거워하고 기뻐하는 것이 마땅하지 않겠느냐고 말했습니다.

## 생각할 질문

- 바리새인들이 예수님에게 불만을 가진 이유는 무엇인가? 그들이 예수님을 인정하지 않았던 이유는 무엇인가?
- 예수님은 '죄인들'과 함께 먹는 이유를 설명하려고 어떻게 하셨는가? 사람들과 논쟁을 벌이셨는가? 일일이 다 반박하셨는가? 그분의 입장을 어떻게 설명하셨는가?
- 첫 번째 비유에서 예수님은 자신을 누구에 빗대셨는가? 또 잃어버린 사람들을 무엇에 비유하셨는가? 잃어버린 은전을 찾으려고 여인은 어떻게 했는가?
- 예수님은 하나님을 떠나 길을 잃고 헤매는 사람들에 대해 우리가 어떻게 느끼기를 원하시는가? 또 그들이 예수님에게 돌아올 때 우리가 어떻게 느끼기를 원하시는가?
- 작은아들이 아버지에게 요구한 것은 무엇인가? 아버지는 그 요구를 어떻게 생각했겠는가? 그는 그 요구에 어떻게 반응했는가?
- 아버지의 유산을 받은 아들은 어떻게 했는가? 그는 어쩌다가 궁핍하게 되었는가? 예수님의 이야기를 듣던 사람들은 그 작은아들을 어떻게 생각했을 것 같은가?
- 작은아들이 생각을 바꾸게 된 계기는 무엇인가? 그렇게 생각을 바꾼 것은 잘못인가? 그는 아버지를 향한 사랑 때문에 생각을 바꾼 것인가? 그가 집으로 돌아가기로 한 이유는 무엇인가?
- 작은아들은 아버지를 다시 만나면 무슨 말을 해야겠다고 생각했는가? 그는 아버지가 자신을 어떻게 대해 주기를 기대했는가?
- 작은아들이 돌아오는 것을 본 아버지는 어떻게 했는가? 아버지는 얼마나 빨리 반응했는가? 어떤 감정을 보여주었는가? 하인들에게 어떤

지시를 내렸는가?

- 아버지는 작은아들이 기대했던 것과 같은 반응을 보였는가? 아버지의 반응을 본 작은아들이 어떻게 느꼈을 것 같은가?
- 작은아들이 돌아왔을 때 큰아들은 어디에 있었는가? 무슨 일이 일어났는지를 알게 된 그는 어떻게 반응했는가? 당신이 큰아들의 입장이었다면 어떻게 느꼈을 것 같은가?
- 아버지는 큰아들의 마음을 달래 주려고 어떻게 했는가? 작은아들이 돌아온 것을 기뻐하며 축하하는 이유를 무엇이라고 설명했는가?
- 이 이야기에서 큰아들은 누구를 묘사한 것인가? 작은아들은 누구를 묘사한 것인가? 아버지는 누구를 묘사한 것인가?
- 이 이야기는 잃어버린 사람들을 향한 하나님의 마음에 대해 무엇을 가르쳐 주는가? 하나님은 그분의 법은 순종하면서 그분의 마음은 이해하지 못하는 사람들에 대해 어떻게 생각하시는가?

## 가족이 함께 생각할 질문

- 사람들이 예수님께 화를 낸 이유는 무엇인가? 예수님은 그들이 좋아하지 않는 어떤 일을 하셨는가?
- 첫 번째 이야기에서 선한 목자는 양 한 마리를 잃어버렸을 때 어떻게 했는가? 예수님은 어떤 면에서 선한 목자와 같으신가? 잃어버린 한 사람이 하나님께 돌아올 때 누가 기뻐하고 즐거워하는가?
- 두 번째 이야기에서 은전 하나를 잃은 여인은 어떻게 했는가? 예수님은 어떤 면에서 그 여인과 같으신가?
- 세 번째 이야기에서 작은아들이 아버지에게 요구한 것은 무엇인가?

그가 그렇게 한 이유는 무엇인가? 작은아들이 그런 요구를 했을 때 아버지의 마음은 어떠했겠는가?

- 작은아들은 그 돈을 다 어떻게 썼는가? 그는 어쩌다가 가난해졌는가?
- 작은아들이 아버지 집으로 돌아갔을 때 어떤 일이 벌어졌는가? 아버지는 작은아들이 돌아온 것을 어떻게 생각했는가?
- 큰아들은 잔치를 보고 무슨 생각을 했는가? 그 이유는 무엇인가?
- 아버지는 큰아들에게 상황을 설명하면서 무슨 말을 했는가?
- 이 이야기들은 하나님의 마음에 대해 무엇을 알려 주는가? 하나님은 잃어버린 사람들에 대해 어떻게 느끼시는가?
- 하나님은 우리가 잃어버린 사람들에 대해 어떻게 생각하기를 원하시는가? 우리는 하나님을 모르는 사람들에게 어떻게 사랑을 표현할 수 있는가?

**마음에 새기는 말씀**

"너희 중에 어떤 사람이 양 백 마리가 있는데 그 중의 하나를 잃으면 아흔아홉 마리를 들에 두고 그 잃은 것을 찾아내기까지 찾아다니지 아니하겠느냐"(눅 15:4).

"내가 너희에게 이르노니 이와 같이 죄인 한 사람이 회개하면 하나님의 사자들 앞에 기쁨이 되느니라"(눅 15:10).

**묵상**

하나님은 잃어버린 자를 찾는 마음을 나타내는 일에, 우리를 동역자로 부르신다.

# 하나님 나라

## 영원하신 주님의 통치

*Story Thru the Bible*

**주제** 예수님은 하나님의 나라에 대해 가르치셨다.

**성경 본문** 마태복음 5장 3-10절, 13장 24-50절, 18장 1-5절, 누가복음 20장 27-36절, 요한복음 14장 1-3절

**배경 설명** ❖ ❖ 예수님은 '천국 복음'을 전파하셨고 제자들에게도 하나님 나라가 하늘에서 이루어진 것같이 땅에서도 이루어지기를 기도해야 한다고 가르치셨다. 예수님이 말씀하신 나라는 어떤 나라인가? 예수님은 다윗과 솔로몬이 통치하던 이스라엘의 회복 그 이상을 말씀하셨다. 예수님이 말씀하신 나라는 하늘에서든,

타락한 이 땅에서든 하나님이 다스리시고 통치하시는 곳이다. 실제로 그 나라는 복음서에 백 번 이상 나온다. 그리고 예수님이 전파하신 가장 중요한 메시지 중 하나로 여긴다. 우리가 보는 것은 지극히 작은 부분이지만, 말씀은 그 나라를 영원히 기대하도록 우리를 격려한다.

**들어가는 말** ❖ ❖ 하나님이 당신이 살고 있는 나라를 통치해 주시길 바라는가? 당신의 일터나 가정은 어떠한가? 좀 더 구체적으로 일상의 모든 부분을 그렇게 해주시기를 바라는가? 이 질문에 대답하는 것은 그리 어렵지 않다. 그러나 실제로 인간은 에덴동산에서부터 스스로 다스리고 통치하고 싶어 했다. 아마도 하나님이 우리가 원하는 대로 인생을 즐기도록 허락하실 거라고 생각하지 않았거나, 단지 스스로 세운 목표나 일정을 더 선호했을 수도 있다. 이야기를 살펴보면서 하나님 나라에서 사는 삶이 정말로 어떠할지 생각해 보라. 하나님이 당신의 삶을 통치하고 다스리신다는 것은 무엇을 뜻하는가? 어떤 면에서 하나님 나라를 영원히 경험하고 싶은가? 하나님 나라에서 그분과 함께할 때 어떨 것 같은가?

**이야기 속으로** ❖ ❖ 예수님은 제자들에게 하나님 나라의 특성과 그 나라에 대한 마음가짐에 대해 가르치셨습니다. 하나님 나라는 심령이 가난한 사람들에게 속한 것이라고 말씀하셨습니다. 그리고 애통한 사람과 온유한 사람과 의에 주리고 목마른 사람과 긍휼히 여기는 사람과 마음이 청결한 사람과 화평하게 하는 사람과 의를 위하여 박해받는 사람은 복이 있다고 말씀하셨습니다.

예수님은 또 하나님 나라에 대한 비유를 말씀하셨습니다. 하나님의 나라는 가장 작은 씨앗이지만 새들이 와서 그 가지에 깃들 만큼 크게 자라는 겨자씨와 같고, 적은 양으로 밀가루 반죽 전체를 부풀게 하는 누룩과 같다고 말씀하셨습니다. 그렇게 예수님이 비유로 가르치신 것은 비유로 가르치실 것이라고 한 예언을 성취하기 위해서였습니다. 또한 예수님이 전하는 그 메시지를 열린 마음으로 듣는 사람들에겐 잘 전달하고 그것을 거부하거나 악용하는 사람들에겐 애매모호하게 전하려는 의도였습니다.

예수님은 하나님의 나라에 관해 또 다른 비유로 말씀하셨습니다. 하나님의 나라는 밭에 좋은 씨앗을 뿌린 사람과 같다고 말씀하셨습니다. 모든 사람이 잠자는 동안 그 사람의 원수가 와서 곡식 가운데 가라지를 덧뿌리고 갔고 곡식과 가라지는 함께 자랐습니다. 후에 그것을 본 그 사람은 종들에게 원수가 그렇게 한 것이 틀림없다며 가라지를 뽑다가 곡식까지 뽑을 수 있으니 가라지를 뽑지 말고 추수 때까지 그냥 두라고 지시했습니다. 그리고 추수 때가 되자 그는 종들에게 가라지를 먼저 거두어 불사르게 단으로 묶고 곡식은 모아 곳간에 넣도록 지시했습니다.

제자들이 그 가라지의 비유를 설명해 주시길 부탁하자 예수님은 씨를 뿌린 사람은 예수님 자신이며 밭은 세상, 좋은 씨앗은 하나님 나라의 아들들, 가라지는 악한 자의 아들들, 가라지를 뿌린 원수는 마귀라고 설명하셨습니다. 하나님의 아들들과 악한 자의 아들들이 함께 자라다가 세상 끝날에 천사들이 추수하게 될 것이라고 말씀하셨습니다. 그리고 가라지는 불 속에 던질 것이라고 경고하셨습니다. 또 예수님이 천사들을 보내어 불법을 행하는 모든 사람과 악을 일으키는 모든 것을 하나님 나라에서 거두어 낼 것이며, 악한 자의 아들들은 풀무 불 속에서 울며 일을 갈게 되고 의인들은 하나님 나라에서 해와 같이 빛날 것이라고 말씀하셨습니다.

예수님은 또 하나님의 나라가 밭에 숨겨진 아주 값진 보화와 같다고 말씀하셨습니다. 그래서 그 보화를 발견한 사람은 그 보화가 있는 땅을 소유하기 위해 자신의 소유를 다 내다 팔 것이라고 말씀하셨습니다. 또 하나님의 나라는 값진 진주를 발견하고 그 진주를 사기 위해 자기 소유를 다 파는 상인과 같다고 하셨습니다. 그리고 또 말씀하시길 하나님의 나라는 바다에 치고 각종 물고기를 모으는 그물과 같다고 하셨습니다. 그물이 가득 차면 어부들이 물가로 그물을 끌어내 좋은 물고기는 그릇에 담고 못된 것은 내버리듯이, 세상 끝날에도 그런 일이 있을 거라고 이야기하시며 천사들이 의인 중에서 악인을 갈라낼 것이라고 설명하셨습니다.

나중에 제자들은 예수님에게 하나님의 나라에서는 누가 큰 사람인지 물었습니다. 예수님은 어린아이와 같이 자기를 낮추는 사람이 천국에서는 크다고 대답하셨습니다.

부활을 믿지 않는 종교 지도자였던 사두개인들은 하나님의 나라에 대해 질문하면서 예수님에게 트집을 잡으려고 했습니다. 그들은 일곱 번 결혼한 후 과부가 된 여인을 예로 들어 하나님의 나라에서는 누가 그 여인의 남편이 될 것인지를 물었습니다. 그러자 예수님은 부활한 사람들은 천사들과 같이 결혼하지 않을 것이며, 부활하기에 합당히 여김을 받은 사람들은 하나님의 자녀들이라고 대답하셨습니다.

예수님은 십자가에 달리시기 전 날, 제자들에게 아버지의 집에는 거할 곳이 많다고 역설하시며 근심하지 말라고 말씀하셨습니다. 그리고 믿는 사람들을 위해 거처를 예비하실 것이라고 말씀하시며 다시 돌아오셔서 그분을 믿는 사람들을 데려가실 거라고 약속하셨습니다. 그때가 되면 우리는 성취된 하나님의 나라를 보게 될 것입니다.

## 생각할 질문

- 하나님의 나라에 속한 사람들은 어떤 성품과 자세를 가졌는가? 그런 성품과 자세는 우리 사회가 추구하고 존경하는 자질인가? 그 이유는 무엇인가? 하나님이 그런 자질을 원하시는 이유는 무엇이라고 생각하는가?

- 하나님의 나라는 어떤 면에서 밭에 씨를 뿌린 사람과 같은가? 좋은 씨를 뿌린 사람은 누구인가? 좋은 씨는 무엇을 상징하는가? 가라지를 뿌린 사람은 누구인가? 곡식과 가라지를 구분하는 때는 언제인가? 그때 곡식과 가라지는 어떻게 되는가?

- 하나님의 나라는 어떤 면에서 겨자씨와 같은가? 또 어떤 면에서 누룩과 같은가?

- 하나님의 나라는 얼마나 귀한 것인가? 하나님 나라를 얻으려고 보화를 찾은 사람이나 진주를 거래하는 상인이 포기한 것은 무엇인가?

- 하나님의 나라는 어떤 면에서 그물과 같은가? 그물을 바닷가로 끌어올리면 어떤 일이 벌어지는가? 그 현장이 세상 끝날을 보여주는 좋은 그림인 이유는 무엇인가? 누가 의인과 악인을 구별하게 될 것인가?

- 하나님의 나라에서 큰 사람이 되려면 어떻게 해야 하는가? 그 이유는 무엇인가?

- 하나님의 나라에서 사는 삶과 이 땅에서 사는 삶은 어떻게 다른가?

- 하나님의 나라에는 얼마나 많은 거처가 있는가? 그 거처는 얼마나 한정적인가? 하나님 나라에 갈 사람들을 위해 예수님은 지금 무엇을 하고 계시는가? 어떤 사람이 하나님 나라에 들어가는가?

- 이 이야기를 통해 살펴본 하나님의 나라는 당신에게 얼마나 매력적인가? 하나님 나라는 지금을 위한 것이라고 생각하는가, 아니면 미래를

위한 것이라고 생각하는가? 지금 우리는 어떻게 하나님의 나라를 경험할 수 있는가? 하나님의 나라가 성취될 때까지 우리는 어떻게 기다려야 하는가?

## 가족이 함께 생각할 질문

- 예수님은 하나님의 나라에 알맞은 자세를 가진 사람들을 어떻게 묘사하셨는가?
- 예수님은 하나님의 나라를 무엇에 비유하셨는가? 당신은 그 비유를 몇 가지나 기억할 수 있는가?
- 씨앗 뿌리는 사람의 비유에서 좋은 씨앗과 가라지는 무엇을 나타내는가? 하나님은 그 두 종류의 사람을 바로 구분하시는가? 언제 그렇게 하시는가?
- 하나님의 나라에 들어가지 못할 때 사람들은 어떻게 느끼겠는가?
- 겨자씨와 하나님의 나라가 하는 일은 어떤 면에서 똑같은가? 누룩과 하나님의 나라가 하는 일은 어떤 면에서 똑같은가?
- 하나님의 나라는 어떤 면에서 값진 보화나 귀한 진주와 같다고 할 수 있는가? 보화나 진주는 어떤 가치가 있는가? 하나님의 나라를 얻기 위해 사람들은 무엇을 포기했는가?
- 하나님의 나라가 어린아이와 같은 사람들에게 좋은 이유는 무엇인가? 어린아이의 어떤 점이 하나님의 나라에서 좋은 것인가?
- 하나님의 나라는 어떤 면에서 그물과 같은가? 육지로 끌어올린 물고기들은 어떻게 되는가?
- 하나님의 나라에서도 사람들은 결혼을 하는가? 예수님은 하나님의

나라에 있는 사람들을 누구와 같다고 하셨는가?

- 하나님의 집에는 얼마나 많은 거처가 있는가? 우리가 그곳에 가기 전까지 예수님은 우리를 위해 어떤 일을 하고 계시는가?

**마음에 새기는 말씀**

"심령이 가난한 자는 복이 있나니 천국이 그들의 것임이요"(마 5:3).

"천국은 마치 밭에 감추인 보화와 같으니 사람이 이를 발견한 후 숨겨 두고 기뻐하며 돌아가서 자기의 소유를 다 팔아 그 밭을 사느니라"(마 13:44).

"너희는 마음에 근심하지 말라 하나님을 믿으니 또 나를 믿으라 내 아버지 집에 거할 곳이 많도다 그렇지 않으면 너희에게 일렀으리라 내가 너희를 위하여 거처를 예비하러 가노니 가서 너희를 위하여 거처를 예비하면 내가 다시 와서 너희를 내게로 영접하여 나 있는 곳에 너희도 있게 하리라"(요 14:1-3).

**묵상**

우리는 먼저 하나님의 나라와 그분의 의를 추구해야 한다.

# 신앙고백

## 교회의 기초

*Story Thru the Bible*

**주제** 예수님이 하나님의 아들,
메시아시라는 사실이 분명하게 밝혀졌다.

**성경 본문** 마태복음 16장 13-23절

**배경 설명** ❖ ❖ 예수님은 갈릴리 바다 위쪽에 위치한 이스라엘 최북단 지역에서 이 마을 저 마을을 찾아다니며 가르치시고 사람들의 병을 고쳐 주셨다. 제자들은 적어도 이삼 년 정도 예수님과 함께 다니면서 수많은 기적을 목격했고 사람들이 예수님에 대해 이야기하는 것을 들어왔다. 예수님에 대한 여러 가지 추측이 있었지만 그분을 어떻게 판단해야 하는지 정확하게 아는 사람은 아무도 없었다. 사람들이 갖는 메시아에 대한 기대와 예수님은 맞지 않았다.

**들어가는 말** ❖ ❖

예수님을 어떻게 생각하는지는 매우 중요하다. 그 범상치 않은 인물은 도대체 누구인가? 훌륭한 교사인가, 선지자인가, 아니면 그 이상인가? 만일 하나님의 아들이 아니라면 그는 많은 사람을 현혹시킨 것이 분명하다. 그러나 정말로 하나님의 아들이라면 우리는 그가 하는 말에 주의를 기울여 듣고 망설임 없이 그를 믿고 따라야 한다. 이야기를 살펴보면서 예수님의 제자들이 그분이 누구인지 알고자 애쓰며 씨름했던 것을 주목하라. 또 그들이 어떤 결론을 내렸는지, 그리고 그 후 예수님이 어떤 일로 그들을 놀라게 하셨는지 잘 살펴보라.

**이야기 속으로** ❖ ❖

빌립보 가이사랴 지방으로 가신 예수님은 그곳에서 제자들에게 사람들이 자신을 누구라고 하는지 물으셨습니다. 사람들은 예수님을 누구라고 생각했습니까? 제자들은 대답하길 어떤 사람들은 이미 죽임을 당한 세례 요한이 다시 살아 돌아온 것이라 하고, 또 어떤 사람들은 죽지 않고 승천한 엘리야가 온 것이라 하고, 또 다른 사람들은 예레미야나 선지자들 중 한 사람이라고 말한다고 했습니다.

그러자 예수님은 제자들에게 "너희는 나를 누구라 하느냐?" 하고 물으셨고, 시몬 베드로는 "주는 그리스도시요 살아 계신 하나님의 아들이시니이다"라고 대답했습니다. 예수님은 그렇게 대답한 베드로에게 복이 있다고 칭찬하시며 그 말은 하나님이 계시해 주신 것이라고 말씀하셨습니다. 그리고 예수님은 이 반석 위에 교회를 세우실 것이며 음부의 권세가 이기지 못할 것이라고 설명하셨습니다. 이어서 "내가 천국 열쇠를 네게 주리니 네가 땅에서 무엇이든지 매면 하늘에서도 매일 것이요 네가 땅에서 무엇이든지 풀면 하늘에서도 풀리리라"고 말씀하셨습니다. 그리고 자신이 그리스도인 것을 아무에게도 알리지 말라고 제자들에게 경고하셨습니다.

이제 예수님이 메시아라는 사실을 제자들이 알게 되었습니다. 그래서 예수님은 자신이 예루살렘에 가서 고난을 받고, 종교 지도자들에게 죽임을 당하며, 사흘 후에 다시 살아나실 일에 대해 설명하시기 시작했습니다. 그러자 베드로가 예수님을 붙들고 그런 일이 일어나서는 절대 안 된다고 항변했습니다. 그러나 예수님은 그에게 "사탄아 내 뒤로 물러 가라 너는 나를 넘어지게 하는 자로다 네가 하나님의 일을 생각하지 아니하고 도리어 사람의 일을 생각하는도다"라고 엄한 말로 그를 꾸짖으셨습니다.

## 생각할 질문

- 예수님이 제자들에게 하신 질문은 무엇인가? 예수님은 왜 다른 사람들이 그분에 대해 어떻게 생각하는지 알고 싶어 하셨는가?
- 사람들은 예수님에 대해 어떤 추측을 했는가? 그들은 예수님을 누구라고 생각했는가?
- 예수님이 제자들에게 "너희는 나를 누구라 하느냐?"라고 질문하셨을 때, 그들이 대부분 그 대답을 알고 있었겠는가? 그 질문에 답한 제자는 누구인가? 그가 한 대답은 무엇인가?
- 그 제자의 대답에 예수님은 어떤 반응을 보이셨는가? 예수님의 말씀

에 따르면 베드로는 그분에 대해 어떻게 알게 되었는가?

- 예수님은 그분의 교회를 어디에 세우겠다고 말씀하셨는가? 그 말씀의 뜻은 무엇인가? 교회의 권세에 대해서는 어떻게 말씀하셨는가? 예수님은 구체적으로 무엇이 교회를 이기지 못할 것이라고 말씀하셨는가?
- 예수님은 제자들에게 무엇을 주시겠다고 말씀하셨는가? 그 말씀의 뜻은 무엇이겠는가? 예수님은 제자들에게 그 선물로 무엇을 할 수 있다고 말씀하셨는가?
- 예수님은 제자들에게 무엇을 다른 사람들에게 알리지 말라고 경고하셨는가? 예수님은 왜 제자들이 그 일에 대해 말하는 것을 원하지 않으셨는가?
- 예수님은 예루살렘으로 가면 어떤 일이 일어날 거라고 말씀하셨는가? 그곳에 가면 사람들이 그분을 어떻게 할 것이라고 말씀하셨는가? 그 일은 어떻게 끝날 거라고 말씀하셨는가?
- 예수님의 그 말씀을 들은 베드로는 그분에게 어떻게 말했는가? 베드로가 예수님을 저지하려고 했던 이유는 무엇이겠는가?
- 예수님은 베드로의 말에 어떻게 반응하셨는가? 그 이유는 무엇인가? 예수님이 예루살렘으로 가서 고난을 받고 죽임을 당하시는 것은 누구의 계획인가?
- 예수님이 누구인지를 아는 것이 우리에게 중요한 이유는 무엇인가? 예수님이 누구신지를 공개적으로 이야기하는 것이 우리에게 중요한 이유는 무엇인가?

## 가족이 함께 생각할 질문

- 사람들은 예수님을 누구라고 생각했는가? 제자들은 예수님을 누구

라고 말했는가?

- 베드로는 예수님이 누구신지 어떻게 알았는가? 그에게 그것을 알려 주신 분은 누구인가?
- 예수님은 그분의 교회가 얼마나 굳건할 거라고 말씀하셨는가?
- 예수님은 제자들에게 어떤 열쇠를 주셨는가? 제자들이 그 열쇠로 할 수 있는 것은 무엇인가?
- 예수님은 예루살렘으로 가면 어떤 일이 일어날 거라고 말씀하셨는가?
- 그 일에 대해 베드로는 어떻게 생각했는가? 그리고 예수님에게 어떻게 말했는가? 예수님은 베드로의 말에 어떻게 반응하셨는가?
- 이 이야기는 예수님에 대해 무엇을 말해 주는가? 예수님이 누구신지를 아는 것이 우리에게 중요한 이유는 무엇인가? 베드로처럼 예수님이 누구신지를 말하는 것이 우리에게 중요하다고 생각하는가? 그렇게 생각하는 이유는 무엇인가?

**마음에 새기는 말씀**

"내가 천국 열쇠를 네게 주리니 네가 땅에서 무엇이든지 매면 하늘에서도 매일 것이요 네가 땅에서 무엇이든지 풀면 하늘에서도 풀리리라"(마 16:19).

**묵상**

우리는 주 예수님에 대한 믿음을 표현하는 데 모든 기회를 활용해야 한다.

# 천국과 지옥

## 거대한 간격

*Story Thru the Bible*

**주제** 예수님은 죽음 이후에
천국 또는 지옥만 있을 뿐이라고 가르치셨다.

**성경 본문** 누가복음 16장 19-31절

**배경 설명** ❖ ❖ 예수님은 종종 처음 된 자가 나중 되고 나중 된 자가 처음 될 거라고 가르치셨다. 다시 말해서 성경에 여러 번 나와 있듯이 겸손한 사람은 높아지고 교만한 사람은 낮아질 것이라는 뜻이다. 그 교훈은 성경의 다양한 상황 속에서 나타난다. 그 상황은 대부분 지위나 재물 또는 자기만족과 관련 있는 경우가 많고 또 그런 것들 때문에 나타나는 오만한 태도와도 관련이 있다. 이 이야기에서 예수님은 내세에 펼쳐지는 상황을 비유로 설명하신다.

**들어가는 말** ❖ ❖ 우리는 죽은 후 어떻게 되는가? 이미 우리는 예수님을 믿으면 죽어도 살게 될 것이라는 사실을 안다. 예수님을 믿는 믿음으로 영원한 생명을 얻기 때문이다. 이 이야기에서 예수님은 서로 상반된 두 사람을 보여주신다. 하나는 죽은 후에 하나님과 함께 있는 사람이고, 다른 하나는 하나님으로부터 격리된 곳에서 영원히 살아야 하는 사람이다. 이야기를 통해 우리가 영생을 누리며 살아갈 곳이 어디인지 확인해 보라. 그리고 그 각각에서 살아가는 삶이 어떠한지 주목해 보라.

**이야기 속으로** ❖ ❖ 예수님이 제자들에게 한 비유를 말씀하셨습니다. 매일 좋은 옷을 입고 화려하게 살아가는 부자가 있었습니다. 그 부자의 집 밖에는 나사로라는 거지가 있었습니다. 그는 온몸에 상처가 나 있고 부자의 밥상에서 떨어지는 부스러기라도 주워 먹으려고 무엇이든 할 수 있는 사람이었습니다. 심지어 개들도 그의 상처를 핥는 지경이었습니다.

어느 날 그 거지가 죽었고 하나님의 천사들이 그를 아브라함이 있는 천국으로 데려갔습니다. 그리고 그 부자도 죽었습니다. 그런데 그는 지옥으로 가서 고통을 받게 되었습니다. 그는 눈을 들어 멀리 아브라함을 바라보았습니다. 그리고 아브라함 옆에 거지 나사로가 있다는 것을 알게 되었습니다. 그 부자는 아브라함에게 "나를 긍휼히 여기소서"라고 소리쳤습니다. 그리고 "내가 이 불꽃 가운데서 괴로워하나이다"라고 울부짖으며 옆에 있는 나사로를 보내어 그 손가락 끝에 물을 찍어 자기 혀를 서늘하게 해달라고 애원했습니다.

아브라함은 그 부자에게 말하기를, 살았을 때 그는 좋은 것을 받았고 나사로는 고난을 받았지만 이제 그는 괴로움을 받고 나사로는 위로를 받고 있다는 사실을 상기시켜 주었습니다. 아브라함이 나사로를 보내고 싶어도 그렇게 할 수 없었는데 그것은 천국과 지옥 사이에 큰 구렁텅이가 놓여 있어서 아무도 건널 수 없기 때문이었습니다. 두 곳을 오고갈 수 있는 길은 없었습니다.

그래서 그 부자는 아브라함에게 나사로를 자기 아버지 집으로 보내어 지옥에서 맞이하게 될 고통을 자기 형제들에게 경고해 달라고 간청했습니다. 그러나 아브라함은 그에게 "그들에게 모세와 선지자들이 있으니 그들에게 들을지니라"고 대답했습니다.

그러나 그 부자는 여전히 "만일 죽은 자에게서 그들에게 가는 자가 있으면 회개하리이다"라고 말하며 애원했습니다.

이에 아브라함은 "모세와 선지자들에게 듣지 아니하면 비록 죽은 자가운데서 살아나는 자가 있을지라도 권함을 받지 아니하리라"고 대답했습니다.

## 생각할 질문

- 부자는 어떤 삶을 살았는가? 그 부자는 자기 집 밖에 있던 거지에게 마음을 썼는가? 그 부자가 거지에게 관심을 보였는지 혹은 보이지 않았는지를 보여주는 증거는 무엇인가?
- 예수님은 거지 나사로를 어떻게 묘사하셨는가? 나사로는 어떤 삶을 살았는가?

- 예수님은 한 부자가 자기 집 밖에 있는 거지에게 아무 관심도 보이지 않았던 상황을 이야기하면서, 듣는 제자들이 어떻게 반응하기를 기대하셨는가?
- 나사로는 죽고 난 후 어디로 갔는가? 그곳에서 그는 어떤 삶을 살았는가? 부자는 죽은 후에 어디로 갔는가? 그곳에서 그는 어떤 삶을 살았는가?
- 부자가 아브라함에게 가장 먼저 간청한 것은 무엇인가? 아브라함이 그의 간청대로 할 수 없었던 이유는 무엇인가? 아브라함은 그 이유를 어떻게 설명했는가?
- 첫 번째 청을 거절당한 부자는 두 번째로 무엇을 청했는가? 부자는 나사로가 자기 형제들을 찾아간다면 그들이 어떻게 반응할 것이라고 생각했는가?
- 아브라함은 부자의 형제들이 보일 반응에 대해 어떻게 말했는가? 천국에 가기 위해 그 형제들이 정말로 해야 할 일은 무엇인가?
- 이 이야기가 부자는 지옥에 가고 가난한 사람은 천국에 간다는 내용을 가르친다고 생각하는가? 그렇게 생각하는 이유는 무엇인가?
- 예수님은 성경이 전하는 진리에 우리가 어떻게 반응하기를 기대하시는가? 이 이야기는 그런 반응만으로 충분히 구원받을 수 있다는 의미를 전하는 것인가?
- "비록 죽은 자 가운데서 살아나는 자가 있을지라도"는 실제로 누구를 말한다고 생각하는가?
- 이 이야기는 예수님을 믿는 사람과 믿지 않는 사람에 대해 무엇을 알려 주는가? 진리를 받아들이기 위해 우리는 어떤 마음가짐을 가져야 하는가?
- 이 이야기는 가난한 사람들을 돌보는 일에 대해 무엇을 말해 주는가?

- 이 이야기는 천국과 지옥에 대해 무엇을 가르쳐 주는가? 내세에는 어떤 삶을 살게 되는가? 죽음 이후에 우리가 맞이하게 될 내세는 얼마나 많은가? 그 내세는 얼마나 오랫동안 지속되는가?

## 가족이 함께 생각할 질문

- 이 이야기에 나오는 부자는 어떤 삶을 살았는가? 또 거지는 어떤 삶을 살았는가? 부자는 거지를 신경 쓰면서 그에게 도움을 주고자 했는가? 그렇게 생각한 이유는 무엇인가?
- 부자와 거지는 죽고 난 후 각각 어디로 갔는가? 그곳에서 두 사람은 각각 어떤 삶을 살았는가?
- 나사로가 아브라함과 함께 있는 것을 본 부자는 무엇을 부탁했는가? 그 부자는 아브라함이 나사로를 보내 어떻게 해주길 원했는가?
- 부자가 한 부탁을 듣고 아브라함은 어떻게 대답했는가? 아브라함은 그 이유를 어떻게 설명했는가?
- 부자는 나사로가 자기 형제들을 위해 어떻게 해주길 원했는가? 그 부탁에 아브라함은 어떻게 대답했는가? 나사로가 그들에게 갔다면 그들이 믿었을 것 같은가? 그들은 나사로를 만나지 않더라도 이미 믿을 수 있는 방법이 있었다. 그것은 무엇인가?
- 사람이 죽게 되면 가는 두 곳은 어디인가? 그 두 곳은 서로 왔다갔다 할 수 있는 곳인가?
- 천국에 가려면 우리는 무엇을 믿어야 하는가?

**마음에 새기는 말씀**

"모세와 선지자들에게 듣지 아니하면 비록 죽은 자 가운데서 살아나는 자가 있을지라도 권함을 받지 아니하리라"(눅 16:31).

**묵상**

하나님이 우리 앞에 두신 것은 천국과 지옥뿐이다.

STORY 44

# 발을 씻기심

## 위대한 섬김

*Story Thru the Bible*

**주제** 예수님은 제자들의 발을 씻어 주시며 그들을 섬기셨다.

**성경 본문** 요한복음 13장 1-17절

**배경 설명** ❖ ❖ 예수님을 메시아로 믿은 많은 유대인은 예수님이 눈에 보이는 나라를 이 땅에 세우고 이스라엘을 로마에서 독립시키셔서 공의롭고 평화롭게 나라를 통치하실 것이라고 기대했다. 그리고 예수님이 '하나님 나라'에 대해 말씀하신 모든 내용에 비추어 그렇게 되는 것이 하나님의 계획이라고 생각했다. 그러나 그들은 예수님이 겸손하게 섬기시되 그분 자신을 희생 제물로 드리기까지 하실 거라는 사실은 전혀 예상하지 못했다. 그들은 머지않아 정말 색다른 왕의 아주 인상적인 모습을 보게 될 것이다.

**들어가는 말** ❖ ❖ 당신은 어떤 면에서 위대한 사람이 되고 싶은가? 그리고 그런 위대한 사람이 되기 위해 어떤 노력을 하고 있는가? 우리 모두는 달라지고 싶어 한다. 그러나 하나님이 정의하시는 위대한 사람은 이 세상 사람들이 생각하는 것과 매우 다르다. 이야기를 통해 예수님의 겸손한 모습과 그분이 다른 사람들을 얼마나 소중하게 여기셨는지를 잘 살펴보라. 그리고 이야기의 끝 부분에서 예수님이 제자들과 우리에게 어떻게 하라고 하시는지 주목하라.

**이야기 속으로** ❖ ❖ 유월절이 돌아왔습니다. 예수님은 이제 이 세상을 떠나 하나님 아버지께로 가실 때가 되었음을 알고 계셨습니다. 이 세상에서 제자들과 함께 보내신 마지막 날 밤, 예수님은 제자들에게 그분을 따르는 사람들에 대한 예수님의 사랑을 마치 한 폭의 그림처럼 보여주셨습니다. 그 일은 저녁 식사 중에 일어났습니다.

사탄은 이미 가룟 유다의 마음속에 예수님을 팔려는 생각을 넣었고 예수님도 그 사실을 알고 계셨습니다. 또 예수님은 그 모든 일이 하나님의 권능 아래에서 이루어지고 있으며, 그분이 하나님으로부터 와서 이제 다시 하나님께 돌아갈 때가 되었다는 사실도 알고 계셨습니다. 그래서 식탁에서 일어나신 예수님은 겉옷을 벗으시고 하인처럼 허리에 수건을 두르셨습니다. 그리고 대야에 물을 떠서 제자들의 발을 씻기신 다음 수건으로 닦아 주셨습니다.

당황한 시몬 베드로는 예수님이 다가오시자 정말로 자기 발을 씻어 주실 것인지 예수님에게 물었습니다. 그러자 예수님은 "내가 하는 것을 네가 지금은 알지 못하나 이후에는 알리라"고 말씀하셨습니다. 그러나 베드로는 완강하게 버티며 "내 발을 절대로 씻지 못하시리이다"라고 말했습니다. 예수님은 그런 베드로에게 "내가 너를 씻어 주지 아니하면 네가 나와 상관이 없느니라"고 말씀하셨습니다. 베드로는 그렇다면 발뿐 아니라 손과 머리까지 씻어 달라고 했습니다. 그러나 예수님은 이미 목욕한 사람은 발밖에 씻을 필요가 없다고 대답하셨습니다. 그리고 제자들에게 그들은 이미 깨끗하지만 다는 아니라고 말씀하셨습니다. 그 이유는 가룟 유다가 그분을 팔게 될 것을 알고 계셨기 때문이었습니다.

예수님은 제자들의 발을 다 씻으신 후 다시 옷을 입으시고 "내가 너희에게 행한 것을 너희가 아느냐?"라고 물으셨습니다. 그리고 제자들이 예수님을 '선생' 또는 '주'라 부르는 것은 옳은 일이라고 말씀하시며 선생으로서 그분이 보여준 본보기를 이제 그들도 따라야 한다고 가르치셨습니다. 그러므로 서로 발을 씻어 주어야 한다고 말씀하셨습니다. 또 종은 주인보다 크지 못하니 주인이 그를 따르는 사람들을 섬긴다면 그들도 다른 사람들을 섬기는 종이 되어야 하는 것이 마땅하다고 설명하시며 "너희가 이것을 알고 행하면 복이 있으리라"고 말씀하셨습니다.

### 생각할 질문

- 그 당시 예수님은 제자들이 알지 못했던 하나님의 때에 대해 무엇을 알고 계셨는가?
- 예수님은 제자들을 향한 그분의 사랑을 언제 친히 보여주셨는가? 그들이 함께하려고 했던 것은 무엇인가?

- 예수님은 제자들의 발을 씻기시기 전에 어떤 일을 하셨는가? 옷을 벗고 수건을 두르신 것은 무엇을 상징하는가?
- 시몬 베드로는 예수님이 자기 발을 씻어 주시려고 하자 무슨 말을 했는가? 그가 그렇게 말한 이유는 무엇이라고 생각하는가?
- 예수님은 베드로에게 발을 씻어 주는 것을 설명하시기 위해 어떻게 말씀하셨는가? 그 이야기를 듣고 베드로는 어떤 반응을 보였는가? 그의 반응에 예수님은 어떻게 대답하셨는가? 그분의 그 대답이 뜻하는 바는 무엇이라고 생각하는가?
- 예수님은 제자들이 이미 깨끗하다고 말씀하셨는데 그 말씀은 무슨 뜻인가? 영적으로 깨끗해지려면 어떻게 해야 하는가?
- 예수님이 제자들에게 그분이 정말로 그들의 '선생'이고 '주'라고 말씀하신 이유는 무엇인가? 그 사실을 상기시켜 주시며 그들이 어떻게 해야 한다고 말씀하셨는가?
- 예수님이 제자들에게 하신 말씀은 말 그대로 서로 발을 씻이 주라는 뜻인가? 우리는 다른 사람의 발을 씻어 주신 예수님의 모습을 어떻게 따를 수 있는가?
- 예수님의 말씀에 따르면 우리가 그분의 본보기를 따를 때 우리에게 어떤 일이 일어나는가?

## 가족이 함께 생각할 질문

- 예수님은 제자들을 사랑한다는 사실을 보여주려고 어떻게 하셨는가?
- 예수님 같은 분이 종처럼 행동하는 것을 이상하게 여긴 이유는 무엇인가? 제자들은 주님이라고 부르는 분이 자신들을 섬기고 도와주시는

것에 대해 어떻게 느꼈겠는가?

- 베드로는 예수님이 자신의 발을 씻어 주시려고 할 때 무슨 말을 했는가? 그리고 예수님이 꼭 해야 하는 일이라고 말씀하시고 난 후 어떻게 말했는가?
- 예수님이 제자들은 이미 깨끗하다고 말씀하셨는데 그 말씀의 뜻은 무엇인가? 실제로 몸을 씻는 목욕을 말하는 것인가? 영적으로 깨끗해지려면 어떻게 해야 하는가?
- 예수님은 제자들이 서로 어떻게 해야 한다고 말씀하셨는가? 사람들은 당신을 어떻게 섬겼는가? 당신은 다른 사람들을 어떻게 섬겼는가?
- 예수님은 다른 사람을 섬기는 사람에게 어떤 일이 일어난다고 말씀하셨는가?

**마음에 새기는 말씀**

"내가 주와 또는 선생이 되어 너희 발을 씻었으니 너희도 서로 발을 씻어 주는 것이 옳으니라 내가 너희에게 행한 것 같이 너희도 행하게 하려 하여 본을 보였노라"(요 13:14-15).

**적용**

예수님이 우리를 섬기셨듯이, 우리도 서로 섬겨야 한다.

# 최후의 만찬

## 더 큰 구원을 기뻐함

*Story Thru the Bible*

**주제** 예수님은 떡과 잔으로 그분의 죽음을 설명하셨다.

**성경 본문** 누가복음 22장 1-23절

**배경 설명** ❖ ❖ 구약 성경에 나오는 유월절 이야기에서 우리는 애굽에서 이스라엘 백성을 기적적으로 구원하시는 하나님을 보았다. 애굽에 내린 마지막 재앙은 장자의 죽음이었고, 그날 밤 각 가정이 장자를 보호할 수 있는 방법은 그 집 문설주에 어린 양의 피를 바르는 것뿐이었다. 예수님은 제자들과 함께 유월절 절기를 축하하며 오래전에 있었던 그 사건의 상징적 의미를 설명하셨다. 그리고 그 사건이 앞으로 예수님이 하실 일을 어떻게 나타내는지 보여주셨다.

**들어가는 말** ❖ ❖ 예수님이 십자가에 달리실 때가 다가오고 있었다. 제자들은 무슨 일이 일어날지 몰랐지만 아마 중요한 진리를 가르치시는 예수님에게 긴장감을 느끼고 있었을 것이다. 이야기를 살펴보면서 예수님이 제자들의 마음속에 심어 주고자 하신 것이 무엇인지 주목하라. 예수님이 치르시게 될 희생은 어떤 것이었는가? 예수님은 누구를 위해 희생하셨는가? 그날 밤부터 사흘 동안에 일어난 사건은 역사를 영원히 바꾸어 놓았다. 오늘날까지 우리도 여전히 그 사건을 기억하고 있다.

**이야기 속으로** ❖ ❖ 유월절이 바로 앞으로 다가왔습니다. 예루살렘에 있던 종교 지도자들은 예수님을 제거할 수 있는 방법을 생각해 내느라 매우 분주했습니다. 하지만 그들은 예수님을 제거하려고 무언가를 쉽사리 할 수 없었습니다. 잘못했다가는 그분을 둘러싸고 있는 백성이 폭동을 일으킬 수도 있었습니다. 그때 사탄이 예수님의 제자 중 하나였던 가룟 유다를 충동해 그분을 종교 지도자들에게 넘겨주려는 마음을 품게 했습니다. 가룟 유다는 대제사장과 성전 경비대장에게 가서 예수님을 그들에게 넘겨줄 방도를 의논했습니다. 그들은 기뻐하며 가룟 유다에게 돈을 주기로 약속했습니다. 그리고 거래를 성사한 후 가룟 유다는 백성이 없을 때 예수님을 넘겨줄 수 있는 좋은 기회를 물색하고 있었습니다.

유월절 어린 양을 잡는 무교절이 다가오자 예수님은 베드로와 요한에게 유월절 식사를 준비하게 하셨습니다. 그들이 식사 준비를 어디서 해야 하는지 묻자 그분은 성 안에 들어가면 물동이를 들고 가는 사람을 만나게 될 것이라고 말씀하셨습니다. 그리고 그 사람을 따라 들어가서 집주인에게 "선생님이 네게 하는 말씀이 내가 내 제자들과 함께 유월절을 먹을 객실이 어디 있느냐 하시더라"고 말하면 그 사람이 마련한 큰 다락방을 보여줄 것이라고 말씀하셨습니다. 베드로와 요한이 성 안으로 가자 예수님이 말씀하신 대로 일이 벌어졌고, 그들은 예수님이 말씀하신 곳에서 유월절 만찬을 준비했습니다.

제자들과 식탁에 둘러앉으신 예수님은 제자들에게 "내가 고난을 받기 전에 너희와 함께 이 유월절 먹기를 원하고 원하였노라"고 말씀하시고 하나님의 나라가 임할 때까지 다시는 먹지 않겠다고 하셨습니다. 그리고 유월절 잔을 들어 하나님께 감사드리신 후 제자들에게 나누어 마시게 하셨습니다. 그리고 다시 "내가 이제부터 하나님의 나라가 임할 때까지 포도나무에서 난 것을 다시 마시지 아니하리라"고 말씀하셨습니다.

또 유월절 떡을 들어 하나님께 감사하고 제자들에게 떼어 주시며 "이것은 너희를 위하여 주는 내 몸이라 너희가 이를 행하여 나를 기념하라"고 말씀하셨습니다. 그리고 똑같은 방법으로 다시 잔을 드시고 "이 잔은 내 피로 세우는 새 언약이니 곧 너희를 위하여 붓는 것이라"고 말씀하셨습니다.

그리고 이제 종교 지도자들의 손에 넘겨질 것이라고 하시며, 예수님을 팔아넘길 사람의 손이 그 상 위에 함께 있다고 말씀하셨습니다. 다시 말해서 그들 앞에 놓인 바로 그 식탁 주위에 예수님을 팔아넘길 사람이 있다는 뜻이었습니다. 예수님은 그 배신이 하나님의 계획의 일부지만 자신을 배신하는 그 사람에게는 화가 있을 것이라고 말씀하셨습니다. 제자들은 그런 일을 할 수 있는 사람이 도대체 누구냐며 서로 물었습니다.

## 생각할 질문

- 예루살렘에서 곧 다가올 절기는 무엇이었는가? 그 절기의 유래를 알려 주는 이야기를 기억하는가? 그 절기가 의미하는 것은 무엇인가?
- 종교 지도자들은 무엇을 하려고 기회를 엿보았는가? 그들이 백성을 두려워한 이유는 무엇인가?
- 가룟 유다는 무슨 일을 계획했는가? 그 일을 계획한 이유는 무엇인가? 누구와 그 일을 논의했는가?
- 예수님은 베드로와 요한에게 무엇을 하게 하셨는가? 두 사람은 어디서 식사를 준비해야 할지 어떻게 알았는가?
- 예수님이 간절히 원하셨던 것은 무엇인가? 그분은 이후로 언제 식사를 할 수 있다고 말씀하셨는가?
- 유월절 떡이 상징하는 것은 무엇인가? 포도나무에서 난 것이 상징하는 것은 무엇인가?
- 예수님의 살과 피는 무엇을 의미하는가? 그것이 예수님을 따르는 사람들에게 중요한 이유는 무엇인가?
- 예수님이 말씀하신 '새 언약'의 의미는 무엇이라고 생각하는가?
- 식사를 마치신 후 예수님은 누구에게 경고하셨는가? 예수님은 그분이 배신당하는 것을 하나님의 뜻에 어긋나는 일이라고 생각하셨는가? 배신하는 사람에 대해서는 어떻게 말씀하셨는가?
- 이 유월절은 하나님이 이스라엘 백성을 구원하시기 위해 모세를 사용하셨던 첫 번째 유월절과 어떤 관련이 있는가? 출애굽 당시 유대인들은 어떤 희생을 감수했는가? 이 유월절에는 어떤 희생이 있는가?

- 예수님은 어떤 구원을 이루셨는가? 예수님을 따르는 사람들은 어떤 구원을 받게 되는가? 우리는 예수님이 보장해 주신 자유에 어떻게 참여할 수 있는가?
- 오늘날 우리는 이 이야기를 어떻게 기념하고 있는가? 그것이 중요한 이유는 무엇인가?

## 가족이 함께 생각할 질문

- 종교 지도자들은 예수님을 어떻게 하려고 했는가? 그들이 두려워한 이유는 무엇인가? 그들을 도와주기로 작정한 사람은 누구인가?
- 그 당시 예루살렘 백성은 어떤 절기를 맞이하고 있었는가? 예수님은 베드로와 요한을 먼저 보내며 무엇을 준비하게 하셨는가? 베드로와 요한은 무엇을 어디서 해야 할지 어떻게 알게 되었는가?
- 예수님은 제자들과 함께 무엇을 간절히 하고 싶어 하셨는가? 예수님이 그 일을 다시 할 수 있는 때는 언제인가?
- 예수님은 떡을 떼시며 그 떡이 무엇을 나타낸다고 말씀하셨는가? 또 잔을 드시고 그 잔이 무엇을 나타낸다고 말씀하셨는가?
- 첫 번째 유월절이 일어났던 출애굽 이야기를 기억하는가? 그 이야기에서 유대인들은 어떻게 해방되었는가?
- 예수님은 제자들이 무엇으로부터 해방되고 자유를 누리길 바라셨는가?
- 식사를 마치신 후 예수님은 누구에게 경고하셨는가? 그 사람은 무엇을 하려고 했는가?
- 오늘날 교회에서 우리는 이 이야기를 어떻게 기념하고 있는가? 그것이 중요한 이유는 무엇인가?

**마음에 새기는 말씀**

"또 떡을 가져 감사 기도 하시고 떼어 그들에게 주시며 이르시되 이것은 너희를 위하여 주는 내 몸이라 너희가 이를 행하여 나를 기념하라 하시고 저녁 먹은 후에 잔도 그와 같이 하여 이르시되 이 잔은 내 피로 세우는 새 언약이니 곧 너희를 위하여 붓는 것이라"(눅 22:19-20).

**묵상**

우리는 우리를 위해 돌아가신 예수님의 죽음을 주기적으로 기념해야 한다.

STORY 46

# 기도-배신

## 위기

*Story Thru the Bible*

**주제** 예수님은 동산에서 기도하시던 중에 배신당하셨다.

**성경 본문** 누가복음 22장 39-62절

**배경 설명** ❖ ❖ 일주일 전만 해도 예수님은 종려나무 가지를 흔들며 “호산나 다윗의 자손이여 찬송하리로다 주의 이름으로 오시는 이여 가장 높은 곳에서 호산나!”라고 환호하는 무리에게 환영을 받으셨다. 온 백성 사이에서는 메시아에 대한 기대감이 높아지고 있었다. 그리고 제자들은 메시아가 세우실 나라에서 누가 가장 큰 사람이 될 것인지를 놓고 뜨거운 논란을 벌이고 있었다. 예수님은 제자들이 기대하는 대로 되지 않을 것을 암시하셨고, 베드로는 무슨 일이 있어도 자신은 예수님을 따를 것이라고 장담했다. 그러자 예수님은 베드로가 그분을 부인하도록 사탄이 그를 마치 밀 까부르듯 할 것이라고 말씀하셨다. 베드로와 다른 제자들과 예루살렘에 사는 사람들은 앞으로 무슨 일이 일어나게 될지 전혀 모르고 있었다.

**들어가는 말** ❖ ❖ 위험에 처했을 때 어떤 느낌이 드는가? 일이 잘못 돌아가는 것처럼 보이는 상황에서도 하나님이 돌봐 주실 것을 확신하는가? 예수님은 매우 감당하기 힘든 상황에 처하게 되실 것을 알고 계셨다. 사람들에게 거부당하고 고통과 굴욕을 느끼며 결국 죽음을 맞이하게 되리라는 것도 알고 계셨다. 그러나 예수님은 하나님과 그분의 뜻에 초점을 맞추고 계셨다. 이야기를 살펴보면서 당신이 예수님의 제자들 중 한 사람이었다면 그날 밤에 일어난 사건에 어떻게 대처했을지 생각해 보라. 도망쳤겠는가, 아니면 예수님이 심문을 받으시는 동안 그분과 함께 있었겠는가? 이 질문은 잘 생각해 봐야 할 중요한 문제다. 살아가면서 종종 그 선택을 해야 할 때가 있기 때문이다.

**이야기 속으로** ❖ ❖ 예수님은 제자들과 함께 예루살렘 외곽에 있는 감람 산으로 가셨습니다. 그곳에 도착하신 예수님은 제자들에게 시험에 들지 않도록 기도하라고 지시하셨습니다. 그리고 제자들과 조금 떨어진 곳으로 가서 무릎을 꿇으시고 "아버지여 만일 아버지의 뜻이거든 이 잔을 내게서 옮기시옵소서 그러나 내 원대로 마시옵고 아버지의 원대로 되기를 원하나이다"라고 기도하셨습니다. 그때 천사가 하늘로부터 나타나 예수님에게 힘을 더해 주었습니다. 예수님은 심히 괴로워하셨고 너무나 힘써 기도하셨으므로 땀이 마치 핏방울같이 되었습니다.

제자들이 있던 곳으로 가신 예수님은 그들이 슬픔에 지쳐 잠든 것을 보셨습니다. 그리고 "어찌하여 자느냐 시험에 들지 않게 일어나 기도하라"고 말씀하셨습니다. 그때 한 무리가 예수님에게 다가왔는데 그들 앞에 가룟 유다가 있었습니다. 그는 예수님에게 입을 맞추려고 가까이 다가섰습니다. 그러자 예수님이 "유다야 네가 입맞춤으로 인자를 파느냐?"라고 물으셨습니다.

그 광경을 본 제자들은 예수님에게 칼로 쳐야 할지를 물었습니다. 한 사람은 이미 칼로 대제사장의 종을 쳐 그의 오른쪽 귀를 떨어뜨렸습니다. 예수님은 그들을 말리시며 "이것까지 참으라"고 명하신 후 그 종의 귀를 만져 낫게 해주셨습니다.

예수님은 그곳에 있던 제사장들과 장로들과 성전 경비대장들에게 "너희가 강도를 잡는 것같이 검과 몽치를 가지고 나왔느냐?"라고 물으셨습니다. 그리고 그분이 예루살렘에 오신 이후 내내 사람들에게 아주 잘 보이는 성전 뜰이나 길거리 같은 공개적인 장소에 있었는데도 어둠이 내릴 때까지 기다렸다가 해하려 한 것을 지적하셨습니다. 그리고 그들이 영적으로 어둠 속에 갇혀 있는 사람들이라는 것을 암시하셨습니다. 결국 그들은 예수님을 잡아 대제사장의 집으로 끌고 갔고, 베드로는 멀리 떨어져 그들을 따라갔습니다.

대제사장의 집 뜰에서 한 여종이 불 옆에 앉아 있는 베드로를 보았습니다. 그 종은 베드로를 알아보고 그가 예수님과 함께 있었던 사람이라고 말했습니다. 베드로는 아니라고 부인하며 자신은 예수님을 알지도 못한다고 주장했습니다. 잠시 후 또 한 사람이 베드로를 보고 같은 말을 했습니다. 또다시 베드로는 예수님과 자신은 아무 관계가 없다고 부인했습니다. 한 시간쯤 후 또 한 사람이 베드로가 예수님의 제자들 중 한 사람이라고 말하며 그가 갈릴리 사람이니 분명히 예수님과 함께 있었을 거라고 주장했습니다. 그러나 베드로는 그들이 무슨 말을 하는지 모르겠다며 발뺌했고, 바로 그때 닭이 울었습니다. 그리고 예수님이 돌이켜 베드로를 바라보셨습니다. 베드로는 오늘 닭 울기 전에 예수님을 세 번 부인할 거라고 예언하셨던 말씀을 기억하고 밖으로 나가 통곡하며 울었습니다.

## 생각할 질문

- 예수님이 제자들과 함께 가신 곳은 어디인가? 예수님은 그들에게 무엇을 하라고 말씀하셨는가? 그들은 예수님이 명하신 대로 했는가?
- 예수님은 제자들에게 시험에 들지 않도록 기도하라고 하셨는가, 아니면 유혹을 물리칠 수 있도록 기도하라고 하셨는가? 많은 그리스도인은 예수님의 가르침대로 기도하는가? 그렇게 생각하는 이유는 무엇인가? 예수님은 제자들이 어떤 유혹에 부딪힐 것이라고 말씀하셨는가?
- 예수님은 홀로 계실 때 어떻게 기도하셨는가? 그렇게 기도하신 이유는 무엇인가? 그 상황에서 하나님의 뜻은 무엇이었는가?
- 누가 나타나 예수님에게 힘을 더해 주었는가? 예수님은 얼마나 힘써 기도하셨는가?
- 예수님은 기도하신 후에 어떤 광경을 보셨는가? 제자들은 무엇을 하고 있었는가? 제자들이 예수님의 말씀을 주의 깊게 따르지 않았던 이유는 무엇이라고 생각하는가? 예수님은 제자들에게 무슨 말씀을 하셨는가?
- 예수님이 제자들과 이야기하실 때 누가 그분을 찾아왔는가? 그들을

이끌고 온 사람은 누구인가? 그들이 밤에 예수님을 찾아온 이유는 무엇인가?

- 무슨 일이 일어났는지 알게 된 제자들은 어떻게 하기를 원했는가? 그들이 그렇게 하려고 했던 이유는 무엇인가? 그들은 어떤 일이 일어나길 기대했는가?

- 대제사장의 종에게 어떤 일이 벌어졌는가? 예수님은 그를 어떻게 도와주셨는가? 그분이 원수인 그에게 그렇게 하신 이유는 무엇인가?

- 가룟 유다와 종교 지도자들이 예수님을 잡으러 왔을 때, 그분은 심하게 저항하셨는가? 그들에게 어떻게 말씀하셨는가? 그들이 예수님을 잡으려고 할 때 그분은 어떻게 하셨는가?

- 그들은 예수님을 어디로 데려갔는가? 누가 그들을 따라갔는가? 다른 제자들은 어떻게 했을 것 같은가?

- 대제사장의 집 뜰에서는 무슨 일이 일어났는가? 베드로가 예수님을 모른다고 부인한 이유는 무엇인가? 사람들이 계속해서 베드로를 예수님의 제자들 중 한 사람이라고 고발했을 때 그는 어떤 마음이었겠는가? 나중에 베드로는 자기가 한 대답에 대해 어떻게 느꼈는가?

- 나중에 예수님은 베드로에게 어떻게 반응하셨을 것 같은가? 또 가룟 유다에게는 어떻게 반응하셨을 것 같은가? 용서받은 사람은 누구인가? 그 이유는 무엇인가?

- 이 이야기는 위기 속에서 생각해야 할 하나님의 뜻에 대해 무엇을 알려 주는가? 언제나 위기에서 구해 주시는 것이 하나님의 뜻인가? 하나님의 뜻은 언제나 우리의 생각과 비슷한가? 예수님이 처하신 상황 속에서 하나님은 무엇을 하셨는가?

- 이 이야기는 위기 속에서 경험하는 두려움과 믿음에 대해 무엇을 알려 주는가? 이 이야기에서 두려움을 보인 사람은 누구인가? 또 믿음을

보여준 사람은 누구인가?

- 당신이 예수님과 함께 동산에 있었던 제자들 중 한 사람이었다면, 예수님이 기도하시는 동안 어떻게 했을 것 같은가? 또 종교 지도자들이 예수님을 잡으러 왔을 때는 어떻게 반응했을 것 같은가? 그리고 대제사장의 집 뜰에 있던 베드로였다면 어떻게 했을 것 같은가?

## 가족이 함께 생각할 질문

- 이야기 앞부분에서 예수님은 제자들과 함께 어디로 가셨는가? 그곳에 도착했을 때 예수님은 무엇을 하셨는가? 제자들은 무엇을 했는가?
- 예수님이 힘써 기도하셨던 이유는 무엇인가? 예수님은 어떤 기도를 하셨는가? 하나님은 그 기도에 어떻게 응답하셨는가?
- 누가 예수님을 찾아왔는가? 그들이 온 이유는 무엇인가?
- 사람들이 예수님을 잡으러 왔을 때 제자들은 어떻게 하려고 했는가? 제자들은 예수님이 말씀하신 대로 그 일이 일어났다는 사실을 알고 있었는가?
- 대제사장의 종에게 어떤 일이 일어났는가? 예수님은 그를 어떻게 도와주셨는가? 예수님이 원수들 중 한 사람을 도와주신 이유는 무엇인가?
- 종교 지도자들은 예수님을 어디로 데려갔는가? 누가 그들을 따라갔는가? 그 사람이 그렇게 따라간 이유는 무엇인가?
- 대제사장의 집 뜰에서 사람들은 베드로에게 뭐라고 계속 말했는가? 베드로는 그 말에 어떻게 대답했는가? 나중에 베드로는 자신이 했던 대답에 대해 어떻게 느꼈는가?
- 이 이야기에서 두려움을 보인 사람은 누구인가? 믿음을 보여준 사람

은 누구인가? 일이 잘못되어 가는 것처럼 보일 때 당신은 두려움을 느끼는가, 아니면 믿음이 더 굳건해지는가? 어려운 일이 닥칠 때 하나님이 우리에게 바라시는 믿음은 무엇인가?

**마음에 새기는 말씀**

"아버지여 만일 아버지의 뜻이거든 이 잔을 내게서 옮기시옵소서 그러나 내 원대로 마시옵고 아버지의 원대로 되기를 원하나이다"(눅 22:42).

**묵상**

구세주를 배신해서는 안 된다. 하지만 우리가 예수님을 배신한 순간에도, 그분은 용서를 베푸신다.

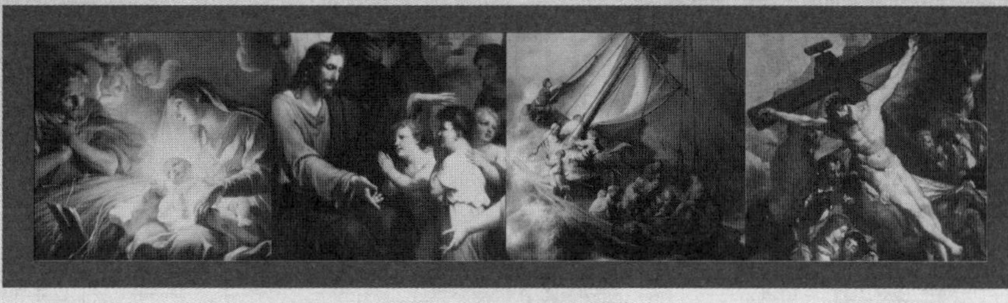

# 고난-부인-십자가

## 최고의 희생

*Story Thru the Bible*

**주제** 예수님은 우리 죄의 대가를 지불하시려고 십자가에 달려 돌아가셨다.

**성경 본문** 누가복음 22장 63절-23장 56절

**배경 설명** ❖ ❖ 유대인의 지도자들은 예수님을 처형할 권한이 없었다. 유다는 로마의 식민지였고 로마 정부만이 사형을 선고할 수 있었다. 그리고 예수님은 그런 일이 일어나리라는 것을 알고 계셨다. 실제로 예수님은 십자가에 달려 돌아가셨다가 사흘 만에 다시 살아나실 것을 여러 차례 예언하셨다. 그러나 제자들은 예

수님의 말씀을 여전히 이해하지 못하고 있었다. 예수님이 종교 지도자들에게 붙잡히시자마자 제자들은 대부분 도망쳤다. 그리고 도망치지 않았던 한 사람도 예수님을 부인했다. 예수님을 따랐던 사람들의 모든 희망이 그렇게 한순간에 무너져 내렸다.

**들어가는 말** ✧ ✧ 구약 성경에는 우리 죄를 대신해 '찔리고 상한' 메시아가 나온다(사 53:5). 하나님은 에덴동산에서 아담과 하와에게 불순종에는 반드시 그 결과가 따른다고 말씀하셨다. 수백 년 동안 유대인들은 죄의 대가를 치르는 피 제사를 드렸다. 그러나 예수님이 오셔서 우리 죄의 대가를 단번에 그리고 영원히 치르시고자 피를 흘리셨다. 이야기를 살펴보면서 죄의 대가가 얼마나 큰지를 생각해 보라. 그리고 하나님이 우리를 되찾으시기 위해 어떤 일까지 하셨는지 주목해 보라. 또한 당신의 모든 죄가 완전히 덮어지고 영원히 없어졌다는 사실을 알고 진심으로 믿는 것이 어떤 것인지 깊이 생각해 보라.

**이야기 속으로** ✧ ✧ 경비 대원들이 예수님을 조롱하고 때렸습니다. 그들은 예수님의 눈을 가리고 그분이 선지자라면 예수님을 때리는 그들이 누구인지 당연히 알고 있을 것이라며 희롱했습니다. 그들은 그 외에도 많은 말로 예수님을 모욕했지만 그분은 그들에게 아무런 저항도 하지 않으셨습니다.

다음 날 아침 백성의 지도자들이 모였습니다. 그들은 예수님이 메시아인지를 물으며 대답을 요구했습니다. 예수님은 자신이 대답하더라도 그들은 믿지 않을 거라고 말씀하시며 메시아에 대해 예언한 성경 구절을 알려 주셨습니다. "이제부터는 인자가 하나님의 권능의 우편에 앉아 있으리라." 그러자 그들은 예수님에게 하나님의 아들이냐고 물었고 예수님은 그렇다고 대답하셨습니다. 그들은 그런 신성 모독만으로도 예수님에게 유죄를 선고할 수 있다고 생각했습니다. 그래서 유대를 다스리던 로마의 통치자 빌라도에게 예수님을 데려갔습니다. 그들은 빌라도에게 예수님이 사람들에게 세금을 내지 말라고 했으며 자신이 진짜 왕이라고 주장했다고 말했습니다.

빌라도가 예수님에게 "네가 유대인의 왕이냐?"라고 물었습니다.

예수님은 "네 말이 옳도다"라고 대답하셨습니다.

그러나 빌라도는 예수님에게 유죄를 선고할 만한 그 어떤 근거도 찾을 수 없다고 말했습니다. 종교 지도자들은 예수님이 사람들을 선동했고 심지어 갈릴리에서부터 그렇게 해 왔다고 주장했습니다. 예수님이 갈릴리 사람이라는 것을 알게 된 빌라도는 그 지역을 관할하고 있던 헤롯에게 그분을 보내기로 했습니다. 때마침 그때 헤롯도 예루살렘에 와 있었습니다.

예수님에 대한 이야기를 많이 들었던 헤롯은 예수님을 만나게 된 것이 매우 기뻤습니다. 그는 예수님이 기적을 일으키시는 것을 보고 싶었습니다. 그래서 그는 예수님에게 많은 질문을 했고, 종교 지도자들은 여러 가지 일로 예수님을 고발하며 그 옆에 서 있었습니다. 그러나 예수님은 아무 대답도 하지 않으셨습니다. 결국 헤롯과 그의 군대는 예수님을 조롱하고 빌라도에게 돌려보냈습니다.

빌라도는 유대인 지도자들에게 자신이나 헤롯은 예수님을 처형할 만한 그 어떤 근거도 찾을 수 없으니 때린 후에 놓아줄 것이라고 말했습니다. 그러나 그 지도자들은 예수님을 십자가에 못 박으라고 요구하며 대신 바라바를 놓아 달라고 강력하게 주장했습니다. 바나바는 민란을 일으키고 살인을 범해서 옥에 갇혀 있던 자였습니다. 빌라도는 예수님에게 죄의 증거를 찾지 못해서 그분을 놓아주려고 했습니다. 그러나 지도자들과 무리는 계속해서 소리 지르며 재촉했습니다. 결국 빌라도는 바라바를 놓아주고 예수님에게 유죄를 선언했습니다.

예수님이 '골고다(해골이라는 뜻)' 언덕을 향해 십자가를 지고 가시는 동안 그분을 고발했던 사람들이 구레네 사람 시몬을 데려다가 예수님을 돕게 했습니다. 예수님을 위해 슬퍼하며 눈물을 흘리는 여인들을 포함해 수많은 사람이 그 행렬을 따랐습니다. 예수님은 그들에게 자신을 위해 울지 말고 그분이 돌아가신 후 그들에게 벌어질 험난한 일을 위해 울라고 말씀하셨습니다.

예수님이 다른 범죄자 두 명과 함께 골고다 언덕에서 십자가에 달리셨습니다. 그들 중 한 사람은 예수님 오른편에 달렸고 다른 한 사람은 왼편에 달렸습니다. 예수님은 사형을 집행하는 사람들을 위해 "아버지 저들을 사하여 주옵소서 자기들이 하는 것을 알지 못함이니이다"라고 기도하셨습니다. 그곳에 있던 사람들 중에는 예수님을 놀리고 비웃는 사람도 있었고 심지어 관리들도 그분을 비웃었습니다. 그들은 "저가 남을 구원하였으니 만일 하나님이 택하신 자 그리스도이면 자신도 구원할지어다"라고 말하며 조롱했고, 군인들도 희롱에 가담했습니다.

어떤 사람이 유대인의 왕이라고 쓴 패를 예수님이 달리신 십자가에 매달았습니다. 십자가에 달린 죄수 중 한 사람은 계속해서 예수님을 모욕했지만 다른 사람은 예수님을 모욕하는 죄수를 꾸짖었습니다. 자신들은 죄의 대가를 치르는 것이 당연하지만 예수님은 아무 잘못도 없다는 사실을 강조했습니다. 그리고 그는 예수님에게 "당신의 나라에 임하실 때에 나를 기억하소서"라고 말했습니다. 이에 예수님은 그에게 "오늘 네가 나와 함께 낙원에 있으리라"고 대답하셨습니다.

오후가 되어 어둠이 온 땅에 임했고 세 시간 동안 그 어둠이 계속되었습니다. 그리고 예루살렘 성소의 휘장이 둘로 갈라지며 찢어졌습니다.

예수님은 큰 소리로 "아버지 내 영혼을 아버지 손에 부탁하나이다"라고 말씀하신 후 숨을 거두셨습니다. 그 모든 일을 지켜보던 백부장이 하나님을 찬양하며 "이 사람은 정녕 의인이었도다"라고 말했습니다. 그곳에 모여 있던 많은 사람도 가슴을 치며 돌아갔습니다. 그리고 예수님을 알았던 사람들, 특히 여인들은 멀리 서서 그 모든 것을 지켜보았습니다.

예수님이 돌아가신 후 종교 지도자들 중의 한 사람으로 다른 지도자들의 행동을 반대했던 아리마대 요셉이라는 사람이 예수님의 시체를 달라고 했습니다. 그리고 그 시체를 세마포로 싸서 한 번도 사용한 적이 없는 바위를 판 무덤에 넣었습니다. 유월절 안식일이 시작되기 바로 전이라 그는 해가 지기 전까지 그 일을 마무리해야 했습니다. 십자가 옆에서 있던 여인들이 그의 뒤를 따라가 무덤이 있는 곳을 확인했습니다. 그리고 그들은 집으로 돌아가서 안식일을 지낸 후 무덤으로 가져갈 향유와 향품을 준비했습니다.

## 생각할 질문

- 로마 경비 대원들은 예수님을 잡은 그 밤에 그분을 어떻게 대했는가? 예수님은 그런 그들에게 어떻게 반응하셨는가?
- 백성의 지도자들은 예수님에게 어떤 질문을 했는가? 예수님은 그들에게 어떻게 대답하셨는가?
- 예수님이 하나님의 아들이라고 말씀하셨을 때 그들은 무슨 생각을 했는가? 그들은 그 말씀이 가능하다고 생각했는가? 그들이 그 말씀으로 예수님을 고발할 수 있다고 생각한 이유는 무엇인가?

- 지도자들은 예수님을 빌라도에게 데려가서 어떻게 고발했는가? 빌라도는 그 고발에 대해 어떻게 생각했는가?

- 헤롯은 예수님을 만나게 된 것을 어떻게 생각했는가? 그가 무엇을 보기 원했는가? 그는 예수님을 어떻게 하기로 결정했는가?

- 빌라도는 예수님을 어떻게 하려고 했는가? 종교 지도자들은 그의 마음을 돌리려고 어떻게 했는가?

- 예수님 대신 풀려난 사람은 누구인가? 그 사람이 감옥에 갇혀 있었던 이유는 무엇인가? 예수님은 사형 선고를 받은 반면, 죄를 범한 죄수는 풀려나게 된 것이 의미심장한 이유는 무엇이라고 생각하는가?

- 예수님은 그분을 위해 울고 있던 여인들에게 어떻게 말씀하셨는가? 또한 예수님은 그분을 십자가에 못 박는 군사들에 대해 어떻게 말씀하셨는가?

- 예수님을 조롱하던 사람들은 그분에게 어떻게 말했는가? 예수님이 달리신 십자가 명패에는 뭐라고 쓰여 있었는가?

- 예수님과 함께 사형 선고를 받은 죄수들은 예수님에게 어떻게 말했는가? 죄를 범한 죄수가 "당신의 나라에 임하실 때에 나를 기억하소서"라고 말할 수 있으려면 얼마나 큰 믿음이 있어야 하겠는가? 그 믿음을 가진 죄수에게 예수님은 어떻게 반응하셨는가? 그에게 어떤 약속을 하셨는가?

- 예수님이 십자가에 달리신 그때 예루살렘에서는 어떤 자연 현상이 일어났는가? 그 사건이 중요한 이유는 무엇이라고 생각하는가?

- 예수님이 돌아가신 후 그분의 시신을 가져간 사람은 누구인가? 그가 그렇게 한 이유는 무엇인가?

- 하나님이 아담과 하와에게 선악과를 먹으면 어떻게 되는지 말씀하신 것을 기억하는가? 그들이 범한 죄의 대가는 무엇이었는가? 예수님은

그 죄의 대가를 어떻게 지불하셨는가?

- 예수님은 심문과 사형 선고를 받으시는 동안 어떤 태도를 보여주셨는가? 그분은 어떤 사람에게 자제하는 모습을 보여주셨는가? 또 어떤 사람에게 사랑과 용서를 보여주셨는가? 그런 예수님의 태도는 어떤 면에서 우리가 따라야 할 본보기가 되는가? 우리는 언제 그런 태도를 다른 사람들에게 보여줄 수 있는가?

## 가족이 함께 생각할 질문

- 경비 대원들은 예수님을 어떻게 대했는가? 예수님은 그들에게 저항하셨는가? 왜 그러셨는가, 또 왜 그러지 않으셨는가?
- 종교 지도자들은 예수님을 정말로 하나님의 아들이라고 생각했는가? 예수님이 그분 자신을 하나님의 아들이라고 말씀하셨을 때 그들은 왜 격렬하게 화를 냈는가?
- 빌라도는 예수님에게 죄가 있다고 생각했는가? 헤롯은 어떻게 생각했는가? 빌라도는 예수님을 어떻게 하고 싶어 했는가?
- 예수님 대신 풀려난 사람은 누구인가? 예수님과 함께 십자가에 달린 사람은 누구인가? 그들은 예수님에게 어떻게 말했는가? 그들 중 믿음을 보여준 사람은 어떤 말을 했는가? 예수님은 그 사람에게 무슨 말씀을 하셨는가?
- 예수님은 십자가에 못 박는 병사들에 대해 어떤 말씀을 하셨는가? 예수님은 하나님이 그들을 용서해 주기를 바라셨는가, 아니면 벌하기를 바라셨는가?
- 어떤 사람이 나쁜 일을 할 때 당신은 그 사람을 용서하기 힘든가? 그 이유는 무엇인가?

- 예수님이 달리신 십자가 위의 패에는 뭐라고 쓰여 있었는가? 그 말은 사실이었는가? 예수님은 어떤 왕이셨는가?
- 예수님이 십자가에 달리신 동안 그곳에는 어떤 자연 현상들이 벌어졌는가? 성소의 휘장은 어떻게 되었는가?
- 예수님이 숨을 거두신 후 어떤 사람이 그 시신을 가져갔는가? 그가 그렇게 하고 싶었던 이유는 무엇이겠는가?
- 예수님이 우리를 대신해서 돌아가신 사실은 우리에게 어떤 의미인가? 예수님은 우리에게 죽음 대신에 무엇을 주시겠다고 약속하셨는가?

**마음에 새기는 말씀**

"인자가 하나님의 권능의 우편에 앉아 있으리라"(눅 22:69).

"아버지 저들을 사하여 주옵소서 자기들이 하는 것을 알지 못함이니이다"(눅 23:34).

**묵상**

우리는 예수님의 죽음이 우리를 위한 것임을 믿어야 한다.

# 부활

## 새 창조의 시작

*Story Thru the Bible*

**주제** 예수님은 죽음에서 부활하셨고,
그분의 희생이 완전하셨음을 증명하셨다.

**성경 본문** 마태복음 28장 1-15절,
누가복음 24장 9-32절

**배경 설명** ❖ ❖ 예수님이 그분에게 일어날 일을 수차례 경고하셨음에도 제자들은 여전히 예수님이 다시 살아나셔야 한다는 사실을 이해하지 못했다. 실제로 그들은 예수님의 죽음으로 큰 충격에 빠진 것 같았다. 예수님이 돌아가신 금요일부터 주일까지 그들은 자신들이 예수님을 잘못 알고 있었던 게 아닌지 의아해했다.

하나님이 보내신 분이 아니라면 어떻게 그런 기적을 행하신 것인가? 그러나 하나님이 보내신 분이라면 왜 그렇게 자신에 대해 과한 주장을 하신 것인가? 모두 이치에 안 맞는 것처럼 보였다. 그러나 안식 후 첫날 아침 더 놀라운 일이 펼쳐졌다.

**들어가는 말** ❖ ❖ 믿었던 모든 것이 다 무너져 내리는 것 같을 때 우리는 어떻게 하는가? 그런 경험을 한 사람은 많다. 비록 희망이 다 사라진 것처럼 보이는 최악의 상황이라도 그 상황이 실제로는 새로운 시작이 될 수 있다. 하나님은 종종 폐허 속에서 아름다운 것이 나오게 하시고(사 61:3), 슬픔이 변하여 춤이 되게 하신다(시 30:11). 또한 이 이야기에서 하나님은 죽음에서 생명을 이끌어 내셨다. 이야기를 살펴보면서 당신이 경험했던 최악의 경우를 생각해 보라. 생명을 위협하는 병에 걸리거나 혹은 가까운 지인 중에 그런 병에 걸린 사람이 있는가? 사람들과 관계가 깨지는 고통을 경험한 적이 있는가? 직장을 잃었거나 꿈이 깨지고 희망이 사라진 적이 있는가? 하나님이 개입해 주시는 것을 아직 못 봤을 수도 있다. 그러나 그렇다고 하나님이 아직 개입하시지 않았다거나 또는 개입하시지 않을 거라고 말할 수 없다. 하나님이 관여하시면 우리가 감당할 수 없을 만큼 힘든 일은 아무것도 없다. 인을 봉한 어두운 무덤도 하나님을 막을 수 없었다.

**이야기 속으로** ❖ ❖ 안식일 다음 날 아침 막달라 마리아와 또 다른 마리아가 무덤을 찾아갔습니다. 큰 지진이 일어났고 천사가 하늘에서 내려와 무덤 입구를 막고 있던 바위를 굴려 내고 그 위에 앉았습니다. 천사는 번개처럼 빛을 내며 눈처럼 하얀 옷을 입고 있었습니다. 무덤 앞을 지키던 사람들은 그 광경을 보고 두려움에 벌벌 떨었습니다. 그들은 예수님을 따르던 사람들이 그분의 시체를 가져가지 못하도록 무덤을 지키고 있었습니다.

천사는 여자들에게 두려워하지 말라고 말했습니다. 그리고 그들이 예수님을 찾고 있다는 사실을 알고 있다며 "그가 여기 계시지 않고 그가 말씀하시던 대로 살아나셨느니라"고 말했습니다. 천사는 예수님이 누우셨던 곳을 여자들에게 보여주며 제자들에게 빨리 가서 그들이 갈릴리에 도착하기 전에 예수님이 먼저 그곳에 가 계실 것이라고 전하라고 지시했습니다. 그래서 여자들은 기뻐하며 그 사실을 알리려고 급히 제자들에게 달려갔습니다.

여자들이 무덤에서 돌아가는 길에 예수님이 갑자기 그들에게 나타나셨습니다. 여자들은 예수님의 발을 붙잡고 경배했고 예수님은 그들에게 두려워하지 말라고 말씀하셨습니다. 그리고 천사와 마찬가지로 제자들에게 갈릴리로 가라는 말을 전하라고 하셨습니다. 그리고 그곳에서 예수님을 보게 될 것이라고 말씀하셨습니다.

그 일이 벌어지는 동안 무덤에서 보초를 섰던 사람들은 대제사장을 찾아가 무덤에서 일어난 일을 보고했습니다. 그 소식을 들은 종교 지도자들이 한자리에 모여 계획을 세웠습니다. 그들은 경비병들에게 큰돈을 주며 지난밤에 제자들이 와서 예수님의 시체를 훔쳐갔다는 소문을 퍼뜨리도록 지시했습니다. 그리고 예수님의 제자들이 시체를 훔쳐가는 동안 잠을 자고 있었다고 하라고 말하며, 그들에게 그 소문을 퍼뜨리면 신변을 보호해 주겠다고 약속했습니다. 그래서 경비병들은 돈을 받고 종교 지도자들이 지시한 대로 거짓 소문을 퍼뜨렸습니다.

여자들이 남아 있던 열한 명의 제자와 예수님을 따르던 사람들을 찾아가 무슨 일이 일어났는지 설명했습니다. 그러나 그 소식을 말도 안 된다고 생각하고 아무도 믿으려고 하지 않았습니다. 베드로는 직접 확인하러 무덤으로 달려갔고 무덤에 도착한 그는 그곳에 놓인 세마포를 보았습니다. 그리고 정말 무슨 일이 벌어진 것인지 궁금해하며 그 자리를 떠났습니다.

그날 오후 늦게 제자 두 명이 예루살렘에서 이십오 리가량 떨어진 엠마오라는 마을을 향해 가고 있었습니다. 두 사람은 최근 예루살렘에서 일어난 일을 이야기하고 있었는데, 예수님이 그들 곁으로 오셔서 함께 걸으셨습니다. 그러나 두 사람은 예수님을 알아보지 못했습니다. 예수님이 그들에게 무슨 이야기를 하는지 물으셨습니다. 그중 한 사람인 글로바는 예루살렘에서 무슨 일이 일어났는지 모르는 사람이 있다는 사실에 의아해했습니다. 왜냐하면 그만큼 그 일은 큰 화제였기 때문입니다.

그들은 하나님과 모든 백성 앞에서 말과 일에 능하신 선지자였던 나사렛 예수에 대해 말해 주기 시작했습니다. 그리고 그분이 종교 지도자들과 로마 사람들에게 어떻게 심문을 받고 십자가에 달리셨는지를 설명했습니다. 그들은 "우리는 이 사람이 이스라엘을 속량할 자라고 바랐노라"고 말했습니다. 그리고 전날 밤에 일어난 이상한 사건에 대해서도 이야기했습니다. 그것은 여자들이 무덤에 갔다가 무덤이 비어 있는 것을 보았고 예수님이 살아나셨다고 말하는 천사를 만났다는 이야기였습니다.

그러자 예수님은 "미련하고 선지자들이 말한 모든 것을 마음에 더디 믿는 자들이여, 그리스도가 이런 고난을 받고 자기의 영광에 들어가야 할 것이 아니냐?"라고 그들을 책망하셨습니다. 그리고 히브리 성경에 기록된 예수님에 관한 모든 것을 설명해 주셨습니다.

그들이 엠마오에 도착했을 때 예수님은 더 가실 것처럼 보였습니다. 그래서 두 사람은 함께 머무시기를 간청했습니다. 예수님은 그곳에 머무시고 함께 저녁 식사를 하셨습니다. 예수님은 떡을 손에 들고 감사 기도를 드리신 후 두 제자에게 떼어 주셨습니다. 그러자 두 사람의 눈이 밝아져 예수님을 알아보았습니다. 그러나 그 순간 예수님은 사라지셨습니다. 두 사람은 예수님이 성경을 설명하시는 동안 자신들의 마음이 뜨거워졌던 것에 주목했습니다.

## 생각할 질문

- 여자들은 언제 무덤에 갔는가? 그들이 그곳에서 본 것은 무엇인가?
- 누가 여자들에게 말했는가? 그는 여자들에게 뭐라고 말했는가? 그는 제자들에게 무엇을 전하라고 여자들에게 지시했는가?
- 여자들은 제자들에게 가던 길에서 누구를 만났는가? 그분을 만난 여자들은 어떻게 반응했는가? 그들은 또 어떤 지시를 받았는가?
- 종교 지도자들은 예수님의 부활을 감추려고 어떤 계획을 세웠는가? 그 계획이 얼마나 효과적인 역할을 했을 것이라고 생각하는가?
- 여자들이 전한 소식에 제자들은 어떤 반응을 보였는가? 당신이 제자들 중 한 사람이었다면 어떻게 반응했을 것 같은가?
- 예수님이 어떤 분이신지를 알아가고 있는 사람들이 의심을 품는 것은 일반적인 일인가? 그렇게 의심하는 것은 예수님을 믿을 수 없다는 것을 의미하는가?
- 엠마오로 가던 두 사람은 길에서 누구를 만났는가? 그들이 만난 그 사람이 자신의 신분을 알리지 않은 이유는 무엇이라고 생각하는가?
- 예수님이 그 두 사람에게 "마음에 더디 믿는 자들"이라고 말씀하신 이유는 무엇인가? 예수님은 그들이 그리스도를 어떻게 이해하고 있는지에 대해 어떤 질문을 하셨는가? 또 성경을 통해 무엇을 가르치셨는가?

- 두 사람이 예수님과 함께 식사하는 동안 무슨 일이 일어났는가? 그들은 예수님이 가르치실 때 자신들에게 일어난 어떤 일에 주목했는가?

- 이 이야기는 하나님이 눈을 뜨게 해주셔야 성경을 이해할 수 있다는 사실에 대해 무엇을 가르쳐 주는가? 그리스도가 고난을 받고 죽임을 당해야 한다는 예언이 성경에 나오는데, 엠마오로 가던 제자들이 그 사실을 깨닫지 못했던 이유는 무엇인가? 오늘날 우리도 성경을 읽으면서 잘 깨닫지 못하는 부분이 있을 수 있다고 생각하는가? 왜 그렇게, 또는 왜 그렇지 않게 생각하는가?

- 이 이야기는 불가능한 상황에 대해 무엇을 가르쳐 주는가? 당신이 처한 상황에서 이 이야기는 어떤 면에서 힘과 위로가 되는가?

- 예수님이 살아 계신다는 사실은 오늘날 우리에게 어떤 의미인가? 그 사실을 우리 삶에 어떻게 적용할 수 있는가? 또한 그 사실은 어떻게 우리를 격려하고 우리에게 힘을 주는가?

## 가족이 함께 생각할 질문

- 사흘째 되던 날 무덤을 찾아간 사람은 누구인가? 그들이 무덤에서 본 것은 무엇인가? 그들이 두려움을 느꼈을 거라고 생각하는가? 그들이 본 것을 당신이 보았다면 어떻게 느꼈을 것 같은가?

- 천사는 여자들에게 무엇을 지시했는가? 여인들은 제자들을 찾아가는 길에서 누구를 만났는가? 그분을 만난 여인들은 어떻게 반응했는가?

- 제자들은 여인들이 하는 말을 믿었는가? 그 이유는 무엇인가? 당신이라면 믿었겠는가?

- 종교 지도자들은 예수님의 시체가 무덤에 없는 이유를 설명하려고 어떤 이야기를 꾸며냈는가? 그들은 사실대로 이야기했는가?

- 엠마오로 가던 사람들은 길에서 누구를 만났는가? 그들은 그분이 누구인지 알아봤는가?
- 예수님은 길에서 그 두 사람에게 어떤 말씀을 하셨는가? 그들은 언제 예수님을 알아봤는가?
- 이 이야기는 불가능한 상황에 대해 무엇을 가르쳐 주는가? 하나님께 불가능한 일이 있는가?
- 예수님이 살아 계신다는 사실은 오늘날 우리에게 어떤 의미인가? 우리도 예수님과 이야기를 나눌 수 있는가? 예수님이 우리도 도와주시는가?

**마음에 새기는 말씀**

"그가 여기 계시지 않고 그가 말씀 하시던 대로 살아나셨느니라 와서 그가 누우셨던 곳을 보라 또 빨리 가서 그의 제자들에게 이르되 그가 죽은 자 가운데서 살아나셨고 너희보다 먼저 갈릴리로 가시나니 거기서 너희가 뵈오리라 하라"(마 28:6-7).

"그리스도가 이런 고난을 받고 자기의 영광에 들어가야 할 것이 아니냐"(눅 24:26).

**묵상**

예수님을 통해 우리의 부활도 확실해졌다.

# 섬김을 위한 회복

## 제자들을 다시 세우심

*Story Thru the Bible*

**주제** 예수님은 죄를 범하고 두려움에 갇혀 있던 제자들을 회복시켜 주셨다.

**성경 본문** 요한복음 20장 24-29절, 21장 1-19절

**배경 설명** ❖ ❖ 예수님이 십자가에 달리시기 전날 밤, 베드로는 무슨 일이 있어도 자신은 예수님을 따를 것이라고 장담했다. 그러나 그 밤이 다 가기도 전에 예수님을 세 번 부인하고 말았다. 아침이 되자 그는 그 자리를 떠나 통곡하며 울었다. 금요일부터 주일까지 그는 무엇을 하고 있었는가? 우리는 그가 무엇을 하고 있었

는지 알 수 없다. 그러나 무덤에 나타난 천사는 이른 아침에 무덤을 찾은 여자들에게 "그의 제자들과 베드로에게" 가라고 아주 구체적으로 이야기했다(막 16:7). 그 제자에게 소식을 알리는 것이 매우 중요하기라도 한 것처럼 베드로의 이름을 특별히 언급했다. 예수님이 제자들에게 처음 나타나셨을 때 그 자리에 없었던 도마는 그분의 부활을 의심했다. 그러나 예수님은 그 두 사람에게 모두 큰 자비를 베푸셨다.

**들어가는 말** ❖ ❖

우리의 믿음은 우연히 생기는 것이 아니다. 우리가 선택하는 것이다. 그리고 우리는 다른 사람들을 통해 배우고 알게 된 것으로 도움을 받기도 한다. 또한 그 누구도 우리에게 믿음을 명령할 수 없다. 우리 스스로 결정해야 한다. 이야기를 살펴보면서 이름이 거론된 제자들이 내린 결정에 주목하라. 열정적으로 믿은 사람은 누구인가? 마지못해 믿은 사람은 누구인가? 당신이 그들의 입장이라면 무엇을 믿었을 것 같은가? 그러나 가장 중요한 것은 당신이 지금 무엇을 믿기로 선택하는가이다.

**이야기 속으로** ❖ ❖

제자들 중의 한 사람이었던 도마는 부활하신 예수님이 제자들을 방문했을 때 그 자리에 없었습니다. 그래서 다른 제자들이 예수님을 보았다고 할 때 그들의 말을 믿지 않았습니다. 그는 "내가 그의 손의 못 자국을 보며 내 손가락을 그 못 자국에 넣으며 내 손을 그 옆구리에 넣어 보지 않고는 믿지 아니하겠노라"고 말했습니다.

일주일 후 제자들은 한자리에 모여 있었고 문은 다 닫혀 있었습니다. 그때 예수님이 갑자기 그들 중에 나타나셔서 "너희에게 평강이 있을지어다"라고 말씀하셨습니다. 그리고 도마를 향해 "네 손을 내밀어 내 옆

구리에 넣어 보라 그리하여 믿음 없는 자가 되지 말고 믿는 자가 되라"고 말씀하셨습니다.

도마는 "나의 주님이시요 나의 하나님이시니이다"라고 외쳤습니다.

그러자 예수님은 "너는 나를 본 고로 믿느냐 보지 못하고 믿는 자들은 복되도다"라고 말씀하셨습니다.

나중에 예수님은 디베랴 바닷가(갈릴리 바닷가)에서 제자들에게 다시 나타나셨습니다. 제자들은 고기를 잡으려고 바다로 나가 있었습니다. 그러나 그날 밤 그들은 고기를 잡지 못했습니다. 다음 날 아침 육지를 향해 돌아오던 그들은 바닷가에 누군가 서 있는 것을 보았습니다. 예수님이었습니다. 그러나 그들은 그분이 예수님이라는 것을 정확하게 알아볼 수 없었습니다. 예수님은 그들에게 큰 소리로 물고기가 있는지 물으셨습니다.

제자들은 "없나이다"라고 대답했습니다. 그러자 예수님은 그물을 배 오른편에 던지라고 말씀하셨습니다. 제자들이 그렇게 하자 그물을 끌어올릴 수 없을 만큼 많은 물고기가 올라왔습니다. 그때 예수님의 사랑하시는 제자 요한이 바닷가에 서 있는 분이 누구인지를 알아차리고 "주님이시라"고 외쳤습니다. 그러자 베드로가 물로 뛰어내려 예수님을 향해 헤엄쳐 나갔습니다. 다른 제자들도 배를 타고 물고기로 가득 찬 그물을 끌면서 그의 뒤를 따랐습니다. 육지로 올라온 제자들은 예수님이 숯불 위에 생선을 올려놓고 굽고 계시는 것을 보았습니다. 예수님은 제자들에게 막 잡은 물고기를 좀 가져오라고 하셨습니다.

시몬 베드로는 다시 배에 올라 그물을 육지로 끌어올리는 일을 도왔습니다. 그물 안에는 백오십삼 마리의 많은 물고기가 있었습니다. 그렇게 물고기가 많았지만 그물은 찢어지지 않았습니다. 제자들은 이미 그분이 예수님이시라는 것을 알고 있었기 때문에, 그분이 누구인지 아무도 묻지 않았습니다. 예수님은 제자들에게 먹을 떡과 고기를 주셨습니다. 이 일은 부활하신 예수님이 제자들에게 세 번째 나타나셨을 때 일어난 일이었습니다.

아침을 먹은 후 예수님이 시몬 베드로에게 “네가 이 사람들보다 나를 더 사랑하느냐?”라고 물으셨습니다.

베드로는 “주님 그러하나이다 내가 주님을 사랑하는 줄 주님께서 아시나이다”라고 대답했습니다.

그러자 예수님은 “내 어린 양을 먹이라”고 말씀하셨습니다.

그리고 똑같은 질문을 두 번 더 하시며 베드로와 같은 대화를 반복하셨습니다. 예수님이 세 번째 물으시자 베드로는 근심하며 “모든 것을 아시오매 내가 주님을 사랑하는 줄을 주님께서 아시나이다”라고 대답했습니다. 예수님은 또다시 그에게 주님의 양을 먹이라고 말씀하셨습니다. 그리고 베드로가 어떤 죽음을 맞이하게 될지 예언하시고 그에게 “나를 따르라”고 말씀하셨습니다.

## 생각할 질문

- 제자들이 예수님을 봤다고 했을 때 예수님의 부활을 의심했던 제자는 누구인가? 그 제자는 어떤 일이 일어나야 자신이 믿을 수 있겠다고 말했는가?
- 예수님은 의심했던 제자를 믿게 하시려고 어떻게 하셨는가? 예수님은 도마와 같은 믿음에 대해 어떻게 말씀하셨는가? 또 어떤 믿음을 가진 사람이 복되다고 말씀하셨는가? 오늘날 예수님이 복되다고 말씀하신 사람은 어떤 사람들인가?

- 예수님이 다시 나타나셨을 때 제자들은 무엇을 하고 있었는가? 그들은 처음부터 예수님을 알아보았는가? 그들은 어떻게 예수님을 알아볼 수 있었는가?

- 제자들이 예수님의 지시대로 그물을 바다에 던졌을 때 어떤 일이 일어났는가? 그분이 예수님이시라는 사실을 알게 되었을 때 그들은 어떻게 했는가?

- 부활하신 예수님을 만난 이 사건은 예수님이 베드로와 야고보와 요한을 제자로 부르셨을 때와(이 책의 STORY 30) 어떻게 비슷한가? 예수님이 그런 식으로 제자들에게 나타나신 이유는 무엇이라고 생각하는가?

- 제자들이 육지 위로 올라왔을 때 예수님은 무엇을 하고 계셨는가? 그리고 그들에게 무엇을 하라고 부르셨는가?

- 예수님이 베드로에게 세 번 하신 질문은 무엇인가? 베드로는 어떤 대답을 했는가? 베드로가 대답한 후 예수님은 어떤 말씀을 하셨는가?

- 예수님이 베드로에게 같은 질문을 세 번이나 하시며 그의 대답을 들으신 이유는 무엇이라고 생각하는가? 그 일이 있기 얼마 전 베드로가 세 번 반복했던 일은 무엇인가? 베드로의 대답은 그가 대제사장의 집 뜰에서 했던 잘못을 어떻게 보상해 주는가?

- 이 대화 속에 나타난 베드로를 향한 예수님의 태도는 어떻게 묘사할 수 있는가? 그것은 베드로가 예수님을 부인했기 때문에, 그가 교회의 지도자가 될 것이라고 말씀하셨던 예수님의 예언이(마 16:18) 무효라는 것을 뜻하는가?

- 우리가 실패할 때 예수님은 우리를 어떻게 대하실 것 같은가? 예수님은 그분을 의심하고 부인하는 것과 그 밖에 우리가 범한 다른 잘못을 기꺼이 용서해 주시는가? 당신도 용서해 주시기를 구해야 할 잘못이 있는가?

- 이 이야기는 예수님이 영적으로는 부활하셨지만 육체적으로는 부활하지 않으셨다고 말하는 사람들에게 무엇을 말해 주는가? 예수님이 육체적으로 부활하셨다는 것을 보여주는 어떤 증거가 있는가?

## 가족이 함께 생각할 질문

- 예수님의 상처를 만져보지 않고는 그분의 부활을 믿을 수 없다고 했던 제자는 누구인가? 그에게 확신을 주시려고 예수님은 어떻게 하셨는가?
- 우리가 예수님을 의심할 때 그분은 우리를 이해하시는가? 예수님은 그분을 보지 않고서도 믿는 사람들에 대해 어떻게 말씀하셨는가?
- 예수님이 제자들에게 세 번째 나타나셨을 때 그들은 무엇을 하고 있었는가? 그들은 바닷가에 서 있는 예수님을 보기 전까지 얼마나 많은 고기를 잡았는가? 예수님이 말씀하신 곳으로 그물을 던졌을 때 어떤 일이 일어났는가?
- 제자들이 육지로 왔을 때 예수님은 그들에게 무엇을 말씀하셨는가?
- 예수님이 십자가에 달리시기 전날 밤 베드로는 그분을 몇 번 부인했는가? 예수님은 베드로에게 그분을 사랑하는지 몇 번 물으셨는가? 예수님이 같은 질문을 세 번 하신 이유는 무엇이라고 생각하는가?
- 예수님은 베드로에게 그분의 양을 위해 무엇을 하라고 말씀하셨는가? 그 말씀의 의미는 무엇인가?
- 예수님이 베드로에게 그렇게 말씀하신 것은 전에 그가 부인했던 것을 용서해 주시겠다는 뜻인가? 우리가 실수할 때 예수님은 우리를 용서해 주시는가? 예수님은 우리가 실패한 후에도 여전히 그분을 섬길 수 있게 해주시는가?

• 당신은 예수님에게 용서를 구해야 할 잘못이 있는가?

**마음에 새기는 말씀**

“예수께서 이르시되 너는 나를 본 고로 믿느냐 보지 못하고 믿는 자들은 복되도다 하시니라”(요 20:29).

**묵상**

예수님은 우리가 하나님을 실망시킬 때에도, 사랑으로 우리를 회복시키신다.

# 대사명

## 세상을 향해

*Story Thru the Bible*

**주제** 예수님은 제자들을 복음과 함께 세상에 보내셨다.

**성경 본문** 마태복음 28장 16–20절,
마가복음 16장 15–18절, 요한복음 20장 21–23절,
사도행전 1장 3–8절

**배경 설명** ❖ ❖

예수님은 삼 년 동안 제자들을 훈련시키셨다. 병든 사람들을 고치고 하나님의 나라를 전파하는 과업을 수행하도록 단기간 제자들을 내보셨던 적도 있었다. 그러나 이제 하나님 나라를 위한 모든 과업이 제자들에게 남았다. 하지만 그들은 혼자가 아니었다. 하나님의 성령이 늘 그들과 함께하며 그들을 인도

하시고 그들에게 능력을 주셨다. 그러나 열한 명의 제자와 예수님을 따르던 소수의 사람들이 감당하기에 그 과업은 엄청났다. 그 과업은 오랜 역사를 지니고 있었다. 하나님이 아담과 하와에게 땅에 충만하고 땅을 정복하라고 말씀하셨고 또 아브라함에게 땅의 모든 족속이 복을 얻게 될 것이라고 말씀하셨다. 따라서 그 과업은 하나님께 새로운 일이 아니었다.

**들어가는 말** ❖ ❖ 예수님은 제자들에게 그들이 감당하기 벅찬 크고 중대한 사명을 맡기셨다. 그러나 하나님께 그것은 그리 이상한 일이 아니다. 하나님은 그분의 백성이 모든 것을 하나님께 맡기고 의지하기를 바라시기 때문이다. 이야기를 살펴보면서 예수님이 제자들에게 어떤 부탁을 하셨는지 주목해 보라. 그들에게 어떤 사명을 주셨는가? 그 사명은 얼마나 멀리, 얼마나 오랫동안 계속되어야 하는가? 그리고 그 사명이 오늘날 우리 그리스도인에게 어떻게 적용될 수 있는지 생각해 보라. 예수님이 제자들에게 맡기신 사명을 이루는 데 우리가 해야 할 역할은 무엇인가?

**이야기 속으로** ❖ ❖ 예수님이 부활하신 후 제자들은 그분이 말씀하신 대로 갈릴리로 갔습니다. 그리고 그곳에서 예수님을 만나 경배했습니다. 그러나 그분이 정말로 그들이 알고 있는 예수님인지를 확신하지 못하는 사람도 있었습니다. 예수님은 그들에게 나아가 "하늘과 땅의 모든 권세를 내게 주셨으니 그러므로 너희는 가서 모든 민족을 제자로 삼아 아버지와 아들과 성령의 이름으로 세례를 베풀고 내가 너희에게 분부한 모든 것을 가르쳐 지키게 하라 볼지어다 내가 세상 끝날까지 너희와 항상 함께 있으리라"고 말씀하셨습니다.

예수님은 또 "너희는 온 천하에 다니며 만민에게 복음을 전파하라 믿고 세례를 받는 사람은 구원을 얻을 것이요 믿지 않는 사람은 정죄를 받으리라"고 말씀하시기도 했습니다. 그리고 믿는 사람들에게는 특정한 표적이 따를 것이라고 하시며 "그들이 내 이름으로 귀신을 쫓아내며 새 방언을 말하며 뱀을 집어 올리며 무슨 독을 마실지라도 해를 받지 아니하며 병든 사람에게 손을 얹은즉 나으리라"고 말씀하셨습니다.

부활하신 예수님은 또 제자들에게 "너희에게 평강이 있을지어다 아버지께서 나를 보내신 것 같이 나도 너희를 보내노라"고 말씀하셨습니다. 그리고 그들을 향해 숨을 내쉬며 성령을 받으라고 말씀하셨고, 그들에게 다른 사람의 죄를 용서할 권위가 있다고 선언하셨습니다.

## 생각할 질문

- 하늘과 땅의 권세를 모두 가지신 분은 누구인가? 예수님이 사명을 주셔서 세상으로 보내신 사람들에게 그 사실이 중요한 이유는 무엇인가?
- 예수님을 따르는 사람들은 어디서 제자를 삼아야 하는가? 제자 삼는 일은 무엇과 관련이 있는가? 예수님을 따르는 사람들이 제자 삼는 사역을 하는 동안 그분은 어디에 계시는가? 얼마나 오랫동안 그곳에 계시는가?
- 제자들은 누구에게 좋은 소식을 전해야 했는가? 예수님을 믿고 세례를 받은 사람들에게 어떤 일이 일어나는가? 믿지 않는 사람들에게는 어떤 일이 일어나는가?
- 예수님은 그분을 믿는 사람들에게 어떤 표적이 따를 것이라고 말씀하셨는가?

- 하나님이 예수님을 세상에 보내신 방법과 예수님이 그분을 따르는 사람들을 세상에 보내시는 방법에는 어떤 관련이 있는가? 사명을 감당하는 제자들은 예수님을 본받아 어떤 자세를 취해야 했는가? 그들은 어떤 희생을 치를 준비를 해야 했는가? 그들은 어떤 메시지를 전파해야 했는가? 그리고 어떤 일을 해야 했는가?

- 예수님이 제자들을 향해 숨을 내쉬며 성령을 받으라고 하셨을 때 그분은 그들에게 어떤 권세를 주셨는가?

- 이 이야기를 바탕으로 당신은 제자들의 사명을 어떻게 설명할 것인가? 당신이 제자들 중 한 사람이었다면 그 사명을 받고 어떻게 느꼈을 것 같은가?

- 그 사명은 오늘날 그리스도인에게 어떻게 적용할 수 있는가? 그 사명을 수행하기 위해 우리가 할 수 있는 일은 무엇인가?

- 하나님이 아브라함에게 주신 복을 기억하는가? 그 복은 어디까지 미치는가? 예수님이 제자들에게 맡기신 대사명은 어떤 면에서 하나님이 아브라함에게 약속하신 복을 실현하는 것인가?

- 제자들에게 주신 사명의 목적은 단순히 사람들이 결정을 내리거나 하나님께 순종하도록 만드는 것인가, 아니면 사람들이 하나님과 관계를 맺게 하는 것인가? 그렇게 생각하는 이유는 무엇인가?

## 가족이 함께 생각할 질문

- 하늘과 땅에 있는 모든 것은 누가 담당하고 있는가? 예수님이 그 사실을 제자들에게 말씀하신 것은 왜 중요한가?

- 예수님은 제자들에게 어디서 제자를 삼으라고 말씀하셨는가? 그 명령에는 어떤 사람들이 포함되어 있는가? 제자들은 사람들에게 무엇을

가르치는가?

- 제자들이 사명을 수행할 때 예수님은 어디에 계신다고 말씀하셨는가? 얼마나 오랫동안 거기 계시겠다고 말씀하셨는가?
- 제자들은 어디서 복음을 전파해야 했는가? 예수님은 믿는 사람들이 어떤 표적을 볼 수 있다고 말씀하셨는가?
- 하나님은 예수님을 어떻게 세상에 보내셨는가? 예수님의 사명은 무엇이었는가? 하나님이 예수님을 세상에 보내신 것과 예수님이 제자들을 세상으로 보내신 것은 어떻게 비교할 수 있는가?
- 예수님을 따르는 사람들은 다른 사람을 용서할 자격이 있는가? 그것은 왜 중요한가?
- 예수님은 제자들만 그분이 맡기신 사명을 수행하기 원하셨는가, 아니면 모든 시대의 모든 믿는 사람이 그 사명을 수행하기 원하셨는가? 그 사명을 돕기 위해 우리가 할 수 있는 일은 무엇인가?

**마음에 새기는 말씀**

"하늘과 땅의 모든 권세를 내게 주셨으니 그러므로 너희는 가서 모든 민족을 제자로 삼아 아버지와 아들과 성령의 이름으로 세례를 베풀고 내가 너희에게 분부한 모든 것을 가르쳐 지키게 하라 볼지어다 내가 세상 끝날까지 너희와 항상 함께 있으리라"(마 28:18-20).

**묵상**

예수님은 세상을 향한 그분의 사명에 우리를 적극적으로 동참시키신다.

STORY 51

# 승천

## 재림을 기다리며

*Story Thru the Bible*

**주제** 예수님은 하늘에 계신 하나님 아버지께 다시 올라가셨다.

**성경 본문** 사도행전 1장 3-14절

**배경 설명** ❖ ❖ 예수님은 제자들에게 그분이 떠나실 것에 대해 말씀하셨다. 그리고 예수님이 계신 곳에 제자들도 함께 거할 수 있도록 그들을 위해 거처를 마련하고 그들에게 다시 돌아오겠다고 말씀하셨다. 앞장에서 우리는 예수님이 제자들에게 그분이 다시 오실 때까지 수행해야 할 과업을 맡기시는 것을 보았다. 예수님이 어느 날 몇 시에 다시 오실지에 대해서는 아무도 알 수 없다고 분명히 말씀하셨다. 신약 성경의 다른 부분을 통해서도 우리는 예수님이 하늘에서 우리의 대제사장으로 섬기시며 지금도 우리를 위해 기도하신다는 사실을 알 수 있다. 지금도 예수님은 우리를 위해 일하고 계신다.

**들어가는 말** ❖ ❖ 예수님의 재림을 기다리며 기대하고 있는가? 예수님을 사랑하는 사람들은 이 질문에 대답하기 쉬울 것이다. 그러나 많은 사람은 그 사건이 몰고 올 충격과 변화 때문에 예수님의 재림을 걱정한다. 또 예수님의 재림을 회의적으로 생각하는 사람들도 있다. 이야기를 살펴보면서 예수님이 승천하시는 것을 바라보는 것은 어떠했을지 생각해 보고 다음 질문에 답해 보라. 예수님이 하늘에서 내려오시는 것을 보면 어떤 느낌이 들겠는가? 그런 일이 일어나기를 기대하는가? 아직 해야 할 일이 많다거나 아는 사람 중 아직 예수님을 믿지 않는 사람이 있다는 이유로 예수님이 더 기다려 주시기를 바라는가? 아무리 오래 걸리더라도 예수님은 약속을 지키신다. 그분을 사랑하는 사람들을 위해 다시 오실 것이다.

**이야기 속으로** ❖ ❖ 부활하신 예수님은 사십 일 동안 제자들과 또한 다른 사람들에게 여러 번 나타나셔서, 정말로 살아 계시다는 사실을 확인시켜 주셨습니다. 그리고 그들에게 하나님 나라를 가르치셨습니다. 한번은 제자들과 식사를 하시면서 그들에게 하나님이 성령을 선물로 주실 것이므로 예루살렘을 떠나지 말라고 지시하셨습니다. 제자들은 예수님이 맡기신 사명을 수행하기 전에 그 선물을 기다렸습니다. 예수님은 세례 요한이 물로 세례를 주었듯이 그분을 따르는 사람들은 성령으로 세례를 받게 될 것이라고 말씀하셨습니다.

예수님이 승천하시기 전 제자들은 그분을 만나 이제 이스라엘 나라를 회복하실 때가 되었는지 물었습니다. 예수님은 때와 시기는 하나님이 그분의 권한에 두셨으므로 그들이 알 바가 아니라고 대답하셨습니다. 그리고 성령으로 충만하게 된 후 제자들이 할 일은 예루살렘과 유대와 사마리아와 땅끝까지 이르러 예수님의 증인이 되는 것이라고 말씀하셨습니다.

그 말씀을 하신 후에 예수님은 그들이 보는 앞에서 하늘로 올라가셨습니다. 구름이 예수님을 가려서 보이지 않게 되었습니다. 그들은 예수님이 승천하시는 동안 그곳에 서서 하늘을 응시하고 있었는데 갑자기 흰 옷을 입은 두 사람이 나타나 그들 옆에 섰습니다. 그 천사들은 제자들에게 "어찌하여 서서 하늘을 쳐다보느냐 너희 가운데서 하늘로 올려지신 이 예수는 하늘로 가심을 본 그대로 오시리라"고 말했습니다.

제자들은 예수님이 승천하시는 것을 보았던 감람 산에서 내려와 예루살렘으로 돌아갔습니다. 감람 산은 예루살렘에서 그리 멀지 않은 곳이었습니다. 제자들은 그들이 머물던 다락방으로 올라가 함께 기도하기 시작했습니다. 예수님의 어머니 마리아와 그분의 아우들은 물론 예수님을 따르던 여자들도 그들과 함께 마음을 모아 기도에 힘썼습니다.

## 생각할 질문

- 부활하신 예수님은 승천하시기 전까지 얼마 동안 사람들에게 나타나셨는가? 그 기간에 예수님은 어떤 말씀을 하셨는가?
- 예수님이 제자들에게 예루살렘을 떠나지 말고 기다리라고 하신 이유는 무엇인가? 제자들은 자신들이 무엇을 기다리는지 알고 있었는가?

- 제자들은 예수님에게 하나님의 나라에 대한 어떤 질문을 했는가? 그들이 어떤 대답을 기대하고 있었을 거라고 생각하는가? 예수님은 어떤 대답을 하셨는가?
- 예수님은 제자들이 어디서 그분의 증인이 될 거라고 말씀하셨는가?
- 제자들은 예수님이 승천하시는 것을 바라보면서 무엇을 했는가? 누가 그들 옆에 와 서 있었는가? 그들이 와서 무슨 말을 했는가?
- 제자들은 예수님이 다시 오실 때까지 얼마나 오래 걸릴지 알고 있었는가? 그들이 어떤 기대를 했을 것 같은가?
- 예수님은 다시 오실 때 그분이 처음 이 땅에 오셨을 때처럼 아기의 모습으로 오시지는 않을 것이다. 우리는 그 사실을 어떻게 알 수 있는가?
- 예루살렘으로 돌아간 다음 제자들은 무엇을 했는가?
- 이 이야기는 역사가 흘러가는 방향에 대해 무엇을 가르쳐 주는가? 역사는 아무렇게나 흘러가고 있는가, 아니면 궁극적인 목적을 가지고 그 목적을 향해 나아가고 있는가?
- 우리는 예수님의 재림을 어떻게 기다리며 기대해야 하는가? 미래를 위해 계획을 세워야 하는가, 아니면 예수님이 곧 오실 것이라고 생각하고 그저 하루하루를 살아야 하는가?

## 가족이 함께 생각할 질문

- 부활하신 예수님은 이 땅에 얼마나 계셨는가? 예수님은 그분이 살아 계시다는 사실을 증명하기 위해 무엇을 하셨는가?
- 예수님은 제자들에게 무엇을 기다리라고 하셨는가? 그것이 그들에게 중요한 선물인 이유는 무엇인가?

- 예수님은 제자들이 어디서 그분의 증인이 될 거라고 말씀하셨는가?
- 예수님이 하늘로 올라가시는 것을 보고 제자들은 어떻게 했는가? 당신이 그 모습을 보았다면 어떻게 했겠는가?
- 그때 누가 제자들 옆에 서 있었는가? 그들은 무슨 말을 했는가?
- 예수님은 다시 오실 때 어떻게 오시는가? 다시 오실 예수님을 기대하며 기다리는가? 그 이유는 무엇인가?

**마음에 새기는 말씀**

"오직 성령이 너희에게 임하시면 너희가 권능을 받고 예루살렘과 온 유대와 사마리아와 땅 끝까지 이르러 내 증인이 되리라"(행 1:8).

"너희 가운데서 하늘로 올려지신 이 예수는 하늘로 가심을 본 그대로 오시리라"(행 1:11).

**묵상**

예수님은 우리의 대제사장 되셔서, 지금 이 순간에도 우리를 위해 기도하신다.

STORY 52

# 성령 강림

## 약속하신 권능

*Story Thru the Bible*

**주제** 예수님은 그분을 따르는 사람들에게 성령을 보내셨다.

**성경 본문** 사도행전 2장 1-21, 38-47절

**배경 설명** ❖ ❖ 십자가에 달리시기 전날 밤 예수님은 제자들에게 비록 그들을 떠나도 그들을 홀로 남겨 두지 않겠다고 말씀하셨다. 그리고 그들에게 보혜사 성령을 보내시겠다고 여러 차례 약속하셨다. 이제 그 성령은 그들과 함께 있는 것이 아니라 그들 안에 거하실 것이다. 인류가 에덴동산에서 타락한 이후 하나님의

백성과 함께하시는 그분의 임재는 이따금씩 나타나다가 광야의 성막과 예루살렘 성전과 인간의 몸으로 성육신하신 분을 통해 드러났다. 그리고 이제 그분의 임재는 하나님의 백성, 그들에게 나타나고 있다.

**들어가는 말** ❖ ❖

예수님이 멀리 계시는 것처럼 느껴지는가? 사실 그렇지 않다. 예수님의 모습을 눈으로 보거나 그분의 목소리를 귀로 들을 수는 없지만 예수님의 영은 우리와 함께하시며 우리 속에 거하신다. 하나님은 우리와 함께하기를 간절히 바라신다. 그 열망은 그분이 예수님을 믿는 사람들에게 성령을 보내시면서 성취되었다. 그리고 성령을 주시기로 한 약속은 지금 우리들에게도 똑같이 적용된다. 이야기를 살펴보면서 예수님의 제자들이 처음 성령으로 충만하게 되었을 때 어떠했는지 생각해 보라. 그리고 어떻게 하면 당신도 성령으로 충만해질 수 있는지 하나님께 그 방법을 구하라.

**이야기 속으로** ❖ ❖

오순절 날 예수님을 따르는 사람들이 한자리에 모여 있었습니다. 그때 갑자기 하늘에서 급하고 강한 바람 같은 소리가 나며 온 집 안을 가득 메웠습니다. 그리고 불의 혀처럼 갈라지는 것들이 각 사람 위에 하나씩 임했습니다. 제자들은 모두 성령으로 충만해졌고 각기 다른 언어로 말하기 시작했습니다.

예루살렘에는 오순절 절기를 축하하러 여러 나라에 흩어져 있다 돌아온 유대인으로 가득 차 있었습니다. 그들은 제자들이 방언으로 말하는 것을 듣고 어리둥절했습니다. 한편 제자들은 자신들이 각 지역의 언어로 이야기하는 것을 듣고 놀랐습니다. 그것은 제자들이 그 언어와 상관없는 갈릴리 사람들이기 때문이었습니다. 갈릴리 사람들이 어떻게 로마 제국의 다양한 곳에서 사용하는 언어로 말을 할 수 있단 말인가? 그들은 흥분하며 "우리가 다 우리의 각 언어로 하나님의 큰일을 말함을 듣는도다"라고 말했고, 도대체 어찌된 일인지 몰라 놀라며 신기해했습니다.

무슨 일이 일어났는지 이해하지 못하는 사람들 중에 어떤 이는 방언으로 말하는 제자들을 조롱하며 그들이 술을 너무 많이 마셔서 그런 거라고 말했습니다. 그러자 베드로가 일어나서 무리를 향해 "너희 생각과 같이 이 사람들이 취한 것이 아니라"고 말하며 그때가 아직 오전 아홉 시경이라는 사실을 상기시켜 주었습니다. 그리고 베드로는 "하나님이 말씀하시기를 말세에 내가 내 영을 모든 육체에 부어 주리니"라고 기록된 요엘서의 예언을 인용했습니다. 그것은 사람들이 예언하고 환상을 보고 하나님이 주시는 꿈을 꾸게 될 것이라는 것으로, 남녀노소 모두 예언하게 될 것이라는 내용이었습니다. 그리고 하나님이 하늘과 땅에서 기사와 징조를 베푸실 것이며 "주의 크고 영화로운 날이 이르기 전에 해가 변하여 어두워지고 달이 변하여 피가 되리라 누구든지 주의 이름을 부르는 자는 구원을 받으리라"고 말씀하셨다고 덧붙였습니다.

베드로는 좀 더 설교하면서 예수님이 십자가에 달려 돌아가시고 부활하신 것에 대해 설명했습니다. 그리고 모두 회개하고 예수 그리스도의 이름으로 세례를 받아 죄 사함을 받아야 한다고 말했습니다. 그때 성령을 선물로 받게 될 것이라고 설명하며 그 약속은 그곳에 모인 사람들을 위한 것일 뿐 아니라 그들의 자녀와 후손과 '주 우리 하나님이 부르시는 자들'을 위한 것이라고 말했습니다. 그런 다음 그는 사람들에게 구원받기를 권하고 경고했습니다. 그 말을 듣고 삼천 명이 세례를 받았습니다.

제자들은 가르치고 함께 식사하고 교제하고 기도하는 일에 힘썼습니다. 사람들은 일어나는 일을 보고 두려운 마음을 갖게 되었고 사도들(제자들)은 많은 기사와 표적을 행했습니다. 하나님이 이렇게 놀라운 일을 행하시는 동안 믿는 사람들은 함께 있었고 그들 중 많은 사람이 자신의 재산을 팔아 서로 도왔습니다. 그들은 모든 것을 함께 나누었습니다. 그리고 날마다 성전과 집에서 함께 모이는 것을 즐거워했습니다. 그들은 하나님을 찬미했고 사람들이 베푸는 호의를 경험했습니다. 그리고 하나님은 날마다 구원받는 사람의 수를 더하셨습니다.

## 생각할 질문

- 예루살렘에 사람들이 많이 모여 있었던 이유는 무엇인가?
- 믿는 사람들이 모여 있을 때 어떤 일이 일어났는가? 그들은 무슨 소리를 들었는가? 또 그들은 무엇을 보았는가?
- 제자들이 성령으로 충만하게 되었을 때 어떤 일이 일어났는가? 또 예루살렘에 있던 사람들은 어떻게 반응했는가? 그 일이 놀라운 이유는 무엇인가?
- 하나님이 그렇게 예상치 못한 사람들을 통해 일하시는 이유는 무엇인가? 그것은 그들에게 일어난 모든 일이 인간의 능력이 아니라 하나님이 하신 일이라는 사실을 얼마나 분명하게 알려 주는가?
- 믿는 사람은 자기들의 언어로 무엇에 대해 이야기했는가?
- 로마 제국 전역에서 각기 다른 언어를 사용하던 사람들이 그 사건을 목격하고 증인이 되었다. 이 사실이 중요한 이유는 무엇인가?
- 사람들은 제자들을 조롱하며 어떻게 그들을 비난했는가? 그 사람들이 그렇게 비난한 이유는 무엇인가? 그 비난에 베드로는 어떻게 반응했는가?
- 베드로는 그들에게 일어나는 그 놀라운 일들을 어떻게 설명했는가?

그 일들에 대해 구약 성경은 어떻게 예언하고 있는가? 그 예언에 따르면 하나님의 성령을 받을 수 있는 사람은 누구인가? 또 예언을 말하고 환상을 보고 꿈을 꿀 수 있는 사람은 어떤 사람인가?

- 베드로의 설교에 따르면 구원받을 수 있는 사람은 누구인가? 그들은 어떻게 구원받을 수 있는가? 그들은 누구의 이름을 불러야 하는가? 또 죄 사함을 받기 위해 무엇을 해야 하는가?
- 이 이야기에 따르면 성령은 어떻게 받는 것인가? 어떤 사람에게 성령을 주신다고 약속하셨는가?
- 오순절에 베드로의 설교를 듣고 예수님을 믿은 사람은 몇 명인가?
- 이 이야기는 믿는 사람들의 교제를 어떻게 묘사하고 있는가? 그들이 힘써 행한 일은 무엇인가? 사도들은 무엇을 했는가?
- 그 후 예루살렘의 분위기는 어떠했는가? 믿는 사람들의 공동체는 어떤 태도를 보여주었는가?
- 하나님은 그들의 교제를 어떻게 축복하셨는가? 사람들은 그런 상황을 어떻게 받아들였는가?
- 그런 공동체가 있다면 당신도 거기에 속하고 싶은가? 그 이유는 무엇인가? 그런 공동체를 이루기 위해 사람들에게 필요한 것은 무엇인가?
- 베드로는 구원받기 위해 회개하고, 주님의 이름으로 세례를 받으며, 성령을 받으라고 권했다. 그런 간곡한 권면에 당신은 응한 적이 있는가? 없다면 지금 그렇게 할 의향은 있는가?

## 가족이 함께 생각할 질문

- 오순절에 예수님을 따르는 사람들이 한곳에 모였을 때 어떤 일이 일어났는가? 그들이 듣고 본 것은 무엇인가? 그와 같은 일을 봤다면 당신은 어떻게 생각했겠는가?
- 하나님의 성령이 제자들에게 임했을 때 그들은 무엇을 할 수 있었는가? 그 일에 모든 사람이 놀란 이유는 무엇인가?
- 베드로가 말한 구약 성경에 따르면 하나님의 성령을 받고 그 말씀을 깨달을 수 있는 사람은 누구인가? 하나님은 어떤 사람에게 성령을 선물로 주시는가?
- 구원받으려면 누구의 이름을 불러야 하는가? 베드로는 어떻게 해야 우리 죄를 용서받을 수 있다고 설명했는가?
- 베드로가 설교를 마친 후 예수님을 믿은 사람은 몇 명인가?
- 그 후 예수님을 믿는 사람들은 서로 어떻게 지냈는가? 그들은 무엇을 하면서 시간을 보냈는가? 하나님은 그들에게 어떤 일을 하셨는가? 그들은 서로 어떻게 대했는가?
- 그렇게 하는 사람들이 모인 그룹이 있다면 당신도 거기에 들어가고 싶어 하겠는가? 그 이유는 무엇인가?
- 우리는 구원받기 위해 무엇을 할 수 있는가? 우리는 성령을 받기 위해 무엇을 할 수 있는가? 당신도 그렇게 한 적이 있는가? 또는 그렇게 하고 싶은가?

**마음에 새기는 말씀**

"하나님이 말씀하시기를 말세에 내가 내 영을 모든 육체에 부어 주리니 너희의 자녀들은 예언할 것이요 너희의 젊은이들은 환상을 보고 너희의 늙은이들은 꿈을 꾸리라…누구든지 주의 이름을 부르는 자는 구원을 받으리라 하였느니라"(행 2:17, 21).

"그들이 사도의 가르침을 받아 서로 교제하고 떡을 떼며 오로지 기도하기를 힘쓰니라…하나님을 찬미하며 또 온 백성에게 칭송을 받으니 주께서 구원 받는 사람을 날마다 더하게 하시니라"(행 2:42, 47).

**묵상**

우리는 우리 안에 내주하시는 성령께 순복해야 한다.

## STORY 1 창조 태초에

### 핵심 내용

- 모든 것의 시작은 하나님이다.
- 하나님은 말씀으로 세상을 창조하셨다.
- 하나님은 순서대로 질서 있게 세상을 창조하셨다.
- 처음에 창조된 것은 모두 '좋은' 것이었다.
- 인간은 하나님의 형상대로 창조되었고, 그분이 지으신 피조물 중 가장 귀하다.

### 추가 정보

- 로마서 1장 20절에는 하나님이 만드신 것들 가운데 그분의 영원하신 능력과 신성이 분명히 드러나 있다고 나온다. 모임 중 시간이 여유 있을 경우 눈에 보이지 않는 하나님의 특성이 피조물 가운데 어떻게 드러나는지 토의하라.

- 창세기에 기록된 창조 이야기에 대한 토의는 말 그대로 하나님이 칠 일 동안에 세상을 창조하셨는지 아닌지에 대한 이야기로 쉽게 번질 수 있다. 그러나 이 이야기의 목적은 하나님이 모든 것을 창조하신 분이라는 사실을 알리는 것이다. 하나님이 목적과 의도를 가지고 세상을 창조하셨고, 특히 우리를 그분의 피조 세계를 돌보는 선한 청지기로 창조하셨다는 사실을 우리에게 알려 주고자 하는 것임을 기억하라.

## STORY 2 타락 쫓겨난 낙원

### 핵심 내용

- 에덴동산에는 아담과 하와에게 필요한 것이 모두 다 있었다. 하나님은 그들에게 풍성한 자유를 주셨고 딱 한 가지만 제한하셨다.

- 뱀은 하와를 유혹하려고 하나님이 하신 말씀을 의심하게 만들었다. 뱀이 한 말 중에는 사실인 것도 있고, 하나님이 하신 말씀을 왜곡시킨 것도 있었다.

- 아담과 하와는 죄 때문에 하나님을 피해 숨었다. 그리고 그 죄 때문에 하나님과 그들의 관계에 변화가 생겼다.

- 하나님이 뱀과 하와와 아담을 심판하실 때 이미 그분에게는 구원 계획이 있었다.

### 추가 정보

- 창세기 3장 15절은 성경에서 예수님을 언급한 첫 번째 예언이다.

- 사탄은 하와에게 했던 것처럼, 예수님을 시험할 때도 하나님이 하신 말씀을 인용하는(마 4:1-11) 똑같은 전략을 사용했다. 그리고 하와에게

했던 것처럼 예수님에게도 식욕과 야망을 자극하는 전술을 사용했다.

- 우리가 하나님과 함께 영원히 사는 것은 인간을 향한 하나님의 궁극적인 목표이다. 그런데 왜 하나님은 아담과 하와에게 생명나무의 열매를 먹지 못하게 하셨느냐며 참 이상하다고 생각하는 사람들이 있다. 그러나 타락한 그들이 생명나무의 열매를 먹을 수 있게 되었다면 비극이었을 것이다. 하나님에게는 우리를 구원하시고 '새로운 피조물'로 영원한 생명을 누릴 수 있게 하시려는 다른 계획이 있었다(고후 5:17).

## STORY 3 홍수 후회와 구원

### 핵심 내용

- 하나님은 인간의 죄를 애통해하셨다(슬픔과 괴로움).
- 노아의 홍수 이야기는 하나님의 성품을 잘 보여준다. 하나님은 불순종을 심판하신다. 그러나 그들을 구원하기 원하신다.
- 노아는 매우 위태로운 상황에서 하나님에게 순종했다. 비가 오리라는 그 어떤 보장도 없는 상태에서 그는 하나님의 음성만을 믿고 방주를 지었다.
- 하나님은 노아에게 지금까지도 신실하게 지키시는 약속을 해주셨다.

### 추가 정보

- 많은 사람이 하나님을 아무 감정도 없는 분으로 생각한다. 그런데 창세기 6장 6절에는 하나님이 "한탄하시고 마음에 근심하셨다"고 나온다. 이 진술을 통해 우리가 하나님에 대해 무엇을 알 수 있는지 그리고 하나님을 어떻게 대해야 하는지를 질문하고 토의하라. 하나님이 고통

(또는 기쁨, 분노, 즐거움 등의 여러 가지 감정)을 느끼시는 분이고 그분의 형상대로 우리를 지으셨다는 사실에 비추어 볼 때, 우리가 하나님과 정서적으로 관계를 맺는 것은 적절한가? 우리의 감정이 하나님과 같다면 우리를 슬프게 하는 것은 무엇인가? 기쁘게 하는 것은 무엇인가? 또 무엇 때문에 화를 낼 것 같은가? 그리고 언제 평화를 느낄 것 같은가?

- 하나님은 노아에게 동물의 암수 한 쌍씩을 방주 안으로 들이라고 지시하시면서 '정결한' 짐승은 암수 일곱 쌍을 들이라고 말씀하셨다(창 7:2-3). 그 정결한 짐승들은 홍수 후에 멸종 위기에 처하지 않고 노아와 그의 가족이 하나님께 드리는 제물이 될 수 있었다.

- 하나님은 이사야 54장 9-10절에서 하나님이 이스라엘을 어떻게 용서하시는지를 보여주는 예로 '노아의 홍수'를 언급하셨다. 예수님은 마태복음 24장 37절과 누가복음 17장 26절에서 예수님의 재림을 예언하시면서 '노아의 때'를 언급하셨다. 예수님의 재림도 노아의 홍수처럼 사람들에게 예상치 못했던 큰 충격이 될 것이라고 말씀하셨다. 베드로는 베드로전서 3장 18-22절에서 우리가 그리스도 안에서 구원받은 것을 하나님이 노아를 구원하신 것과 비교하면서 '노아의 때'를 언급했다.

## STORY 4 민족들 바벨탑

### 핵심 내용

- 하나님은 사람들에게 땅을 정복하고 땅에 충만하라고 거듭 명하셨다.

- 바벨탑 건설은 한곳에 머물면서 인간의 방식으로 하나님에게 도달하려고 하는 하나의 시도였다.

- 공용어를 말하는 능력은 어떤 일을 해내는 데 아주 중요한 역할을 한

다. 그 능력이 없어지면 사람들은 각기 다른 무리로 흩어진다.

### 추가 정보

- 시날 반도에 거주하던 사람들이 세운 탑은 아마도 옛 바빌로니아와 시리아에 있었던 신전과 같은 것으로 사당이나 신당으로 사용하기 위한 테라스 형태의 피라미드 꼴이었을 것이다. 많은 학자는 그 탑이 홍수를 피하기 위한 피난처로 유용하게 사용되었을 것이라고 믿는다. 그리고 그것이 노아 이후 세대의 마음속 한가운데를 차지했으리라고 믿는다.

- 오순절에 예루살렘에 모여 있던 신자들에게 임하신 성령은 본질적으로 바벨탑의 저주를 뒤집으셨다. 그곳에 모여 있던 사람들에게 각기 다른 방언으로 말할 수 있는 능력을 주셨고, 함께 있던 각기 다른 배경을 가진 무리에게 그들 각각의 언어로 복음을 들을 수 있는 기회를 주셨다(행 2:4-11).

- 다양한 언어를 사용하고 각기 다른 문화를 가진 집단은 하나님의 나라를 풍요롭게 한다. "각 나라와 족속과 백성과 방언"을 가진 사람들이 모여 예수님을 경배하게 될 것이다(계 7:9).

- 하나님이 도시나 탑이나 한곳에 모여 있는 사람들을 적대시하시는 것은 아니다. 요한계시록은 하나님의 도성과 그분 안에서 연합된 하나님의 백성을 보여준다. 반면 바벨탑 이야기는 하나님을 제외하고 문명화를 이루려는 인간의 노력과 시도를 막으시는 하나님을 보여준다. 땅을 정복하고 땅에 충만하라는 사명은 아직 이루어지지 않은 상태였다. 그래서 그들이 시도했던 편협하고 한정된 문명화는 하나님의 계획을 무시하고 도전하는 것이었다.

## STORY 5 아브라함 약속된 축복

### 핵심 내용

- 아브라함은 일가친척을 다 뒤로하고 갈 곳이 어딘지 알지 못한 채 하나님께 순종하여 앞으로 나아갔다.

- 하나님이 아브라함에게 약속하신 복은 아담과 하와에게 명하셨던 말씀이 발전한 것이었다.

- 아브라함은 '큰 민족'을 이루게 하실 것이라는 하나님의 약속을 불가능하다고 보았다. 왜냐하면 아브라함은 이미 일흔다섯 살이었지만 그때까지 자녀가 없었기 때문이었다(창 12:2).

- 아브라함은 새롭게 정착할 곳에 이를 때마다 하나님을 경배했다.

### 추가 정보

- 이 장의 제목이 '아브라함'이긴 하지만 이 이야기에서 그는 아직 아브람으로 그의 아내는 사래로 불린다. 나중에 두 사람이 살아가면서 맞이할 중요한 시점에 하나님이 아브라함과 사라로 바꿔주신다. 두 사람의 새로운 이름은 하나님의 약속으로 형성된 그들의 정체성을 보여준다.

- 사도 바울과 히브리서를 기록한 저자는 종종 아브라함을 믿음의 본보기로 강조했다. 히브리서 기자는 이 장의 이야기를 구체적으로 언급하면서 "믿음으로 아브라함은 부르심을 받았을 때에 순종하여 장래의 유업으로 받을 땅에 나아갈새 갈 바를 알지 못하고 나아갔으며 믿음으로 그가 이방의 땅에 있는 것 같이 약속의 땅에 거류하여 동일한 약속을 유업으로 함께 받은 이삭 및 야곱과 더불어 장막에 거하였으니 이는 그가 하나님이 계획하시고 지으실 터가 있는 성을 바랐음이라"(히 11:8-10)고 말했다. 과거의 삶을 뒤로하고 떠난 것, 다시 말

해 낯선 땅에서 나그네로 살면서 영원한 본향을 사모하는 것은 우리가 살아가야 할 삶의 모습을 보여주는 하나의 비유이다.

## STORY 6 이삭 성취된 약속

### 핵심 내용

- 하나님이 아브라함에게 하신 약속은 불가능한 것처럼 보였다. 그러나 하나님에게 불가능한 일이란 없다.
- 아브라함은 하나님이 어떻게 그분의 약속을 지키실지 알지 못했고 그래서 자기 노력으로 그 약속을 이루어보려고 했다. 하지만 궁극적으로 그는 하나님을 믿었다.
- 하나님이 이삭을 제물로 바치라고 명하셨을 때 중요한 것은 그분이 약속하신 것을 움켜잡는 것이 아니라 그분에게 순종하는 것이었다. 다시 말해서 선물보다 선물 주신 분을 더 소중히 여기는 것이 중요하다.

### 추가 정보

- 이 장의 제목이 '이삭'이긴 하지만 실제로는 아브라함과 하나님이 그에게 주신 약속이 이야기의 중심을 이루고 있다. 이삭은 중요한 족장들 중의 한 사람이지만 성경은 근본적으로 이삭을 아브라함의 아들이자 야곱의 아버지로 이야기하고 있다. 하나님의 이야기가 이삭에게 초점을 맞추고 있는 부분은 아주 미미하다.
- 이 이야기에서 하나님의 약속에 웃음을 터뜨린 사람은 사라였다. 그러나 창세기 17장에서 하나님이 아브라함에게 그 약속을 상기시켜 주셨을 때는 아브라함도 웃었고 다른 계획을 제안하기까지 했다(창

17:18). 그럼에도 성경은 아브라함과 사라를 위대한 믿음을 가진 자로 칭찬하고 있다.

- 이삭은 할례를 받았다. 그 이유는 창세기 17장 10-11절에서 하나님이 할례를 아브라함의 가족과 맺은 언약의 표시로 삼으셨기 때문이었다.

- 아브라함은 하나님의 약속을 믿었고 그분은 그의 믿음 때문에 아브라함을 의롭게 여기셨다. 그 사실은 신약 성경을 기록한 기자들이 하나님이 믿음을 통해 은혜로 우리를 구원하신다는 사실을 입증하는 데 중요한 핵심이 되었다. 그 예로 사도 바울은 로마서 4장에서 아브라함의 믿음에 대해 많이 언급했다. 아브라함의 믿음에 대해 좀 더 알아보려면 히브리서 6장 13-15절, 11장 11-12, 17-19절을 읽어 보라.

- 이삭을 제물로 드리려 했던 아브라함의 제사는 하나님이 그분의 아들 예수님에게 하실 일을 극적으로 보여준다. 하나님은 우리의 죄를 대신해 예수님을 희생 제물로 삼으셨다. 아브라함이 이삭을 바쳤던 산은 나중에 예루살렘 성이 세워진 터가 되었다. 그리고 예수님이 십자가에 달리신 곳도 바로 그곳이었다.

## STORY 7 야곱 하나님을 만남

### 핵심 내용

- 야곱에게 죄가 없었던 것은 아니다. 사실 그는 자신을 궁지로 몰아넣는 많은 문제를 일으켰다. 그러나 하나님이 그를 선택하셨고 보호해 주셨고 그에게 신실하셨다.

- 야곱의 가정은 엉망진창이었고 그는 그 문제들을 풀어가야 하는 고민을 안고 있었다. 그러나 하나님이 그를 돌보셨고 또 중요한 약속을 해

주셨다.

- 하나님이 주도적으로 야곱을 만나셨다.
- 야곱은 끈질기게 하나님과 씨름하며 끝까지 축복해 달라고 주장했다. 그리고 하나님은 그런 그를 존중해 주셨다.
- 야곱은 그가 크게 걱정했던 일에서 벗어날 수 있었다.

### 추가 정보

- 요한복음 1장 43-51절에서 나다나엘은 빌립을 통해 예수님에 대한 이야기를 들었지만 매우 회의적이었다. 마침내 그가 예수님을 만나게 되었을 때 예수님은 선지자의 통찰력으로 그에 대해 말씀하셨고 결국 그는 예수님이 어떤 분이신지 확신하게 되었다. 예수님은 나다나엘이 더 큰일을 보게 될 거라는 확신을 심어주시며 "하늘이 열리고 하나님의 사자들이 인자 위에 오르락내리락하는 것을 보리라"고 말씀하셨다(요 1:51). 그 말씀을 통해 예수님은 야곱의 꿈을 그분 자신과 연결시키셨고 자신이 진정한 벧엘, 즉 하나님의 집과 하늘 문이라는 사실을 단언하셨다.
- 야곱이라는 이름은 '탈취하는 자'라는 뜻이다. 그 이름은 그가 사람들을 속였던 때를 상기시켜 주었다. 하나님이 그에게 주신 새 이름 '이스라엘'은 '하나님과 겨룸' 또는 '하나님과 함께 다스림'이라는 뜻이다. 야곱과 씨름하던 천사가 야곱에게 그의 이름을 물은 것은 그보다 우위에 있는 권위를 주장하면서 그의 옛 본성을 자백하게 만들려는 의도였을 것이다. 야곱의 새 이름은 이스라엘 민족의 이름이 되었다. 나중에 성경에서 야곱과 이스라엘이라는 이름이 종종 같은 뜻으로 함께 사용되었는데 특히 예언서에서 많이 볼 수 있다.

## STORY 8 요셉 고통 속의 섭리

### 핵심 내용

- 요셉이 꾼 꿈은 사실이었지만 수년 동안 사실이 아닌 것처럼 보였다.
- 성경에서 요셉이 그가 처했던 부당한 상황에 부정적으로 반응했던 모습을 보여주는 기록은 전혀 찾아볼 수 없다.
- 요셉이 겪은 모든 일 가운데 하나님이 그와 함께하셨고 그리하여 정확하게 그가 있어야 할 자리에 결국 서게 하셨다.

### 추가 정보

- 많은 사람이 요셉이 보여주는 상징적인 예수님의 모습에 주목해 왔다. 예수님은 자신의 영광(꿈)을 주장하시다가 자신의 형제들(유대인 지도자들)에게 미움을 받고 배척을 당하셨다. 그리고 잠시 무덤에 계시는 동안 돌아가신 것으로 여겨졌다. 피에 물든 옷이 찢겨 나갔고 수년 동안 갈릴리에서 사역하셨다. 그리고 결국 형제들에게 인정받으시게 될 것이다. 성경에 나온 약속처럼 유대인들은 한때 머리 숙이고 싶어 하지 않았던 바로 그 메시아를 영접하게 될 것이다.
- 요셉은 그의 장남에게 '잊어버림'을 뜻하는 므낫세라는 이름을 지어 주었는데, 그것은 하나님이 그의 모든 고난과 아버지 집의 일을 다 잊어버릴 수 있게 그에게 복을 주셨기 때문이었다. 그리고 둘째 아들에게는 '창성함'이라는 뜻을 가진 에브라임이라는 이름을 지어 주었는데, 그것은 하나님이 그가 수고한 땅에서 그를 번성하게 하셨기 때문이었다. 요셉의 두 아들의 이름은 우리가 경험하게 되는 고통스러운 상황 속에서 하나님이 어떻게 우리를 구원해 주시는지를 보여주는 증거이다.
- 창세기 50장 20절에 대응하는 신약 성경 구절은 많은 사람에게 큰 힘

을 주는 로마서 8장 28절이다. 우리는 하나님이 어떻게 모든 것을 합력하여 선을 이루시는지 잘 알지 못한다. 그러나 일어나서는 안 될 일에 대한 책임이 실제로 요셉의 형들에게 있었던 것처럼, 너무나 부당한 일이 벌어지고 있는 상황에서도 하나님은 우리 삶의 모든 부분을 세밀하게 다스리신다.

## STORY 9 모세 중대한 사명

### 핵심 내용

- 하나님은 이스라엘 백성의 부르짖음을 들으시고 그들을 불쌍히 여기셨다.
- 하나님은 중요한 과업을 위해 모세를 선택하셨다. 모세는 자신이 그 과업을 수행할 만한 사람이 아니라고 느꼈지만 그분의 선택은 탁월하셨고, 그것은 양도할 수 없는 것이었다.
- 하나님은 모든 장애를 미리 알고 계셨고 모세에게 그 과업을 수행하는 데 필요한 모든 것을 공급해 주시기로 약속하셨다.
- 우리는 하나님이 우리에게 일을 맡기실 때 두려움을 느낄 수 있다. 그러나 하나님이 우리와 함께하신다는 믿음을 가지고 감당해야 한다.

### 추가 정보

- 하나님은 아브라함에게 그의 후손이 사백 년 동안 종살이를 하면서 학대받게 될 것이라고 말씀하셨다(창 15:13). 하나님이 이스라엘 백성의 기도에 오랫동안 응답하지 않으신 것처럼 보일 수도 있다. 그러나 하나님은 오래전 예언대로 정확하게 응답하셨다.

- 신약 성경에 나오는 순교자 스데반은 유대인의 법정에서 자신을 변호하면서 아브라함 때로부터 모세 때까지를 간결하게 요약했다. 이 장에 소개한 이야기의 배경이 되는 이스라엘 역사의 한 부분을 볼 수 있는 사도행전 7장 1-34절을 읽어 보라.

## STORY 10 유월절 놀라운 구원

### 핵심 내용

- 하나님이 애굽에 내리신 마지막 재앙에서 이스라엘 백성을 구원하신 것은 어린 양과 피 제사에 얽힌 상징들을 의미심장하게 보여준다.
- 이스라엘 백성은 구원받기 위해 어린 양의 피로 자신들을 '가려야' 했다.
- 하나님은 바로 왕과 재앙으로 나타난 자연적인 현상들뿐 아니라 죽음까지 포함한 하나님의 대적들을 물리치시는 전적인 능력을 드러내셨다.
- 하나님은 유월절 사건과 그 사건이 상징하는 의미들이 후세에도 늘 기억되고 기념되기를 원하셨다.

### 추가 정보

- 아홉 번에 걸친 재앙에는 땅을 뒤덮은 어둠과 나일 강과 개구리 떼와 파리 떼와 메뚜기 떼 등이 있었다. 애굽 사람들은 태양신과 강의 신과 그밖에 각종 동물들과 식물들을 지배하는 수없이 많은 신을 섬기고 있었다. 아홉 번에 걸친 각각의 재앙은 애굽의 특정한 신들을 능가하는 하나님의 우세한 능력을 보여준다.
- 예수님은 유월절 전날 십자가에 달리셨고, 제자들과 함께하신 마지막 만찬은 유월절 절기를 축하하는 행사였던 것처럼 보인다. 신약 성경이

예수님을 세상 죄를 지고 가는 하나님의 어린양으로 구체적으로 언급하며 그분의 피가 우리를 죽음과 종살이에서 구원한다고 한 것은 우연이 아니다. 유월절은 하나님의 흠 없는 장자의 보혈을 통해 우리에게 구원을 베푸시는 것을 극적으로 보여준다.

## STORY 11 홍해 갈라진 바다 사이로 탈출

### 핵심 내용

- 이스라엘 백성이 경험한 사건에서 볼 수 있듯이 과거에 우리를 사로잡고 있던 것은 우리를 쉽게 놓아주지 않는다.
- 이스라엘 백성은 공격받기 쉬운 아주 불리한 입장에 처해 있었고 그들 눈에는 빠져나갈 수 있는 방법이 보이지 않았다.
- 하나님이 그분의 백성을 어려운 상황으로 인도하시는 것처럼 보일 때에도, 하나님은 그 백성을 올바르게 인도하신다.
- 하나님은 그분의 백성을 보호하신다. 그분이 부르신 사람들을 위해 친히 싸우신다. 우리는 물러서지 말라는 명을 받았다.

### 추가 정보

- 이스라엘 백성이 홍해를 지나며 애굽 군대로부터 구출받은 사건 속에서 많은 사람은 세례의 상징적인 모습을 본다. 예수님의 피가 우리를 덮는 동안 하나님이 먼저 우리 죄를 넘어가신다. 그리고 물을 통과하면서 우리는 우리를 얽어매던 것들을 다 뒤로하고 새로운 생명으로 들어간다.
- 홍해를 지나며 구출받은 사건을 주제로 한 시편이 많이 있다(시 66:6,

74:13, 77:19, 78:13, 52-53, 106:7-11, 136:10-15). 구약의 선지자들도 그 사건을 상징적으로 사용했다(사 10:26, 43:2, 16, 51:10, 63:11-13). 또 많은 사람은 그 사건을 이스라엘이 하나의 국가로 탄생하는 것을 보여준다고 생각한다.

## STORY 12 십계명(시내산-율법) 언약을 맺음

### 핵심 내용

- 하나님의 임재를 가볍게 생각해서는 안 된다. 하나님 앞에 서려면 준비가 필요하고 하나님을 위해 자신을 따로 구별해야 한다.
- 이스라엘과 맺은 하나님의 언약에는 구체적인 헌신과 서로에 대한 기대가 포함되어 있다.
- 하나님의 백성에게 가장 중요한 것은 하나님을 섬기는 것이다. 하나님은 우리가 그 무엇보다 그분을 사랑하기 원하신다.
- 하나님이 주신 계명은 그분의 백성을 제한하기 위한 것이 아니라 그들에게 유익을 주기 위한 것이다. 하나님의 뜻에 따라 살아갈 때 더 만족스러운 삶을 살게 된다. 성경은 하나님의 율법을 해야 할 것과 하지 말아야 할 것을 단순하게 나열한 것으로 보지 않고 그분과 맺고 있는 관계를 보여주는 것으로 제시한다.

### 추가 정보

- 수백 년 동안 많은 랍비는 시내 산 언약을 하나님과 그 백성이 서로 기대하는 바를 가지고 약속을 맺는 하나의 언약식과 같은 것으로 보았다. 이런 견해는 예레미야 2장 2절을 통해 강화되었다. 그리스도인은

그 언약식이 어린양(예수님, 신랑)과 요한계시록 19장, 21장에 나오는 신부의 결혼으로 완성될 것이라고 이해하고 있다.

## STORY 13 열두 정탐꾼 믿음 대 불신

### 핵심 내용

- 하나님은 이스라엘 백성이 약속의 땅을 정복할 수 있는지를 알아보려고 정탐꾼을 보내신 것이 아니었다. 하나님은 그들이 그곳에 들어가기 전에 그곳이 어떤 곳인지 미리 알 수 있도록 그들을 보내셨다.
- 이 이야기는 하나님의 약속을 믿지 않는 불신과 하나님을 거역하는 배신과 하나님의 말씀을 소홀히 여기는 무시를 비교하고 있다.
- 히브리 백성이 경험한 사건들은 대부분 그들이 하나님의 약속을 믿고 순종했는지에 따라 그 결과가 달라졌다.
- 하나님이 이스라엘 백성을 용서하셨지만 그들의 불신은 여전히 심각한 결과를 불러왔다.

### 추가 정보

- 성경에서는 다른 사람들에 대한 두려움을 종종 믿음의 적으로 묘사한다. 여호수아는 믿음과 용기를 보여준 두 정탐꾼 중 한 사람이었다. 그럼에도 하나님은 그가 약속의 땅으로 이스라엘 백성을 인도하려고 준비하는 동안 거듭해서 그에게 강하고 담대하라고 말씀하셨다.
- 히브리서 기자는 믿음이 약해지는 그리스도인들이 따라야 할 하나의 본보기로 이 사건을 예로 들었다. 그는 그리스도인의 삶을 약속의 땅

과 비교하면서 광야에서 이스라엘 백성이 시험받을 때처럼 마음을 완고하게 하지 말라고 경고한다(히 3:7-19).

## STORY 14 여호수아 약속의 땅으로

### 핵심 내용

- 라합은 우리가 성경에 나오는 주인공이라고 여기는 그런 사람은 아니다. 그러나 라합은 정확하게 하나님이 종종 사용하고자 선택하시는 그런 사람이다.
- 사십 년 전에 가나안 땅으로 갔던 정탐꾼들과 달리 여리고 성으로 갔던 두 정탐꾼은 전략적으로 정보를 탐색하고 돌아와 믿음에 찬 보고를 했다.
- 여리고 성을 정복하는 데 필요한 중요한 열쇠는 하나님의 전략을 따르는 것이었다.
- 하나님의 전략은 종종 예상치 못한 기이한 것으로 우리로서는 전혀 생각해낼 수 없는 것이다.
- 하나님은 우리와 우리가 성취해야 할 목적 사이에 놓인 그 어떤 장애도 극복하실 수 있는 분이다. 하나님은 어떤 방해가 있더라도 그분이 약속하신 것을 이루신다.

### 추가 정보

- 히브리서 11장 31절과 야고보서 2장 25절은 라합을 믿음의 본보기로 언급하고 있다. 라합이 기생이었지만 하나님이 하시는 일을 알아보고 그분의 백성 편에 섰기 때문에 의인으로 여겼다.

- 여리고 성에서 취한 모든 것을 하나님께 드리라고 한 지시는 모든 곡물과 수입과 전리품 등의 첫 수확물을 하나님께 드리는 원리를 실제로 가르치려는 것이었다. 율법서는 그 원리의 실천을 자주 언급하고 있다.

## STORY 15 기드온 압제와 두려움을 딛고 일어선 큰 용사

### 핵심 내용

- 불순종과 우상 숭배로 곤경에 처한 책임은 이스라엘 백성에게 있었다. 하지만 그들이 하나님께 부르짖었을 때 그분은 여전히 그들에게 자비를 베푸셨다.

- 기드온은 그다지 영웅다운 사람이 아니었다. 그러나 하나님은 그의 연약함에도 그분의 신실하심을 보여주는 하나의 본보기로 기드온을 택하셨다.

- 하나님이 기드온에게 지시하신 첫 번째 과업은 바알의 제단을 무너뜨리고 하나님의 제단을 쌓는 것이었다. 그 지시는 이스라엘 백성의 영적 몰락을 밝히는 강력한 경고였다.

- 하나님은 이스라엘의 적을 물리치고 싶으셨을 뿐 아니라 그 전투를 통해 영광을 받으시고 그분의 백성이 하나님께 돌아오길 바라셨다.

- 여리고 전투에서 볼 수 있듯이 하나님의 전략은 우리가 생각해낼 수 있는 그런 전략이 아니다.

- 기드온이 두려워했던 순간도 있었지만 하나님은 포기하지 않으시고 그를 격려하셨다.

### 추가 정보

- 기드온의 이야기는 우리의 연약함에 대해 "내 은혜가 네게 족하도다 이는 내 능력이 약한 데서 온전하여짐이라 하신지라"(고후 12:9)고 말씀하신 주님의 마음을 이야기한 사도 바울의 진술과 잘 어울린다. 기드온에 대해 함께 이야기한 후 여유가 된다면 고린도후서 12장 9-10절을 읽고 그 구절과 연관된 개인적인 경험을 나눠 보라.

## STORY 16 룻 회복되고 구원받은 여인

### 핵심 내용

- 이야기가 시작될 때 나오미는 유대인 여성으로서 상당히 무력했다.
- 나오미를 향한 룻의 충실함은 보기 드문 것으로 매우 이타적이었다.
- 이야기에 명확하게 나와 있지는 않지만 하나님이 룻을 보아스의 밭으로 인도하셨다는 사실을 넌지시 암시하고 있다.
- 룻이 밤에 보아스에게 한 간청은 상당한 믿음을 요구하는 모험이었다. 보아스가 긍정적으로 응하지 않았다면 또는 그곳을 찾아간 룻의 의도를 오해했다면 또는 보아스와 함께 자고 있던 사람들이 잠에서 깨어 룻을 보았다면 분명히 룻은 좋지 않은 평판에 휩싸이고 그 사회에서 쫓겨날 수도 있었을 것이다.
- 하나님은 나오미가 처한 비참한 상황에서도 좋은 일이 일어나게 하셨다. 온 가족의 큰 기쁨이 된 나오미의 증손자는 이스라엘의 위대한 왕이 되었고 메시아의 조상이 되었다.

### 추가 정보

- 모압 사람들은 그 태생 때문에 유대인들에게 상당한 무시를 당했다(창 19:30-38). 이스라엘에서 룻은 그 민족적인 배경 때문에 다른 사람들에게 얕보일 수도 있었다. 보아스가 자기 밭에서 룻이 안전하게 일할 수 있도록 세심하게 보살펴준 이유도 아마 그 때문이었을 것이다.

- 약속의 땅에서 상속은 매우 중요한 문제였다. 하나님의 율법에도 한 사람이 자녀를 두지 못하고 죽게 될 경우를 대비한 조항이 있었다. 그 조항은 죽은 사람의 형제나 가까운 친척이 기업 무를 사람이 되어 그 죽은 사람의 아내와 결혼하고 자녀를 낳도록 규정하는 내용이었다. 그리고 그 자녀는 그 사람의 후손이 아니라 죽은 사람의 후손이 되게 했다. 그것이 나오미와 룻이 바라던 일이었다. 그리고 보아스가 룻과 결혼하여 나오미의 땅을 회복시켜 주기 전에 자신보다 더 가까운 친척에게 기업 무를 자가 되고자 하는지를 먼저 확인했던 이유이기도 하다.

- 마태복음 1장 5절과 누가복음 3장 32절에 기록된 예수님의 족보에는 보아스의 이름이 나온다. 반면에 기업 무를 자가 되지 않기로 했던 이름 모를 그 사람은 예수님의 족보에 들어가지 못했다.

- 많은 사람이 룻의 이야기 속에서 예수님이 우리를 위해 하신 일들을 찾아낸다. 룻의 이야기는 소망이 없는 한 여인의 이야기로 시작된다. 룻은 하나님이 약속하신 유산과는 아무 상관이 없는 이방인이었지만 믿음으로 구속자에게 다가갔다. 그리고 그 구속자는 하나님 가족의 일원이 되게 해주었고 영원한 유산을 물려받을 수 있게 해주었다.

## STORY 17 사울-무심 왕의 타협

### 핵심 내용

- 아말렉 족속에 대한 하나님의 심판은 그들이 이스라엘 백성을 격렬하게 적대시했던 오래된 역사에 바탕을 두고 있다.
- 사울은 하나님이 지시하신 명령의 핵심만 이행해도 충분하다고 생각했다. 그는 자신이 순종했다고 생각했던 것 같다.
- 이 이야기와 다른 이야기에서 볼 수 있듯이(삼상 13:5-14) 사울은 하나님 말씀에 주의를 기울이지 않았던 소홀함 때문에 그의 왕권을 잃었다.
- 이 이야기는 표면적으로 외적인 순종을 강조하는 것처럼 보이지만 실제로는 하나님을 향한 우리의 마음가짐을 다루고 있다. 이 사실은 후에 하나님이 다윗을 왕으로 선택하실 때 분명하게 드러난다.

### 추가 정보

- 아말렉 왕을 제외하고는 아말렉 사람을 모조리 다 죽였다고 사울은 말했다. 하지만 그 후 오랫동안 이스라엘 백성은 계속해서 아말렉 족속을 마주해야 했다. 나중에 다윗은 아말렉 용사들과 여러 차례 맞서 싸웠고, 수백 년 후 에스더서에 나오는 이스라엘의 원수도 아말렉 사람 아각의 후손이었다. 이런 사실로 사울이 아말렉 족속을 모두 죽이지 않았다는 것을 분명히 확인할 수 있다.

## STORY 18 다윗-전심 하나님께 합한 사람

### 핵심 내용

- 법궤는 하나님의 임재를 보여주는 것이었다. 이스라엘 백성은 광야를 지나 약속의 땅으로 들어갈 때까지 법궤를 그들이 가는 곳마다 늘 함께 옮겨갔다.

- 하나님은 고상해 보이지 않더라도 진심으로 우러나는 예배를 원하신다. 하나님은 미갈이 마음을 다해 예배하는 사람을 비난했으므로 그녀에게 복을 주시지 않았다.

- 하나님은 다윗에게 영원한 나라를 약속하셨다. 그 약속은 다윗의 자손 메시아를 통해 이루어질 것이다.

- 다윗이 성전을 짓고자 한 것은 그저 건물을 세우는 일 그 이상이었다. 성전은 하나님이 거하시는 곳으로 하나님을 예배하고 그분을 만날 수 있는 곳이었다. 그리고 성전은 하나님을 높이고 싶어 했던 다윗의 열망을 표현하는 것이었다.

- 다윗이 열망했던 것은 함께하시는 하나님의 임재와 그분의 명성이었다. 다윗은 그의 생애를 통해 하나님을 중심으로 살아가는 삶이 어떤 것인지를 보여주었다.

- 하나님은 우리가 그분을 사랑하는 것을 가장 중시하신다.

### 추가 정보

- 가장 큰 계명의 배경을 알고 싶다면 신명기 6장 4-6절과 마태복음 22장 36-40절을 읽어 보라.

- 사무엘 선지자는 사무엘상 13장 14절에서 다윗을 '하나님의 마음에

합한 사람'이라 부르며 사울에게는 그런 자질이 없었음을 지적했다. 신약 성경에서 사도 바울은 이스라엘의 역사와 하나님의 참된 목적을 유대인 회중에게 상기시켜 주면서 이 구절을 인용했다(행 13:22).

- 다윗이 밧세바를 범하고 그 남편을 죽이고 그 사실을 덮으려고 했던 사건에서 볼 수 있듯이 다윗은 몇 차례 큰 실수를 범했다. 그러나 그렇게 실패한 후에도 그는 신속하게 하나님을 바라보았다. 하나님의 마음에 합한 자는 완벽한 사람을 뜻하는 것이 아니다. 그보다는 실패할지라도 언제나 하나님을 바라보는 것을 뜻한다.

- 다윗은 시편 27편에서 "여호와의 집에 살면서", 다시 말해서 하나님의 성전에서 그분을 사모하는 것이(시 27:4) 바로 그가 가장 바라는 것이라고 했다. 그리고 성전 낙성가로 알려진 시편 30편에도 그 내용이 나온다. 성전이 다윗의 다음 세대에 지어졌다는 것을 고려할 때 그는 믿음으로 그 시편을 썼던 게 분명하다.

## STORY 19 솔로몬-반심 하나님의 성전

### 핵심 내용

- 솔로몬이 성전을 건축한 것은 하나님이 다윗에게 하신 약속을 이루는 일이었다. 성전 건축은 다윗의 마음을 무겁게 하는 거룩한 부담에서 시작되었다. 성전 건축을 하나님이 주도하셨거나 지시하신 일로 묘사한 적은 한 번도 없었다. 그러나 하나님은 성전 건축을 축복하셨고, 하나님의 백성을 위해 그분이 계획하신 일의 일부로 사용하셨다.

- 성전은 하늘과 땅이 만나는 곳이라고 여겼다. 하나님의 백성이 그분을 예배하고 하나님이 그분의 백성과 함께하시며 그들을 만나시는 곳으

로 여겼다.

- 성전 봉헌은 하나님과 그분의 백성이 서로 기대를 담아 맺은 언약으로 묘사되었다.
- 많은 민족이 성전에서 하나님께 나아갈 것이다. 성전은 이스라엘 백성만을 위해 세워진 것이 아니었다.
- 성전에 거하시는 하나님의 임재와 이스라엘 백성을 향한 하나님의 은혜는 여러 가지 면에서 왕과 백성의 순종에 그 결과가 달려 있었다.

### 추가 정보

- 솔로몬 이야기는 열왕기상과 역대하에 나온다. 역대하는 열왕기상보다 나중에 기록되었지만 좀 더 자세한 내용이 나온다. 또한 이 장에서 다루는 이야기도 들어 있다.
- 성전 봉헌의 이야기는 우리가 혼란스럽다고 느낄 만한 성전 내부의 구체적인 장소들을 언급하고 있다. 성전은 바깥뜰과 성소라 불리는 안뜰과 지성소라 불리는 성소의 안쪽으로 구성되어 있었다. 지성소에는 법궤가 자리 잡고 있다. 그리고 법궤를 들여놓은 후 그 '지성소'에는 대제사장이 아주 특별한 의식을 거행할 때를 제외하고는 아무도 접근할 수 없었다.
- 솔로몬의 성전은 기원전 960년경에 완성되었고, 기원전 587년경 바벨론의 침략으로 무너졌다. 예수님 당시 예루살렘에 있던 성전은 원래 성전을 재건해 개조한 것이다.
- 신약 성경은 하나님이 성전에 거하시는 것처럼 믿는 사람들 속에 거하신다고 말한다. 지금은 믿는 사람 각자와 그들이 모인 교회가 하나님의 성전이다(고전 3:16-17, 6:19-20, 엡 2:19-22).

## STORY 20 욥 고난, 기도, 인내

### 핵심 내용

- 욥도 인간이므로 완전하지 않았다. 그러나 그는 일반적으로 하나님이 그분의 백성을 징계하시는 그 어떤 잘못도 범하지 않았다.

- 욥을 하나의 본보기로 삼으신 분은 하나님이셨지 사탄이 아니었다. 그리고 하나님은 사탄이 욥에게 할 수 있는 일을 제한하시며 사탄을 통제하셨다.

- 욥의 친구들이 한 말은 대부분 신학적으로 옳았다. 그러나 욥에게는 해당되지 않았다. 그 친구들은 모두 '옳은' 대답을 하지만 정작 하나님이 특정한 상황 가운데 어떤 일을 하시는지에 대해서는 이해하지 못하는 사람들을 대표적으로 보여준다.

- 욥은 자신이 처한 상황 때문에 혼란스러워하기도 하고 의문을 제기하기도 했다. 하나님은 그런 욥을 책망하지 않으셨다.

- 하나님은 욥에게 그의 자녀들을 제외하고 그가 잃어버린 것을 모두 두 배로 주셨다. 욥의 자녀는 그가 고난을 받기 전에 열 명이었던 것처럼 이후에도 열 명이었다. 많은 사람은 그 이유를 원래 있었던 욥의 자녀가 아예 없어진 것이 아니라 하나님과 함께 있었기 때문이라고 생각한다. 따라서 그들은 욥의 자녀 역시 다른 재산들과 마찬가지로 실제로는 두 배가 되었다고 말한다.

### 추가 정보

- 사탄이라는 단어의 문자적 의미는 '적, 상대'이다. 구약 성경에서 종종 사탄은 하나님의 법정에 나아가 그분의 백성을 비난하는 고발자로 등장한다.

- 레위기 26장과 신명기 28장에서 하나님은 복과 저주를 받는 조건을 설명하셨다. 하나님은 순종하는 사람에게 복을 주시고 불순종하는 사람에게 저주를 내리실 것이라고 계속해서 말씀하셨다. 다시 말해서 하나님이 그분의 백성을 다루시는 기준을 제시하셨던 것이다. 그 기준은 하나님이 한 국가의 백성으로 그들을 집단으로 다루시는 방식을 보여준다. 그런데 놀랍게도 그 기준은 욥의 세 친구가 가지고 있었던 관점과 거의 일치한다. 그러나 순종하는 사람에게 복을 주시는 원리는 개인의 삶에 적용되는 엄격한 법이 아니었다. 욥기를 통해 고난은 보편적인 것이며 그것이 언제나 하나님의 징벌은 아니라는 사실을 배울 수 있다. 고난은 한 사람의 의를 측정할 수 있는 확실한 기준이 아니다.

- 로마서 8장 18-25절과 고린도후서 4장 16-18절은 신약 성경의 관점으로 고난을 이해하는 데 도움이 된다.

## STORY 21 엘리야 영적 대결

### 핵심 내용

- 가뭄과 기근으로 하나님의 백성을 징계하신 분은 하나님이셨다. 그러나 하나님은 가뭄의 시작과 끝을 알리시려고 선지자를 사용하셨다.

- 하나님이 엘리야에게 그렇게 극적으로 응답하지 않으셨다면 엘리야의 도전은 그의 죽음으로 끝이 났을 것이다.

- 이 이야기에 나오는 사건의 목적은 아합과 이세벨의 우상 숭배를 심판하는 것일 뿐 아니라 이스라엘 백성의 마음을 하나님께 되돌리는 것이었다. 사건의 초점을 참 하나님을 섬기는 것에 맞추고 있다.

- 하나님이 이미 엘리야에게 비가 올 것이라고 말씀하셨지만 엘리야는 비가 올 때까지 끈질기게 기도할 필요가 있었다. 성경에서 볼 수 있는 하

나님의 선언은 일반적으로 숙명적 예언이 아니라 하나님의 목적을 위해 기도하라는 초청이다.

### 추가 정보

- 모든 축복과 저주가 기록된 신명기 28장뿐 아니라 신명기 11장 13-17절 역시 우상 숭배가 만연한 때에 하나님이 그분의 백성을 징계하시려고 가뭄과 기근을 사용하신다고 설명하고 있다.
- 엘리야라는 이름은 '여호와는 하나님이시다'라는 뜻이다. 이처럼 그의 이름이 곧 그가 전한 메시지였다. "여호와 그는 하나님이시로다"(왕상 18:39)라고 외치기 시작한 백성은 그 메시지를 이해하고 있었던 것이 분명하다.
- 엘리야가 아합과 이세벨이 참 하나님을 깨닫고 우상을 섬긴 것을 회개하기를 기대했다면 그는 깊이 실망했을 것이다. 사실상 갈멜 산에서 벌어진 대결은 이세벨의 화를 더 부추겼고 이세벨은 엘리야를 찾아 죽이겠다고 맹세했다. 그래서 엘리야는 도망쳤고 크게 낙심했다. 그는 다시 힘을 얻고 그에게 주어진 과업을 수행하기 위해 하나님을 만나야만 했다.
- 야고보서 5장 17-18절에서는 이 이야기를 우리의 기도가 얼마나 강력하고 효과적인지를 보여주는 한 예로 설명한다. 이 구절은 기도로 하늘 문을 열기도 하고 닫기도 했던 엘리야를 '우리와 성정이 같은 사람'으로 묘사하고 있다.

## STORY 22 요나 도망친 선지자

### 핵심 내용

- 요나는 하나님께 불순종하면서 그가 해야 할 일을 피해 도망쳤다.
- 하나님은 요나를 가만두지 않으셨다. 그리고 새로운 기회를 주셨다.
- 큰 물고기는 하나님이 요나의 생명을 지켜 주시고 그에게 마음을 돌이킬 수 있는 기회를 주려고 마련하신 것이었다.
- 하나님은 요나가 사람들을 긍휼히 여기시는 그분의 마음을 함께 나누고 이해하기 원하셨다.
- 하나님께 순종하는 것은 요나서가 다루고 있는 중요한 주제이긴 하지만 핵심 주제는 아니다. 요나서의 핵심 주제는 하나님을 알지 못하는 사람들을 향한 그분의 사랑이다.

### 추가 정보

- 예수님은 사랑하기 힘든 사람을 사랑하는 것에 대해 자주 말씀하셨다. 그 한 예로 마태복음 5장 43-46절을 읽어 보라.
- 요나의 이야기를 창세기 12장 1-3절에 기록된 아브라함과 하나님이 맺으신 언약과 비교해 보고 또 마태복음 28장 19-20절에 기록된 예수님의 지상 대명령과 비교해 보라. 열방을 향한 하나님의 마음은 성경 전체를 통해 나타나는 주제이다.
- 예수님은 요나가 물고기 뱃속에 있었던 기간을 그분이 무덤에 계셨던 기간에 비유하셨다(마 12:40). 더욱 흥미로운 것은 두 사건 모두 이방인을 향한 사역으로 이어졌고, 그 결과 많은 사람이 회심하게 되었다는 사실이다.

## STORY 23 이사야 다가올 일에 대한 징조

### 핵심 내용

- 이사야는 예수님이 오시기 수백 년 전에 활동했던 인물이다.
- 이사야서에 나오는 메시아에 관한 예언은 인간이지만 인간 그 이상이신 분을 묘사하고 있다.
- 메시아는 통치자이자 종이기도 하신 분으로, 고난을 받으시고 또 영광도 받으시는 분으로 오실 것이다. 예수님이 오시기 전까지 그런 대조적인 모습을 지닌 메시아를 이해하는 것은 상당히 어려운 일이었다. 그러나 예수님이 오셔서 그런 대조적인 모습이 그분에게 얼마나 잘 어울릴 수 있는지를 보여주셨다.
- 모세의 율법은 죄를 용서받는 데 흠 없는 제물의 피 제사를 요구했다. 예수님은 십자가에서 피를 흘리심으로 바로 그 제물이 되셨다.

### 추가 정보

- 신약 성경은 이사야서를 그 어떤 구약의 선지서보다 더 많이 인용했다.
- 이사야 선지자가 한 예언 중에는 그 당시에 적용되면서 또 먼 장래에도 적용되는 예언이 많았다. 예를 들면 처녀가 잉태할 것이라는 예언은 그 당시 이스라엘의 대적에게 어떤 일이 일어날 것을 암시하는 내용이었다. 그러나 또 구약 당시의 랍비들과 신약 성경의 기자들은 그 예언을 메시아의 탄생을 언급하는 것으로 보았다.
- 이사야서에 나오는 고난의 종에는 이스라엘과 예수님이라는 이중적인 의미가 내포되어 있다. 신약 성경과 다른 기독교 문헌에서 예수님은 이스라엘을 대표하시는 분이다. 그리고 우리가 예수님과 함께 부활할 수 있도록 우리 죄를 십자가에서 담당하셨을 때 그분은 인류 전체를 대표

하는 분이 되셨다. 심지어 고난의 종이 이스라엘을 암시하는 곳에서도 예수님을 이스라엘의 완성으로 간주한다.

## STORY 24 다니엘 타협 불가

### 핵심 내용

- 다니엘과 그의 친구들은 자신들의 의지와 무관하게 포로가 되었다. 그러나 그들은 어떤 상황에 처해 있든지 그곳에서 하나님을 섬겼다.
- 하나님은 역경에 처한 다니엘과 그의 친구들에게 복을 주셨다. 사람들이 그들에게 호의를 베풀게 하셨고, 그들을 건강하고 지혜롭게 하셨으며, 높은 지위에 오르게 하셨다.
- 다니엘과 그의 친구들은 하나님께 순종할 것인지 사람에게 순종할 것인지를 선택해야 하는 상황에 직면했다. 그들은 하나님께 순종하기로 선택했다. 그러나 그들을 다스리는 권세를 가진 사람들에게도 존경을 표했다.
- 다니엘은 중대한 일의 결정을 하나님께 맡겼다. 하나님이 그를 지켜주지 않으셨다면 그는 바벨론 당국자들의 손에 넘어갔을 것이다.
- 하나님은 다니엘과 그의 친구들의 신실함을 높이 평가하셨다. 하나님은 누구나 사용하실 수 있다. 하지만 특히 고결한 성품과 충성된 마음을 지닌 사람을 찾으신다.

### 추가 정보

- 다니엘과 그의 친구들의 이름은 모두 하나님과 관련 있는 히브리 이름이었다. 그러나 그들에게 붙인 바벨론 이름은 모두 바벨론의 이방 신

들을 언급한 것으로, 그들의 신원을 그러한 신으로 증명했다.

- 암송 구절은 이 장의 이야기 이후에 일어난 사건 속에서 발췌한 것이다. 왕이 자신이 꾼 꿈으로 당황해하고 있을 때 다니엘의 지혜와 통찰력이 시험대에 오르게 되었다. 그러나 그때는 하나님이 그를 위해 준비하신 순간이었다.

## STORY 25 에스더 두려움을 뛰어넘는 믿음

### 핵심 내용

- 하나님이 그분의 백성에게 아무런 적도 없게 하신 것은 아니었다. 그러나 그 어떤 적도 하나님의 백성을 위한 그분의 계획을 훼방하지 못하게 하셨다.

- 에스더는 두려움과 믿음을 모두 드러냈다. 용기는 두려움이 없는 것을 말하는 것이 아니다. 그것은 두려움에도 불구하고 옳은 일을 행하는 것이다.

- 하나님은 기회가 오면 앞으로 나아갈 수 있도록 그분의 종을 전략적인 위치에 배치하신다.

### 추가 정보

- 에스더는 성경 중에서 하나님을 한 번도 언급하지 않은 유일한 책이다. 이 이야기는 지금 우리 삶과 같이 인간사에 관여하시는 하나님을 우리 스스로 분별하게 한다. 그럼에도 이 이야기에는 하나님의 개입이 분명하게 드러난다.

- 모르드개가 하만에게 절하지 않은 것은 하나님이 인간에게 그런 경의

를 표하지 못하게 하셨기 때문이라고 잘못 생각하는 사람들이 있다. 그러나 그것은 사실이 아닌 것 같다. 하나님의 율법은 그분 외에는 그 어떤 것이나 그 어떤 사람도 숭배하지 못하도록 금하고 있다. 그러나 누군가를 존경하거나 경의를 표하려고 절하는 것은 결코 금하지 않았다. 실제로 성경에 그렇게 존경을 표하는 경우가 상당히 자주 보이는데 거기에는 부정적인 견해가 없다(창 23:12, 33:3, 43:28, 출 18:7). 모르드개가 하만에게 절하지 않은 것은 하만이 유대인의 적인 아말렉 족속 중의 한 사람이었기 때문이었던 것으로 보인다.

- 에스더서의 마지막 장은 하나님이 하만의 계략에서 이스라엘 백성을 구원하신 사건을 축하하며 유대인들이 지키고 있는 부림절의 기원을 묘사하고 있다. 부림절은 지금까지도 이어지며 유대인의 절기 중 가장 즐거운 절기로 지킨다.

## STORY 26 느헤미야 견고한 믿음

### 핵심 내용

- 오래전에 이스라엘 백성이 포로로 잡혀간 것은 느헤미야의 죄 때문이 아니었다. 그러나 그는 자기 동족을 대신하여 회개하고 그들을 위해 기도했다.

- 하나님은 느헤미야의 기도에 대한 응답으로 그를 사용하셨다.

- 느헤미야를 방해하려는 적들의 전술은 다양했다. 어떤 때는 교묘했고 어떤 때는 매우 노골적이었다. 때로는 외부에서 공격했고 또 때로는 내부에서 교란을 일으키기도 했다. 협박과 비방과 조롱과 비난과 유혹과 거짓말과 공갈과 위협 등을 모두 동원했다. 그러나 느헤미야는 그 어떤 것에도 흔들리지 않았다.

- 백성은 율법을 소홀히 여겼던 자신들의 잘못을 애통해했다. 그러나 새롭게 율법을 지킬 수 있는 기회를 얻게 된 것에 기뻐했다.

### 추가 정보

- 느헤미야가 성벽을 재건하는 과정에서 얼마나 자주 기도했는지 주목해 보라. 느헤미야 1장에는 성경에서 볼 수 있는 가장 절실하고 압도적인 기도가 나온다. 느헤미야는 사람들과 대화하고 충돌하면서도 하나님을 향해 기도했다.

- 습격하고 방해하는 사람들이 종종 불태우고 무너뜨리려 달려드는 오래된 도성의 성벽을 재건하고 보수하는 일은 힘든 과업이었다. 언제나 사람들이 보초를 서며 경계하지 않을 수 없었다. 그런 물리적 현실은 느헤미야의 과업이 얼마나 벅찬 일이었는지를 여실히 보여준다. 그리고 그런 현실은 이 땅에서 이루어지는 하나님의 일에는 격렬한 적들의 반대가 늘 따른다는 영적 사실을 말해 준다. 하나님의 백성은 공격에 저항하면서 믿음으로 계속 전진해야 한다.

## STORY 27 베들레헴-탄생 성취된 약속과 예언

### 핵심 내용

- 예수님은 사람이면서 하나님이셨다. 하나님 아버지의 아들로 인간 어머니를 통해 태어나셨다.

- 마리아와 요셉에게 예수님의 부모가 된다는 것은 놀라운 특권이었고 어렵게 감당해야 할 책임이었다.

- 하나님이 요셉과 마리아처럼 평범한 사람을 사용하시고 목자들에게

가장 먼저 예수님의 탄생 소식을 알리신 것은 구원이 모든 사람을 위한 것임을 보여준다.

- 예수님은 우리 죄에서 우리를 구원하시고 '우리와 함께하시는 하나님'이 되시고자 이 땅에 오셨다(마 1:23).

**추가 정보**

- 헤롯 왕은 동방박사의 이야기나 경쟁자가 될 만한 왕이 탄생했다는 소식에 분개했다. 이처럼 성탄절과 관련 있는 이야기가 이 장의 이야기에는 없다. 그 이유는 그런 내용을 예수님이 탄생하신 후에 일어난 일로 보기 때문이다. 그 이야기를 넣고 싶다면 마태복음 2장을 보라.

## STORY 28 요단강-세례 하나님의 보증

**핵심 내용**

- 세례 요한이 메시아일 수도 있다고 생각하는 사람들이 많았다. 하지만 세례 요한은 자기 자신과 예수님을 분명하게 구별했다.

- 세례 요한은 예수님을 세상 죄를 담당하시고 하나님의 성령을 사람들에게 주시는 분으로 여겼다.

- 세례 요한은 세례를 받겠다고 하시는 예수님의 요청을 의아하게 받아들였다. 그 이유는 예수님은 죄를 씻으실 필요가 없기 때문이었다. 그러나 예수님은 '모든 의를 이루기 위해' 반드시 세례를 받아야 한다고 말씀하셨다(마 3:15).

- 예수님이 세례를 받으시는 자리에서 삼위일체의 세 분 하나님이 모두 분명하게 드러나셨다.

### 추가 정보

- 회개할 때 우리는 애통해하지만 성경이 말하는 회개는 죄를 단지 후회하는 것만을 의미하지 않는다. 회개는 한 사람이 방향을 바꾸어 죄의 길에서 떠나 사고방식을 바꾸는 것을 의미한다.

- 성경은 예수님이 세례 받으신 이유를 직접적으로 설명하지 않는다. 그러나 예수님이 우리를 위해 의로운 본보기가 되시고 우리를 대신해 의를 이루시고자 세례를 받으셨다는 사실을 강조한다. 다시 말해서 예수님은 우리의 본이 되시고 우리를 대신하는 분으로 세례를 받으셨다.

- 세례에 대한 중요한 언급을 찾아보라(마 28:19, 막 16:16, 행 2:38, 41, 갈 3:27).

## STORY 29 광야-시험 입증된 진리

### 핵심 내용

- 하나님은 예수님이 시험받으시는 것을 허용하셨다. 성령이 그 목적을 위해 예수님을 광야로 인도하셨다.

- 사탄은 하나님이 예수님을 하나님의 아들이라고 하신 말씀에 의문을 제기했다. 그는 에덴동산에서도 하나님이 하신 말씀에 이의를 제기하는 똑같은 전략을 사용했다.

- 예수님은 성경을 인용해 사탄에게 대답하셨다.

- 사탄도 성경을 인용했다.

- 세 번째 시험은 사탄의 영향이 미치고 있는 세상을 구하시려는 예수님의 사명을 이룰 수 있는 방법을 제안한 것이었다. 그러나 그것은 세상

을 얻으시기 위한 하나님의 방법이 아니었다.

### 추가 정보

- 하나님이 온 세상을 다스리시는 주님이신데 어떻게 사탄이 예수님에게 천하만국을 주겠다고 제안할 수 있었는지 의아해하는 사람들이 많다. 그런데 실제로 사탄은 이 세상 체제와 제도의 권세에 영향을 미치고 있다. 이 사실과 깊은 관계가 있는 말씀을 찾아보라(요 12:31, 고후 4:4, 엡 2:2, 요일 5:19).
- 예수님이 받으신 시험과 우리가 받는 시험을 다루고 있는 말씀을 찾아보라(고전 10:13, 히 2:17-18, 4:14-16).

## STORY 30 열두 제자 따르는 자들

### 핵심 내용

- 이미 큰 무리가 예수님을 따르고 있었다.
- 어부들은 평소처럼 깊은 바다로 나가 밤새도록 고기를 잡았다. 그러나 아무 소득이 없었다.
- 예수님의 명령이 어부들이 성공하는 데 중요한 열쇠가 되었다.
- 예수님의 능력 앞에서 시몬은 자신이 죄인이라는 사실을 깨달았다.
- 예수님은 시몬(베드로)과 야고보와 요한이 그분을 따르려고 모든 것을 두고 떠날 수 있을 만큼 강력한 영향을 미치셨다.

## 추가 정보

- 예수님은 몰려들어 밀치는 사람들과 거리를 유지하기 위해 종종 배 위에서 가르치셨다. 그 예로 마가복음 3장 9절과 4장 1절을 보라.

# STORY 31 중풍병자 치유와 죄 용서의 권세

## 핵심 내용

- 예수님이 가시는 곳마다 많은 무리가 모여들었다.
- 중풍병자의 친구들은 대범하고 끈질긴 믿음을 보여주었다.
- 예수님은 중풍병자의 믿음뿐 아니라 그 친구들의 믿음에 응답하셨다.
- 예수님은 중풍병자의 마비된 몸에 관심을 가지셨다. 그러나 그는 무엇보다 먼저 죄를 용서받아야 했다.
- 죄를 용서하시는 권세를 행하시면서 예수님은 자신이 하나님이심을 주장하셨다.
- 예수님은 병을 고치는 권세가 있음을 보여주시면서 죄를 용서할 수 있는 권세도 있음을 입증하셨다.

## 추가 정보

- 가버나움은 시몬 베드로와 야고보와 요한과 안드레의 고향이었고, 세리 마태의 고향이기도 했다. 고고학자들은 그들이 베드로의 집을 그곳에서 찾았다고 믿는다. 그곳은 예수님이 사역하시는 동안 예수님의 고향처럼 여겨졌다.
- 지붕은 흙과 짚을 섞어 만들었고 일반적으로 평평했다. 그래서 사람들

이 올라가 구멍을 뚫을 수 있었다.

## STORY 32 예루살렘-거듭남 니고데모의 거듭남

### 핵심 내용

- 니고데모는 예수님을 하나님이 보내신 분으로 알고 있었다. 그러나 그 사실을 공개적으로 인정하는 것을 두려워했을 수도 있다. 그가 예수님을 밤에 찾아간 것은 자신의 동료 바리새인들 중 예수님을 적대시하는 사람들이 많았기 때문일 수도 있고 아니면 예수님을 따르는 많은 무리를 피하고 싶었기 때문일 수도 있다.

- 예수님은 하나님 나라에 들어가기 위해서는 거듭나야 한다고 말씀하셨다.

- 예수님을 믿는 믿음을 통해 거듭날 수 있다.

- 죄를 버리지 않고, 진리를 보지 않으려고 하며, 어둠을 사랑하는 사람들은 예수님에게 나아가지 않는다. 그러나 진리를 사랑하고 자신의 죄를 기꺼이 내어놓고자 하는 사람들은 예수님에게 나아가 구원을 받는다.

### 추가 정보

- 바리새인들은 종교적 정치적 집단이었다. 그들은 모세의 율법과 이스라엘의 구전 전통에 정통한 전문가들이었다. 그들은 대부분 율법을 매우 엄격하게 해석했고, 로마 제국을 무너뜨리고 하나님의 나라를 세우실 메시아에 대해 큰 기대를 안고 있었다.

- '거듭나다' 또는 '위로부터 나다'라는 말은 바리새인들 사이에서 이미

일반적으로 사용되고 있었다. 니고데모 역시 그 말에 아주 익숙해져 있었을 것이다. 그러나 그 말은 유대인으로 개종한 이방인에게 사용되었고 유대인이 된 이방인에게 "거듭난 사람과 같다"라고 말했다. 니고데모가 이미 나이가 많은데 어떻게 다시 태어날 수 있느냐고 물었을 때 그는 예수님이 사용하신 것과 똑같은 은유를 사용하면서 "이미 유대인인 내가 또 어떻게 유대인이 될 수 있습니까?"라고 물었던 것이다. 예수님은 그가 유대인인 것만으로는 충분하지 않다는 사실을 분명히 밝히셨다. 그에게는 마음에서 일어나는 영적 회심이 필요했다.

- 요한복음 3장 8절은 언어유희 같다. 신약 성경에 사용된 헬라어로 영과 바람은 같은 단어이다.

- 모세와 뱀 이야기는 민수기 21장 4-9절에 나온다.

- 성경에 나오는 '믿는다'라는 말은 사실에 지적으로 동의하는 것 그 이상을 의미하는 말이다. 무언가 또는 누군가를 의지하고 신뢰한다는 뜻이다. 예수님이 우리에게 원하시는 믿음이 바로 그런 믿음이다.

- 나중에 니고데모는 예수님을 공개적으로 지지했고(요 7:50-52), 예수님이 십자가에 달리신 후 예수님의 장례를 도왔다(요 19:38-40).

## STORY 33 수가-우물가 여인 생수

### 핵심 내용

- 많은 사람은 몇 가지 이유 때문에 예수님이 우물가에서 만난 여인과 이야기를 나누는 것을 적절치 못하다고 생각했다. 그러나 그런 주장으로 예수님을 막을 수는 없었다.

- 예수님은 그 여인의 가장 절실한 필요가 드러나도록 대화의 방향을 계

속 바꾸셨다.

- 예수님은 가장 만족스러운 방법으로 우리의 영적 갈증을 해소해 주시고 우리의 가장 절실한 필요를 채워 주겠다고 말씀하셨다.
- 하나님은 신령과 진정으로 예배하는 사람을 적극적으로 찾으신다.
- 참된 '양식'은 하나님의 뜻을 행하는 것이다. 하나님을 섬기는 것이 우리에게 힘이 되고 우리를 강건하게 할 수 있다.
- 하나님은 사람들을 거두어들이는 추수 때를 기대하시며 그 추수에 참여하도록 우리를 초대하신다.

**추가 정보**

- 우물가에서 예수님을 만난 여인은 유대 사회에서 못마땅하게 여기는 세 가지 요소를 갖고 있었다. 그래서 예수님의 제자들은 그분이 그 여인과 이야기하는 것을 보고 크게 놀랐다. 여인은 사마리아 사람이었고 죄인이었으며 여자였다. 여자들이 존경받을 수는 있었지만 일반적으로 심오한 영적 진리를 여자들에게 맡기지는 않았다. 유대인들은 대부분, 특히 랍비들은 그런 조건 때문에 여인과 일대일로 대화하는 것을 꺼렸을 것이다.
- 여자들은 일반적으로 아침이나 저녁에 우물가로 나와 물을 길었고 종종 여러 명이 함께 우물가에 모여 있었다. 그 여인이 아무도 없는, 좀 엉뚱한 시간에 물을 길으러 나온 것은 그녀에 대한 나쁜 도덕적 평판 때문에 그 사회에서 버림받았다는 것을 보여준다.

## STORY 34 폭풍아 잠잠하라 창조주이신 예수님의 권능

### 핵심 내용

- 제자들은 예수님의 지시대로 배를 타고 바다에 나가 있었다. 예수님은 폭풍우 때문에 놀라거나 당황하지 않으셨다.
- 우리는 위기를 만나면 큰 두려움을 느낄 수 있다. 하지만 예수님은 어떻게 해야 하는지 정확하게 알고 계신다.
- 어려운 상황에 처하면 우리 마음속에서는 두려움과 믿음이 교차한다. 예수님은 우리에게 두려울 때에도 그분을 의지하고 신뢰하라고 말씀하신다.
- 예수님은 단순히 교사나 선량한 사람이나 선지자가 아니셨다. 그분에겐 자연까지도 다스리시는 권세가 있었다.

### 추가 정보

- 갈릴리 어부들의 배는 일반적으로 크기가 작고 폐쇄된 공간이 없었다. 폭풍우가 거세게 몰아칠 때 그런 배에서 잠을 잘 수 있는 사람은 정말 남다른 사람이었다.

## STORY 35 무리를 먹이심 생명의 떡

### 핵심 내용

- 예수님은 그분을 보려고 모여든 무리를 불쌍히 여기셨다.
- 예수님은 우리가 드리는 작은 것을 받으시고 우리가 상상할 수 있는

것보다 훨씬 더 크고 놀라운 일을 하실 수 있다.

- 예수님은 사람들의 허기진 것만 달랠 수 있을 만큼 조금 주신 것이 아니라 배불리 먹고도 남을 수 있을 만큼 넉넉히 주셨다.

- 우리가 가장 먼저 해야 할 순종은 예수님을 믿고 신뢰하는 것이다.

- 예수님은 우리에게 생명을 주시는 분일 뿐 아니라 그분이 바로 우리의 생명이시다.

- 예수님을 믿는 사람들은 그분을 자신들을 구원하시고 지켜주시고 죽음에서 살려주실 분으로 믿고 의지한다.

**추가 정보**

- 예수님이 기적적으로 많은 사람을 먹이셨던 것이 이번 한 번만은 아니었다. 이 이야기를 기록한 마태와 마가는 또 예수님이 사천 명의 남자와 그들과 함께한 여자들과 아이들을 먹이셨던 사건도 기록하고 있다(마 15:32-38, 막 8:1-9).

- 사람들은 예수님에게 광야에서 만나를 먹었던 자기 조상에 대해 이야기했다. 만나는 그들의 조상이 애굽을 떠나 광야에서 지낼 때 하늘에서 내려온 빵 같은 것으로 매일 하나님이 그들에게 주신 양식이었다. 그들은 매일 만나를 먹었다. 예수님은 자신이 하늘에서 온 참된 양식이라고 말씀하셨다. 만나 이야기는 출애굽기 16장에서 볼 수 있다.

- 예수님이 많은 무리를 먹이시는 것을 본 사람들은 "이는 참으로 세상에 오실 그 선지자라"고 말했다(요 6:14). 그들은 신명기 18장 15-19절에 나온 예언을 언급한 것이었다. 그 내용은 어느 날 모세가 하나님이 자신과 같은 선지자를 보내실 것이라고 말하는 부분이다. 예수님 당시의 유대인들은 그들이 '모세와 같은 선지자'라고 부르는 이를 기다리고 있었고, 많은 사람은 그가 메시아일 것이라고 생각했다.

- 하늘에서 온 양식에 관한 예수님의 말씀은 나중에 요한복음 6장에서 큰 논쟁을 불러일으켰다. 예수님은 자신을 만나로 언급하셨을 뿐 아니라 자신의 살을 '먹고' 피를 '마시는' 사람에 대해 말씀하셨다(요 6:56). 그 어려운 말씀 때문에 무리 중 예수님을 떠난 사람도 많았다(요 6:66).

## STORY 36 나사로야 일어나라 최후의 원수를 이긴 승리

### 핵심 내용

- 예수님은 우리의 간청이 더 절실해지고 절박한 상황에서 하나님의 영광을 보여주시고자 때때로 응답을 늦추신다.
- 마르다와 마리아는 예수님이 그들을 돌아보지 않으셨다고 여기며 실망했다. 예수님은 그렇게 느끼는 우리를 이해하신다. 그리고 우리가 미처 볼 수 없는 좋은 계획을 품고 계신다.
- 예수님은 우리를 위한 완벽한 해결책이 있으시지만 우리가 슬퍼할 때 함께 슬퍼하신다.
- 예수님을 믿는 사람들은 결코 죽지 않을 것이다. 예수님은 부활이고 생명이시다.
- 우리의 가장 큰 적인 사망도 예수님의 능력 앞에서 머리를 숙인다.

### 추가 정보

- 많은 유대인은 사람의 영혼이 사흘까지는 시체와 함께 머문다고 생각했다. 아마도 그래서 요한이 나사로가 나흘 동안 무덤에 있었다는 사실을 강조했을 것이다. 즉 나사로가 정말로 죽었다는 사실에 그 어떤 의심의 여지도 없었다.

- 나사로가 살아난 것이 종교 지도자들에게는 더는 참을 수 없는 일이었다. 그 일을 계기로 그들은 예수님을 죽이려고 본격적으로 모의하기 시작했다(요 11:53). 그들은 수많은 사람이 예수님을 따랐기 때문에 로마 정부가 유대를 정치적 골칫거리로 여기고 더 철저하게 장악하려고 할 것이 두려웠다. 그래서 그들은 예수님을 죽이려고 모의했을 뿐 아니라 기적의 증거를 제거해 버리기 위해 나사로까지 죽이고 싶어 했다(요 12:10-11).

## STORY 37 삭개오야 내려오라 삶을 변화시키는 만남

### 핵심 내용

- 삭개오는 많은 사람에게 미움을 받았지만 예수님은 그를 소중한 사람으로 보셨다. 실제로 삭개오는 예수님이 구원하러 오신 바로 그런 사람이었다.
- 삭개오는 예수님을 보려고 상당히 노력할 만큼 그분을 알고 싶은 열망과 믿음이 있었다. 예수님은 그런 그의 열정과 인내를 보상해 주셨다.
- 예수님은 우리가 보기에는 전혀 자비의 대상이 될 것처럼 보이지 않는 사람에게도 자비를 베푸신다.
- 배상은 삭개오의 회개에 포함된 중요한 부분이었다. 삭개오가 배상하는 것 때문에 용서받은 것은 아니지만 배상은 변화된 그의 마음을 반영해 주는 것이었다.

### 추가 정보

- 한 사람이 다른 사람의 것을 속여 빼앗은 경우 모세의 율법은 그것을

배상하되 그에 오분의 일을 더해 배상하도록 명하고 있다(민 5:5-6). 다만 가축을 훔친 경우는 예외였다. 가축을 훔친 사람은 그가 훔친 가축 수의 네 배 또는 다섯 배를 보상하도록 되어 있었다(출 22:1, 삼하 12:6). 삭개오는 가장 가혹한 형벌을 자신에게 적용했고 일반적인 배상 기준 이상으로 배상했다.

- 구원받아야 할 사람을 찾아 구원하시는 예수님의 사명은 복음서 전체에 다양하게 나온다. 그 예로 누가복음 5장 29-32절과 누가복음 15장에 나타난 세 가지 비유를 보라.

## STORY 38 귀신 들린 자를 고치심 자유를 주는 믿음

### 핵심 내용

- 그 지역 사람들은 예수님이 만나신 귀신 들린 사람에게 아무 기대도 하지 않았다.
- 궁극적으로는 그 어떤 귀신도 예수님 앞에 엎드리지 않을 수 없다.
- 예수님은 우리를 억압하는 모든 것으로부터 우리를 해방시키고 싶어 하신다.
- 우리는 영적인 공격을 받거나 원수의 압제를 받을 때 예수님이 개입해 주시기를 간구할 수 있다. 우리는 사탄을 제어하시는 예수님의 권세를 행사하면서 자유롭게 살아갈 수 있다.
- 예수님의 능력으로 방해받은 경험이 있는 자들에게는 그 능력이 종종 두려움이 될 수 있다.
- 정말로 예수님을 만난 모든 사람에게는 증언할 말과 자격이 있다.

### 추가 정보

- 성경에서 야곱이 하나님과 씨름했을 때나 예수님 당시 생활에서 그랬던 것처럼 다른 사람의 이름을 묻고 그 이름을 부르는 것은 그 사람에게 권위를 행사하거나 주장하는 의미를 포함하고 있었다. 예수님에게 정확한 대답을 하지는 않았지만 그 귀신 들린 사람에게는 수많은 이름을 가진 귀신이 들어 있었다. 하지만 예수님은 그 모든 귀신을 통제하실 수 있었다.

- 로마 군대는 일반적으로 오천 명 이상의 군사로 이루어졌다.

- 귀신 들렸던 사람에게서 귀신이 나간 후 예수님은 그 사람에게 "가서 말하라"고 지시하셨다. 그 지시로 그는 복음을 전하는 첫 번째 선교사가 되었다. 그 사실은 예수님을 만난 사람에게 사역할 수 있는 자격이 부여된다는 것을 보여준다.

- 예수님은 누군가를 치유하거나 자유롭게 해주시면서 그에게 아무에게도 말하지 말라고 지시하신 경우가 많다. 그 이유는 아마도 사람들이 예수님을 그분이 감당하셔야 할 역할이 아닌 다른 일을 하도록 밀어붙이려 했기 때문일 것이다. 그 한 예로 요한복음 6장에는 사람들이 예수님을 잡아 왕으로 삼으려 했다는 사실이 나와 있다. 그러나 이방 지역에서는 메시아에 대한 사람들의 기대 때문에 그런 일이 일어날 우려가 거의 없었다. 복음서가 끝나기 전에 예수님이 누군가에게 가서 말하라고 지시하신 경우는 이 사건뿐이다.

# STORY 39 예수님이 가르쳐 주신 기도 우선순위, 약속, 인내

### 핵심 내용

- 예수님은 제자들이 기도하는 방법을 알기 원하셨다.
- 예수님은 하나님을 부르시며 아버지라는 익숙한 용어를 사용하셨고 우리에게도 그렇게 하라고 가르치셨다.
- 예수님이 가르쳐 주신 기도에서 나온 간구들만 해야 하는 것은 아니다. 그 간구들은 우리가 기도할 때 우선시해야 할 것을 알려 준다.
- 우리는 혼자 기도할 때 가장 절실하게 기도한다. 하나님은 우리가 다른 사람들과 함께 기도할 때에도 그런 마음을 갖기 원하신다.
- 하나님은 특정한 형식을 따르거나 특정한 기도를 암송해야 그 기도를 들으시는 것이 아니다. 기도는 우리의 필요를 이미 알고 계시는 분과 마음으로 나누는 대화이다.
- 인내는 기도의 매우 중요한 요소이다.
- 우리는 우리 기도에 응답하실 뿐 아니라 좋은 것으로 베푸시는 하나님을 믿고 신뢰할 수 있다.

### 추가 정보

- 중동 사회에서 손님을 접대할 때에는 그에게 반드시 식사를 제공해야 했다. 한 사람이 손님을 어떻게 접대하는지가 그 지역 사회 전체를 반영하는 셈이었다. 그래서 잠자리에 들었던 친구는 손님에게 식사를 제공하는 일에 손님을 맞이한 주인처럼 관여해야 했다.
- 구하고 찾고 두드리라고 한 이 세 동사의 시제는 진행형으로 되어 있다. 다시 말해 계속해서 구하고 찾고 두드리라는 뜻이다.

- 누가복음에서는 하나님이 구하는 사람에게 성령을 주실 것이라고 전한다. 그러나 마태복음에서는 구하는 자에게 '좋은 것'으로 주실 것이라고 더 일반적으로 설명한다(마 7:11).

- 누가복음 18장 1-14절에서 예수님은 기도하는 사람의 마음가짐과 인내에 대해 가르치셨다. 그 구절에 나오는 두 비유는 이번 이야기의 좋은 배경이 된다.

## STORY 40 잃은 것을 찾으심 예상치 못한 사명

### 핵심 내용

- '잃은 것'에 대한 세 이야기는 예수님의 사명과 하나님의 긍휼히 여기시는 마음을 이해하지 못하는 사람들을 향한 예수님의 반응이었다.

- 세 비유는 모두 하나의 주제를 각기 다른 방법으로 보여준다.

- 하나님은 예수님을 의인과 악인으로 분류하려고 보내신 것이 아니라 그분을 알지 못하는 사람들을 다시 찾으시려고 보내셨다.

- 탕자는 큰 잘못을 범했고 유대인으로서 더는 내려갈 수 없는 곳까지 가고 말았다. 그러나 그 바닥도 하나님의 은혜가 미칠 수 없는 곳은 아니었다.

- 하나님은 그분에게 돌아온 사람을 영접하시고 그들의 과거와 상관없이 하나님의 사랑을 아낌없이 부어주신다.

- 큰아들은 성실하고 착하게 살아온 자신이 집안에서 인정을 받아야 한다고 생각했다. 그러나 아버지는 아들을 사랑하는 마음만으로 그들을 대했다.

- 예수님을 따르는 사람들은 그분의 사명을 이해하고 그 사명에 참여해야 한다.

### 추가 정보

- 아버지의 임종 전에 물려받게 될 유산을 요구하는 것은 사실상 아버지가 돌아가시기를 바라는 것이었다.
- 예수님이 묘사하신 탕자의 행동(창기들과 허랑방탕하게 지냄)과 그 행동이 불러온 결과(이방인을 섬기며 돼지를 침)는 그 비유를 듣고 있던 유대인에게 심히 수치스러운 일이었다. 그는 유대인이 더는 떨어질 수 없는 맨 밑바닥까지 추락했다.
- 중동 사회에서 긴 옷을 입고 있는 성인 남자는 뛰지 않았다. 그 아버지처럼 동네에서 그렇게 달리는 것은 부끄럽고 경박한 일이라고 여겼다. 그러나 아버지는 사람들의 평판에 아무 신경도 쓰지 않을 만큼 크게 기뻐했다.
- 큰아들은 아마도 동생이 범한 것과 같은 죄를 범한 사람은 돌로 쳐 죽여야 한다고 전하는 신명기 21장 18-21절을 생각했을 것이다.

## STORY 41 하나님 나라 영원하신 주님의 통치

### 핵심 내용

- 하나님 나라에서 소중하게 여기는 가치관과 마음가짐과 성품은 이 세상에서 중요하게 여기는 가치와 언제나 같지는 않다. 하나님 나라와 이 세상 나라는 별개의 문화를 가지고 있다.
- 하나님 나라에 속한 사람과 그렇지 않은 사람이 영원히 구별되는 때가

올 것이다.

- 하나님 나라를 그 어떤 것보다 소중하게 여겨야 한다.
- 하나님 나라에 속한 사람은 해처럼 빛나게 될 것이다. 그렇지 않은 사람은 울며 후회하며 이를 갈게 될 것이다.
- 겸손은 하나님 나라에서 요구하는 자질이다. 믿음을 통해서만 하나님 나라에 들어갈 수 있다.
- 우리는 하나님 나라에서 천사가 되는 것이 아니다. 예수님은 우리도 천사들처럼 하나님 나라에서는 결혼하지 않는다고 말씀하셨다.
- 예수님은 하나님 나라에서 그분을 사랑하고 믿는 사람들을 위해 처소를 준비하신다.
- 우리는 이 땅에서 하나님 나라를 대표하고 그 나라가 이 땅에서도 드러날 수 있도록 노력해야 한다. 그러나 하나님 나라에 갈 때까지 온전하게 경험할 수 없는 것도 있다.

### 추가 정보

- 마태복음과 마가복음과 누가복음은 하나님 나라를 각기 다른 용어로 표현하고 있다. 마태복음에서는 일반적으로 '천국'이 사용된 반면, 마가복음과 누가복음에서는 언제나 '하나님의 나라'가 사용되었다. 그 이유는 아마도 마태가 유대인을 주 대상으로 기록했기 때문일 것이다. 유대인 중 많은 사람은 하나님의 이름을 거론하는 것 자체를 주제넘게 생각했다. 마태가 '하나님의 나라'를 때때로 사용하긴 했지만 다른 복음서 기자들에 비하면 그 용어의 사용을 훨씬 자제했다.

# STORY 42 신앙고백 교회의 기초

### 핵심 내용

- 예수님에 대해 이런저런 추측을 하는 사람들이 많았다. 예수님의 제자들마저도 그분이 메시아시라는 사실을 하나님이 계시해 주실 때까지 그것을 확신하지 못했다.
- 예수님은 메시아에 대한 많은 사람의 기대와 잘 맞지 않는 분이었다. 예수님을 그리스도요 살아 계신 하나님의 아들이라고 대답한 베드로의 고백은 인간의 논리적 사고에서 나온 결론이 아니라 하나님이 계시해 주신 것이었다.
- 예수님은 그분의 교회가 승리할 것을 확언하셨다.
- 예수님을 따르는 사람들은 이 땅에서 예수님의 권세를 어느 정도 행사할 수 있었다.
- 하나님이 예수님이 메시아라는 사실을 계시해 주신 제자가 예수님이 사탄의 생각을 말한다고 책망하셨던 바로 그 제자이다.
- 예수님의 죽음과 부활은 하나님의 계획이었다. 그러나 사람들에게 십자가 사건은 하나님의 뜻과 반대인 것처럼 보였다.

### 추가 정보

- 베드로라는 이름은 '반석'이라는 뜻이다. 그래서 예수님은 "너는 베드로라 내가 이 반석 위에 내 교회를 세우리니"라고 말씀하시며 언어유희를 하셨다(마 16:18). 많은 그리스도인이 '반석'을 예수님이 선포하신 진리라고 생각한다. 그러나 어떤 사람들은 베드로를 교회가 세워진 반석이라고 생각한다. 특히 가톨릭교회에 그런 사람이 많다. 그 언어유희를 어떻게 해석하든지 베드로는 중요한 사도이자 초대 교회의 지

도자가 되었고, 예수님을 그리스도라고 한 그의 고백은 기독교 신앙의 기본 진리가 되었다.

- 믿는 사람들은 하나님이 그분의 나라에서 이미 선포하고 확정하신 것을 이 땅에서 선포하고 확정할 수 있다. 교회의 '매고 푸는' 기능은 믿는 사람들이 갖는 바로 그 권세를 언급한 것이다.

## STORY 43 천국과 지옥 거대한 간격

### 핵심 내용

- 부자는 집 밖에 있는 거지에게 아무 관심도 없었던 것처럼 보인다.
- 하나님은 이 땅에 정의가 이루어지길 원하시며 가난한 사람들을 불쌍히 여기신다.
- 죽은 후에 갈 수 있는 곳은 천국과 지옥뿐이다.
- 천국과 지옥 사이에는 건널 수 없는 큰 구렁이 있다.
- 성경의 증언, 특히 예수님에 관한 증언을 믿는 사람들은 구원을 받게 될 것이다. 이 이야기에 따르면 한 사람이 내세에 어디 있게 될지를 결정하는 것은 바로 그 믿음이다.
- 성경이 전하는 것을 믿지 않는 사람들은 죽은 사람이 다시 살아나는 것과 같은 극적인 기적을 보고도 잘 믿지 않을 것이다.

### 추가 정보

- 나사로는 상당히 평범한 이름이었다. 이 이야기에 나오는 나사로와 예수님이 다시 살리신 나사로는 서로 다른 사람이다.

- 아브라함은 부자였다. 따라서 이 이야기는 부자는 악하고 가난한 사람은 선하다는 메시지를 전하는 것이 아니다. 천국에 가는 비결은 예수님을 증언하고 있는 말씀을 믿는 것이다. 이 이야기에서는 예수님을 예언하고 있는 구약 성경을 믿는 것이고, 지금 우리는 예수님을 전하는 성경의 모든 내용을 믿는 것이다. 이 이야기는 '가난하고 버림받은 사람들을 불쌍히 여기시는 하나님의 마음'이라는 명확한 주제가 있다.

- '율법과 선지서'를 달리 표현한 '모세와 선지자들'이라는 말은 구약 성경 속에서 자주 볼 수 있는 일반적인 용어이다.

## STORY 44 발을 씻기심 위대한 섬김

### 핵심 내용

- 예수님은 십자가에 달려 돌아가실 때가 되었음을 아시고 그분 스스로 어떻게 낮아지셨는지를 제자들에게 보여주셨다. 예수님은 다시 영광스러운 주님이 되시고자 고귀한 주님의 자리에서 육신의 모습을 지닌 인간이 되셨다.

- 우리는 거듭해서 '깨끗해'질 필요가 없다. 다시 말해서 우리의 죄를 계속 씻어내야 할 필요가 없다. 예수님을 믿고 이미 용서받았기 때문이다. 그러나 깨끗한 사람이라도 발을 씻듯이 우리도 깨끗함을 유지해야 한다.

- 종으로 섬기는 것은 그리스도인의 삶에서 매우 중요한 요소이다.

### 추가 정보

- 마태복음 20장 20-28절에 기록된 예수님의 가르침은 이 이야기의 좋은 배경이 된다. 또 빌립보서 2장 5-11절에서 사도 바울은 예수님의 희생과 섬김을 묘사하려고 이 이야기의 상징적 의미를 사용했다. 예수님은 제자들의 발을 씻기시려고 겉옷을 벗으시고 종처럼 허리에 수건을 두르셨다. 이처럼 예수님은 하나님이셨지만 우리를 위해 자신을 비우시고 인간이 되셨다.

## STORY 45 최후의 만찬 더 큰 구원을 기뻐함

### 핵심 내용

- 예수님은 무슨 일이 일어날지 알고 계셨다. 그리고 기꺼이 그 계획대로 움직이셨다.
- 예수님을 제거할 방법을 찾고 있던 유대인 종교 지도자들에게는 가룟 유다의 도움이 필요했다.
- 출애굽 당시의 유월절은 이 이야기 속 유월절에 나타나게 될 더 큰 구원을 보여주는 장면이다.
- 우리가 믿기만 하면 예수님의 살과 피로 드린 제사는 우리를 죄와 사망에서 벗어나게 해준다.
- 예수님은 제자들과 그분을 따르는 모든 사람에게 예수님의 '살'과 '피'를 먹고 마심으로, 다시 말해 유월절 떡과 잔을 먹고 마심으로 예수님의 희생을 기억하라고 말씀하셨다.
- 예수님은 유월절 만찬을 하시며 하나님이 모세와 맺으신 언약과는 다른 새 언약을 제자들과 맺으셨다.

### 추가 정보

- 이 책의 10장은 이 이야기를 뒷받침해 주는 배경이 된다. 그리고 예수님을 참된 유월절 어린양으로 이해하는 데 필요한 내용을 알려준다.

- 종교 지도자들에게는 예수님의 인기가 높아지는 것을 두려워할 만한 정치적 이유가 있었다. 메시아에 대한 기대가 사회적 불안을 야기했고, 그 불안 때문에 로마 당국의 지배와 통제가 강화될 수 있는 상황이었다. 그렇게 되면 이스라엘의 지방 정부를 해산시키는 명령과 군사력이 동원될 수도 있었다.

## STORY 46 기도-배신 위기

### 핵심 내용

- 예수님은 제자들이 앞으로 더 큰 시험에 직면하게 될 것과 시험에 들기 전에 기도해야 한다는 사실을 알고 계셨다.

- 예수님은 십자가의 고통을 피하고 싶으셨다. 그러나 하나님의 뜻을 따르셨다. 그렇게 하는 것이 대제사장이 가장 먼저 해야 할 일이었다. 그리고 예수님은 타락한 인간을 회복시키는 데 그 어떤 고통이라도 기꺼이 감수하고자 하셨다.

- 제자들은 그 위기의 순간이 타락한 지도자를 몰아내고 메시아이신 예수님이 권세를 잡게 되는 계기가 될 것이라고 기대했던 것 같다. 그리고 어떤 면에서 그것은 사실이었다. 그러나 그들이 생각했던 것과는 달랐다.

- 모든 것이 통제와는 무방한 것처럼 보일 수도 있었다. 그러나 그럼에도 모든 것은 하나님의 뜻대로 완벽하게 이루어지고 있었다.

- 베드로는 자신이 예수님을 배신하거나 떠나는 일은 절대 없을 것이라고 굳게 확신하고 있었다. 그러나 그는 자신의 능력에 대해 전적으로 잘못 알고 있었다.

- 위기의 순간에는 두려움과 믿음 중 한 가지를 선택해야 한다.

### 추가 정보

- 그리스도인들은 대부분 시험을 피할 수 있기를 기도하기보다는 시험에 맞설 수 있기를 기도하는 것 같다. 그러나 예수님은 누가복음 22장 40절과 주기도문에서("우리를 시험에 들게 하지 마시옵고 다만 악에서 구하시옵소서") 우리가 시험을 받게 되는 상황에 처하지 않도록 하나님께 구하라고 가르치셨다.

- 예수님은 가능하다면 십자가를 지지 않게 해주시기를 기도하셨다. 그러나 단지 십자가를 지는 것이 옳기 때문에 마지못해 십자가를 지신 것은 아니었다. 예수님은 그 일을 통해 이루게 될 일의 결과를 정말로 기대하셨다. 히브리서 12장 2절은 예수님이 "그 앞에 있는 기쁨을 위하여" 십자가의 고통을 참으셨다고 전한다.

- 예수님은 사탄이 베드로를 밀 까부르듯 하기 원했지만 그분이 그를 위해 기도하셨다고 말씀하셨다. 누가복음 22장 31-32절에서 예수님이 하신 말씀은 그분이 베드로가 실패할 것을 미리 아시고 그를 회복하기로 이미 계획하셨음을 보여준다. 그것은 비슷한 실패를 경험하는 우리에게 큰 격려가 된다. 예수님은 우리의 그런 실패 때문에 놀라지 않으신다. 그리고 기꺼이 우리를 용서하시고 회복시키고자 하신다.

## STORY 47 고난-부인-십자가 최고의 희생

### 핵심 내용

- 예수님을 고소한 내용은 대부분 사실이 아니거나 왜곡된 사실이었다.
- 예수님은 효과적으로 자신을 변호할 수도 있으셨다. 그러나 그렇게 하지 않기로 하셨다.
- 예수님은 자신을 비난하는 사람들을 참아 주셨고, 예수님을 믿고 그분을 위해 슬퍼하는 사람들을 불쌍히 여기셨으며, 그분을 십자가에 못 박는 사람들을 용서하셨다.
- 예수님이 십자가 위에 계시는 동안 하나님은 그때가 온 세상을 위해 지극히 중대한 순간이라는 사실을 보여주셨다. 그리고 예수님을 통해 믿음으로 직접 하나님께 나아갈 수 있음을 보여주셨다.
- 예수님은 인간의 죄에 대한 형벌을 대신하는 제물로 돌아가셨다. 그 제물은 예수님을 믿는 모든 사람에게 다 적용된다.

### 추가 정보

- 유월절에 죄수 한 사람을 풀어 주는 전통은 출애굽 당시의 유월절 구원을 상징하는 것이었다. 이 이야기에서 종교 지도자들과 무리는 예수님 대신 바라바를 선택했다. 바라바는 로마 통치에 저항하는 반란을 주도하다 실패한 열심당원이었고, 그 폭동 과정에서 누군가를 죽였던 것으로 보인다. 얄궂게도 바라바는 예수님이 주고자 하셨던 자유를 위해 싸웠던 사람이었다. 그리고 '아버지의 아들'이라는 뜻을 지닌 바라바의 이름은 거룩한 죄수의 희생을 요구하는 모든 사람과 그분 덕분에 풀려난 죄수에 대한 정확한 묘사이다.
- 예수님의 죽음은 누구의 책임인가? 역사가들은 종종 그 죽음을 선동한

유대인 지도자들이나 형을 선고한 본디오 빌라도에게 그 책임을 돌린다. 그러나 사실은 유대인과 이방인으로 구별된 인류 전체가 예수님을 십자가에 못 박는 일에 공모한 것이었다. 그 일은 예수님이 오셔서 구원하고자 하셨던 사람들이 힘을 모아 함께 일으킨 사건이었고, "모든 사람이 죄를 범하였다"(롬 3:23)는 사실을 보여주는 장면이다.

- 둘로 찢어져 갈라진 휘장은 성전의 지성소를 가리고 있었다. 그 휘장이 찢어진 것은 하나님이 믿음을 통해 그분에게 나아갈 수 있는 길을 대제사장뿐만이 아니라 모든 사람에게 열어 주셨음을 뜻한다.

- 우리는 요한복음을 통해 한밤중에 예수님을 찾아가 질문한 적이 있는 바리새인 니고데모와 아리마대 요셉이 뜻을 함께했다는 사실을 알 수 있다(이 책의 32장을 살펴보라). 그 두 사람은 부정해질 것을 알고도 기꺼이 시체에 손을 대었다. 부정해지면 유월절 절기를 가족과 함께 지킬 수 없는데 그들은 스스로 그 기회를 포기했다. 율법에 따르면 그들은 한 달 후 정결하게 된 다음에 절기를 지킬 수 있었다.

## STORY 48 부활 새 창조의 시작

### 핵심 내용

- 부활하신 예수님을 가장 먼저 만난 사람들은 안식 후 첫날 아침 예수님의 시신을 돌보기 위해 무덤을 찾아간 여인들이었다.

- 천사가 무덤을 막고 있던 돌을 굴려내고 무덤을 지키던 병사들과 무덤을 찾아갔던 여인들에게 나타났다.

- 제자들은 예수님이 친히 부활하실 것이라고 예언하셨음에도 예수님이 부활하셨다는 소식을 쉽게 믿지 못했다.

- 종교 지도자들은 예수님의 부활 소식이 퍼지지 않도록 모의한 후 거짓 소문을 퍼뜨리도록 병사에게 많은 돈을 지불했다.
- 예수님은 부활하신 후 많은 사람에게 나타나서서 예로부터 성경에 그분이 어떻게 계시되어 있는지를 설명하셨다.
- 하나님께 불가능한 일은 없다.

### 추가 정보

- 예수님이 부활하신 날 아침 일어난 혼란 속에서 복음서 기자들은 그날 일을 약간씩 다른 각도로 이야기하고 있다. 예를 들면 누가는 무덤을 찾아갔던 여인들에 요안나의 이름을 넣었지만 다른 복음서 기자들은 마리아만을 언급했다. 그리고 요한은 베드로와 '또 다른 제자'(요한 자신)가 무덤에 갔다고 기록했다. 그러나 다른 복음서 기자들은 베드로만을 언급했다. 좀 더 완전한 내용을 알기 위해서는 그날 아침에 일어난 사건을 각기 다른 각도에서 흥미롭게 그려낸 사복음서 전체를 다 읽는 것이 가장 좋다.
- 누가는 여인들이 전한 소식을 제자들이 허탄한 말로 여기고 들으려 하지 않았다고 기록한다(눅 24:11). 그리고 우리는 복음서의 증언을 통해 제자들 중에 자신의 눈으로 직접 봐야 믿을 것이라고 말했던 사람이 있었다는 사실을 안다. 마가복음 16장 14절은 예수님이 그런 회의적인 사람들에 대해 어떻게 생각하셨는지를 보여준다. "그들의 믿음 없는 것과 마음이 완악한 것을 꾸짖으시니 이는 자기가 살아난 것을 본 자들의 말을 믿지 아니함일러라."

## STORY 49 섬김을 위한 회복 제자들을 다시 세우심

### 핵심 내용

- 예수님은 육체적으로 부활하셨다. 사람들은 예수님을 만졌고, 예수님은 육체적으로 그들과 함께 있는 것처럼 음식을 드셨으며, 함께 대화를 주고받으셨다.

- 예수님은 우리의 의심을 이해하고 자비를 베푸신다. 그러나 그분은 눈으로 볼 수 없을 때에도 믿는 그 믿음을 우리에게 요구하신다.

- 예수님이 제자들에게 물고기를 어디서 잡을 수 있는지 가르쳐 주셨듯이 그분은 우리가 열매를 맺지 못했을 때도 어떻게 열매 맺을 수 있는지를 우리에게 보여주신다.

- 예수님은 우리를 포기하지 않으신다. 우리가 넘어질 때 우리를 회복시켜 주신다. 예수님은 우리를 사랑하시고 우리의 실패에도 그분의 계획에 우리를 참여시키시며 사용하신다.

### 추가 정보

- 요한복음은 제자들이 그물을 육지로 끌어올려 잡은 물고기를 세었더니 백오십삼 마리였다고 전한다. 흥미롭게도 한 고대 문헌은 예수님 당시 세상에 백오십삼 개의 언어가 알려져 있었다고 전한다(더 많은 언어가 있었지만 예수님 당시에 많은 사람에게 알려진 것은 그만큼이었다). 그 물고기의 숫자는 복음이 모든 언어와 모든 민족을 위한 것이라는 사실을 전한다. 그리고 하나님의 그물은 그들을 다 담을 수 있을 만큼 튼튼하다.

- 예수님의 부활이 육체적인 사건인지 아니면 영적인 사건인지는 초기 교회 안에서 큰 논란이 되었다. 누가복음은 예수님이 그분의 육신을 강

조하셨던 말씀을 이렇게 기록하고 있다. "내 손과 발을 보고 나인 줄 알라 또 나를 만져 보라 영은 살과 뼈가 없으되 너희 보는 바와 같이 나는 있느니라"(눅 24:39).

## STORY 50 대사명 세상을 향해

### 핵심 내용

- 예수님은 복음이 온 세상 사람들을 위한 것이라는 사실을 다양한 방법으로 제자들에게 말씀하셨다.
- 지상 대명령은 그리스도를 위해 결단하는 것 그 이상이다. 지상 대명령의 목적은 제자를 삼는 것이다. 즉 예수님을 사랑하고 따르며 그분처럼 살아가는 삶을 배우는 사람들이 되게 하는 것이다.
- 예수님은 그 사명을 수행하는 사람들이 그분의 능력을 경험하게 될 것이라고 말씀하셨다. 또한 그들과 함께하시겠다고 약속하셨다.
- 예수님은 하나님 아버지께서 그분을 보내셨던 것처럼 같은 성령, 같은 태도, 같은 목적, 같은 접근 방식으로 제자들을 세상에 보내셨다.
- 하나님의 목적은 사람들이 그분에게 순종하면서 그들의 행동을 바꾸는 것뿐만 아니라 죄인인 인간이 하나님과 교제할 수 있도록 회복하는 데 있다. 지상 대명령의 목적은 사람들이 하나님과 관계를 맺고 그분과 교제하게 되는 것이다.
- 하나님은 아담과 하와에게 땅을 정복하고 땅에 충만하라고 명하시고 아브라함에게 그를 통해 열국 백성이 복을 받게 될 것이라고 말씀하셨다. 그것을 말씀하셨던 초기부터 하나님은 전체를 바라보셨다.

### 추가 정보

- 하나님이 아브라함과 맺으신 언약과 그 언약이 세상 사람들에게 어떻게 적용되는지는 창세기 12장 1-3절에서 볼 수 있다.

- 복음서 기자들은 예수님이 부활하신 후 일어난 사건 속에서 그분을 예배했던 사람들을 언급한다. 그들 중에는 무덤을 찾아갔던 여인들(마 28:9)과 갈릴리로 갔던 제자들(마 28:17)과 그분의 승천을 목격한 자들(눅 24:52)과 예수님의 못 자국을 만졌던 도마(요 20:28) 등이 있다. 성경은 하나님만이 예배를 받으시기에 합당한 분이라고 분명히 전한다. 하지만 예수님은 그분을 보고 예배한 사람들 중 그 누구도 책망하지 않으셨다. 이 사실은 예수님은 절대 하나님이라고 주장하신 적이 없다는 많은 주장과는 달리, 예수님은 그분 자신을 하나님이라고 은연중에 주장하신 것을 보여준다.

## STORY 51 승천 재림을 기다리며

### 핵심 내용

- 부활하신 예수님은 수차례 여러 사람들에게 나타나셔서 육체적으로 부활하셨음을 입증하셨다.

- 제자들은 사명을 수행하기 전에 성령의 능력이 임하시기를 기다려야 했다.

- 제자들의 사명은 예루살렘에서 시작하여 땅끝까지 이르는 것이었다.

- 예수님이 다시 돌아오실 때는 아무도 모른다.

- 예수님은 하늘로 올라가실 때처럼 다시 돌아오실 때에도 공중에 나타나실 것이다.

### 추가 정보

- 예수님은 하늘에서 무엇을 하시는가? 히브리서 기자에 따르면 예수님은 우리의 대제사장으로 섬기시며 왕의 보좌에서 우리를 위해 기도하신다(히 7:23-8:2).

- 예수님이 승천하신 후 초대 교회의 많은 사람이 정말로 예수님은 약속하신 대로 다시 오실 것인지에 대해 의문을 제기하기 시작했다. 베드로는 그들에게 예수님이 다시 돌아오실 것을 확신시켜 주었다. 그리고 하나님의 때는 우리의 때와 다르다는 사실도 분명히 강조했다. 예수님의 약속을 상기시키며 그분이 재림하시지 않는 이유를 설명하고 있는 베드로후서 3장 8-10절을 읽어 보라. 그리고 우리가 예수님을 기다리면서 어떻게 살아야 하는지를 알려 주는 11-14절도 읽어 보라.

## STORY 52 성령 강림 약속하신 권능

### 핵심 내용

- 하나님은 예상치 못한 평범한 사람들을 통해 일하신다. 그렇게 무력한 사람들이 놀라운 일을 하기 위해서는 확실히 하나님의 능력이 그들과 함께해야 한다.

- 하나님은 구원의 좋은 소식이 모든 언어를 사용하는 모든 사람을 위한 것이라고 오순절에 분명하게 드러내셨다.

- 성령이 임하신 것은 수백 년 전 하나님의 선지자들이 이미 예언했던 그분의 계획이었다.

- 성령에 대한 약속은 예수님을 믿는 모든 사람을 위한 것이다.

- 성령의 임재와 사역은 경외감을 일으키고 성령을 경험한 사람들을 극적

으로 변화시킨다.

**추가 정보**

- 십자가에 달려 돌아가시기 전날 밤 예수님은 제자들에게 성령을 보내실 것이라고 여러 차례 말씀하셨다. 예수님이 그 약속을 표현하신 다양한 방법이 성경에 나온다(요 14:16-17, 25-26, 15:26, 16:7-15).

- 칠칠절 또는 초실절이라고도 불리는 오순절은 유월절이 끝난 후 오십일째 되는 날이다. 오순절은 추수한 것을 축하하는 절기일 뿐 아니라 하나님이 시내 산에서 율법을 주신 것을 기념하는 축제일이기도 했다. 오순절은 율법과 추수와 관련이 있었으므로 하나님이 인간에게 새 언약과 첫 열매를 상징하는 성령을 부어주시는 중요한 날이 되었다. 오순절은 멀리 떨어져 있던 유대인들을 예루살렘으로 불러 모으는 중요한 삼대 절기 중 하나였다.

- 많은 사람이 갈릴리 사람을 시골 사람으로 여겼다. 그들은 다양한 언어를 구사하는 세계적인 사람들과는 거리가 멀었다.

- 오순절 이후에 독특한 공동체 분위기가 형성되었다. 그 이유는 그곳에서 놀라운 하나님의 일을 경험한 많은 사람이 예루살렘 밖에서 왔다는 데 있다. 하나님이 그렇게 극적으로 일하시는 동안 아무도 그곳을 떠나고 싶어 하지 않았다. 그리고 새롭게 믿은 사람들은 고향과 일터에서 멀리 떠나온 사람들이었다. 그들에게는 도움이 필요했다. 그리고 그들을 도울 수 있도록 성령이 예루살렘 신자들의 관대한 마음을 격려하셨다.